James Q. Whitman

Hitlers amerikanisches Vorbild

James Q. Whitman

Hitlers amerikanisches Vorbild

Wie die USA die Rassengesetze der Nationalsozialisten inspirierten

Aus dem amerikanischen Englisch von Andreas Wirthensohn

C.H. BECK

Titel der Originalausgabe:
Hitler's American Model. The United States and the Making of Nazi Race Law
Erschienen bei Princeton University Press, Princeton und Oxford

Mit 8 Abbildungen

Für die deutsche Ausgabe:

Satz: Fotosatz Amann, Memmingen
Druck und Bindung: CPI – Ebner und Spiegel, Ulm
Umschlaggestaltung: Geviert, Grafik & Typografie, Christian Otto
Gedruckt auf säurefreiem, alterungsbeständigem Papier
(hergestellt aus chlorfrei gebleichtem Zellstoff)
Printed in Germany
ISBN 978 3 406 72139 7

www.chbeck.de

Für den Geist von Louis B. Brodsky

Inhalt

Einleitung

> [D]iese Rechtsprechung würde für uns vollkommen passen, mit einer einzigen Ausnahme. Dort werden nämlich, praktisch gesprochen, überall nur Farbige und Halbfarbige gemeint, worunter die Mestizen und die Mulatten erscheinen; lediglich sind die Juden, die außerdem uns interessieren, nicht unter die Farbigen gerechnet.
>
> *Roland Freisler*, 5. Juni 1934

Am 5. Juni 1934, gut eineinhalb Jahre nachdem Adolf Hitler zum deutschen Reichskanzler ernannt worden war, versammelten sich die führenden Juristen des nationalsozialistischen Deutschlands, um zu planen, was im Jahr darauf die Nürnberger Gesetze werden sollten, die berüchtigte antijüdische Gesetzgebung des NS-Rassenregimes. Geleitet wurde dieses Treffen von Franz Gürtner, dem Reichsjustizminister, und zugegen waren hohe Beamte, die in den Jahren danach bei der Verfolgung der deutschen Juden eine zentrale Rolle spielen sollten. Zu den Teilnehmern gehörten auch Bernhard Lösener, der an der Formulierung der Nürnberger Gesetze in führender Position beteiligt war, und der schreckliche Roland Freisler, der spätere Präsident des Volksgerichtshofs und ein Mann, dessen Name zum Inbegriff juristischer Brutalität im 20. Jahrhundert geworden ist.

Das Treffen war wichtig, und ein ebenfalls anwesender Stenograph sollte ein wortgetreues Protokoll anfertigen, damit die stets so gewissenhafte NS-Bürokratie diesen entscheidenden Moment bei der Schaffung des neuen Rassenregimes festhielt. Diese Mitschrift offenbart eine irritierende Tatsache, die den Ausgangspunkt meiner Untersuchung bildet: Bei diesem Treffen kam es zu detaillierten und ausführlichen Diskussionen über die Gesetze der Vereinigten Staaten. Gleich zu Beginn präsentierte Justizminister Gürtner ein Memorandum zu den amerikanischen Rassengesetzen, das von den Beamten des Ministeriums speziell für dieses Treffen sorgfältig erstellt worden war; und die Teilnehmer kamen im Verlauf der Diskussion wiederholt auf die amerikanischen Modelle rassistischer Gesetzgebung zu sprechen. Besonders erschreckend daran ist, dass ausgerechnet die radikalsten Nationalsozialisten bei diesem Treffen zu den glühendsten Verfechtern der Vorstellung gehörten, Deutschland könne von den amerikanischen Ansätzen lernen. Und dieses Protokoll ist, wie wir sehen werden, beileibe nicht das einzige Zeugnis dafür, dass sich die Nationalsozialisten eingehend mit amerikanischem Recht befassten. Ende der 1920er und Anfang der 1930er Jahre zeigten viele Nazis, unter ihnen auch Hitler selbst, ernsthaftes Interesse an der amerikanischen Rassengesetzgebung. In *Mein Kampf* pries Hitler Amerika gar als den «einzigen Staat», der bei der Schaffung einer gesunden rassistischen Ordnung, wie die Nürnberger Gesetze sie etablieren sollten, Fortschritte gemacht habe.

Diese Bemühungen der Nationalsozialisten, bei der Formulierung der Nürnberger Gesetze in den amerikanischen Rassengesetzen nach Anregungen zu suchen, sind von der Forschung bislang weitgehend vernachlässigt worden. Ich möchte deshalb im Folgenden ihre Geschichte nachzeichnen und danach fragen, was sie uns über das NS-Deutschland, die moderne Geschichte des Rassismus und insbesondere auch über Amerika verrät.

***

Die nationalsozialistische Verfolgung der Juden und anderer, die im Holocaust gipfelte, gilt als das fürchterlichste Verbrechen des 20. Jahrhunderts, und allein die Vorstellung, die Nationalsozialisten hätten sich dabei in irgendeiner Weise an amerikanischen Vorbildern orientiert, klingt zu schrecklich, als dass man sie überhaupt in Betracht ziehen wollte. Manchem mag sie sogar völlig abwegig erscheinen: Trotz aller unbestreitbaren Fehler und Mängel gilt uns Amerika noch immer als Hort der Freiheit und der Demokratie – als ein Land, das mit aller Macht gegen Faschismus und Nationalsozialismus kämpfte und 1945 schließlich den Sieg davontrug. Natürlich wissen wir alle, dass auch Amerika in der Zeit, als der Nationalsozialismus auf dem Weg zur Macht war, seinen eigenen Rassismus erlebte, insbesondere in den Südstaaten mit ihren Jim Crow-Gesetzen. In den 1930er Jahren wirkten das nationalsozialistische Deutschland und der amerikanische Süden wie ein «Spiegelbild»:[1] beides unverhohlen rassistische Regime, die in ihrer Gnadenlosigkeit ohne Beispiel waren. In den frühen 1930er Jahren wurden die deutschen Juden verfolgt, verprügelt und mitunter ermordet, vom Mob genauso wie vom Staat. Zur gleichen Zeit wurden auch die Schwarzen in den Südstaaten der USA verfolgt, verprügelt und mitunter ermordet.[2]

Trotzdem ist die Vorstellung, amerikanisches Recht habe auf irgendeine Weise direkten Einfluss auf die nationalsozialistische Rassenverfolgung und Unterdrückung gehabt, schwer zu verdauen. Mag es zwischen den rassistischen Regimen der 1930er Jahre auch Ähnlichkeiten gegeben haben, mag die Geschichte des amerikanischen Rassismus auch widerwärtig sein, so halten wir den Nationalsozialismus doch gewöhnlich für einen letztlich beispiellosen Schrecken. Die Verbrechen der Nazis sind das *nefandum*, der unbeschreibliche Abstieg in die Niederungen dessen, was wir gern das «radikal Böse» nennen. Niemand will sich vorstellen, Amerika habe Hitler auch nur im Geringsten dazu inspiriert. Jedenfalls mag es schon ganz grundsätzlich unwahrscheinlich erscheinen, dass die Nazis das Bedürfnis hatten, in irgendeinem anderen Land nach Lehren in Sachen Rassismus zu suchen – schon gar nicht in den Vereinigten Staaten, die schließlich, allen Mängeln zum Trotz, Heimat einer großen, freiheitlichen Verfassungstradition waren.

Und so gut wie niemand hat dem widersprochen, abgesehen von einem scharfsinnigen Absatz in Mark Mazowers 2008 erschienenem Buch *Hitlers Imperium*.[3] Andere haben betont, was die meisten von uns für die offenkundige Wahrheit halten: Natürlich gab es keinen direkten amerikanischen Einfluss auf die NS-Rassengesetze, zumindest keinen bedeutsamen. Bei allen Ähnlichkeiten, die es womöglich gab, haben die Nazis ihr eigenes ungeheuerliches Gesetzeswerk selbst verfasst; von Amerika konnte Hitler mit Sicherheit nichts lernen. Die größte Beachtung hat dieser Frage der deutsche Jurist Andreas Rethmeier geschenkt. Er legte 1995 eine Dissertation über die Nürnberger Gesetze vor und untersuchte darin auch einige der vielen nationalsozialistischen Verweise auf amerikanisches Recht.[4] Dabei kam er zu einer irritierenden Einschätzung: Für die Nazis sei Amerika ein «klassisches Beispiel» eines Landes mit Rassengesetzgebung gewesen.[5] Trotzdem beharrte er mit Nachdruck darauf, die Vergleiche mit der Rassentrennung in den USA seien «nicht nur schief, sondern schlichtweg falsch». Schließlich hätten die Amerikaner die Juden der «kaukasischen Rasse» zugerechnet, aus Sicht der Nazis ein grober Irrtum.[6]

Andere kamen zu ähnlichen Schlussfolgerungen. «Die wenigen flüchtigen Hinweise von nationalsozialistischen Hetzern und ‹Juristen› auf die Jim Crow-Gesetze», so beispielsweise der amerikanische Rechtshistoriker Richard Bernstein, «waren, soweit ich das beurteilen kann, schlicht Versuche, vage auf einschlägige Präzedenzfälle heimischer Gesetze und Maßnahmen zu verweisen, um Kritik abzulenken, nicht aber wirkliche Quellen geistigen Einflusses.»[7] Ähnlich argumentiert Marcus Hanke von der Universität Salzburg: «Die Rassentrennungsgesetze der Bundesstaaten hatten keinerlei bedeutsamen Einfluss.»[8] Jens-Uwe Guettel sprach 2012 gar von der «erstaunlichen Bedeutungslosigkeit amerikanischer Segregationsgesetze» für die NS-Politik. Die Nazis, so Guettel, betrachteten Amerika als hoffnungslos gefangen in einer überkommenen liberalen Sichtweise.[9] Demnach gab es also nichts, was die Bezeichnung «Einfluss» verdiente. All diese Autoren wissen genau, dass die Nazis etwas über die US-Gesetze zu sagen hatten. Sie sind jedoch übereinstimmend der beruhigenden Ansicht, dass die Nazis das nur sagten, um angesichts internationaler Kritik eine fadenscheinige Parallele zu den eigenen rassistischen Programmen zu behaupten.[10] Die Nazis wollten Amerika verhöhnen, nicht von ihm lernen.

Liest man die Quellen ganz nüchtern, so ergibt sich ein anderes Bild. So schrecklich der Gedanke auch sein mag: Fakt ist, dass die Nazis nachhaltiges, signifikantes und mitunter sogar eifriges Interesse am amerikanischen Beispiel in Sachen Rassengesetze zeigten. Sie wollten mit ziemlicher Sicherheit *tatsächlich* von den USA lernen. Wie wir sehen werden, waren es gerade die radikalsten Nationalsozialisten, die am energischsten darauf drängten, sich an amerikanischen Vorbildern zu orientieren. Die NS-Verweise auf amerikanisches Recht waren weder zahlenmäßig gering noch flüchtig, und die Diskussionen fanden in einem politischen Kontext statt, der nicht dazu gedacht war, internationale Propaganda im Sinne des Regimes zu produzieren. Wichtiger noch: Es war nicht nur und nicht einmal primär der Süden der Jim Crow-Gesetze, dem die NS-Juristen Beachtung schenkten. Anfang der 1930er Jahre stützten sich die Nazis auf eine ganze Reihe von Beispielen aus den USA, im Bund ebenso wie in den Bundesstaaten. Ihr Amerika war nicht nur das der Südstaaten; es war ein viel größeres rassistisches Amerika. Die ironische Wahrheit ist zudem: Wenn die Nazis das amerikanische Vorbild ablehnten, dann mitunter deshalb, weil ihnen die amerikanischen Praktiken übermäßig hart erschienen. Selbst radikalen Nazis waren die amerikanischen Rassengesetze Anfang der 1930er Jahre manchmal *zu* rassistisch.

Selbstverständlich, das sei an dieser Stelle ausdrücklich betont, gab es bei den Nazis nicht auch nur entfernt so etwas wie uneingeschränkte Bewunderung Amerikas, denn sie lehnten die liberalen und demokratischen Überzeugungen der US-Regierung vehement und aggressiv ab. Die Nazis waren zu keiner Zeit daran interessiert, die USA in Mitteleuropa einfach nachzuahmen. Trotzdem betrachteten NS-Juristen Amerika nicht ohne Grund als innovativ und weltweit führend bei der Entwicklung von Rassengesetzen; und soviel sie dabei auch zu beklagen hatten, so gab es doch auch viel Nachahmenswertes. Es ist sogar möglich, ja wahrscheinlich, dass die Nürnberger Gesetze selbst unmittelbaren amerikanischen Einfluss widerspiegeln.

***

Die These, die Nazis hätten sich bei der Entwicklung ihres rassistischen Verfolgungsprogramms von amerikanischen Gesetzen inspirieren lassen, wirkt auf viele sicherlich erschütternd; niemand will auch nur im Geringsten mit den Verbrechen des Nationalsozialismus in Verbindung gebracht werden. Für diejenigen, die sich intensiver mit der NS-Geschichte beschäftigt haben, dürfte sie jedoch keine allzu große Überraschung sein. In den letzten Jahren haben Historiker jede Menge Belege dafür zusammengetragen, dass sich die Nazis für eine ganze Reihe amerikanischer Praktiken, Programme und Errungenschaften interessierten und sie sogar bewunderten. Insbesondere in den ersten Jahren des Regimes betrachteten die Nationalsozialisten die USA keineswegs als eindeutigen ideologischen Gegner.

Teilweise blickten die Nazis aus so ziemlich den gleichen Gründen wie auch andere weltweit in Richtung Amerika. Die Vereinigten Staaten sind mächtig, wohlhabend und kreativ, und selbst ihre eingefleischtesten Gegner haben noch immer etwas Bewundernswertes an ihnen gefunden. In den gut einhundert Jahren seit 1918 hat sich die Strahlkraft Amerikas als besonders unwiderstehlich erwiesen. Wie deutsche Rassisten in der Zwischenkriegszeit bemerkten, waren die USA als «die erste Macht der Welt» aus dem Ersten Weltkrieg hervorgegangen;[11] es ist also wenig überraschend, dass die Nazis wie andere auch danach fragten, welche Lehren das Machtzentrum dieser Welt für sie bereithielt, selbst wenn sie die liberalen und demokratischen Überzeugungen der amerikanischen Gesellschaft verhöhnten. Wie andere waren auch die Nazis von der industriellen Innovationskraft Amerikas und der Strahlkraft Hollywoods beeindruckt (wenngleich ihre Vorliebe für amerikanische Kultur aufgrund ihrer Abneigung gegen die «Negermusik» des Jazz keineswegs ungetrübt war).[12] Insbesondere Hitler bekundete – in *Mein Kampf* – seine Bewunderung für den dortigen «Reichtum an bedeutenden Erfindungen».[13] Das alles war keine Eigenheit des nationalsozialistischen Deutschlands.[14]

Wie Historiker gezeigt haben, gab es allerdings auch Dinge an

Amerika, die den Ansichten und Zielen der Nazis deutlich spezifischer entsprachen. Das betraf zum Teil die US-Politik der frühen 1930er Jahre. Wir wissen schon lange um die seltsame Tatsache, dass die Nazis Franklin D. Roosevelt und den New Deal in diesen Jahren häufig lobten. FDR kam in der NS-Presse mindestens bis 1936 oder 1937 recht gut weg; er wurde gepriesen als Mann, der sich «diktatorische Vollmachten» zu verschaffen wusste und «kühne Experimente» im Sinne des «Führers» wagte.[15] Ähnliches wurde allgemeiner über das gesagt, was in den 1930er Jahren mitunter als «der faschistische New Deal» bezeichnet wurde.[16] Die *Berliner Illustrierte Zeitung*, die «arisiert» und in eine Art nationalsozialistische *Life* verwandelt worden war, brachte heldenhafte Fotostrecken über Roosevelt,[17] während Nazigazetten wie *Wille und Macht*, das Organ der Hitlerjugend, ihn als «Revolutionär» darstellten, der womöglich nur deshalb scheiterte, weil er nicht über eine so «disziplinierte, im gesamten Volke verankerte Parteitruppe verfügt wie unser Führer».[18] Roosevelt seinerseits war zwar ohne Zweifel angesichts der Judenverfolgung besorgt und fand harte Worte für «Diktatoren», doch bis 1937 oder gar 1939 war er darauf bedacht, Hitler nicht explizit hervorzuheben.[19] Zwischen den beiden Regierungen gab es Anfang der 1930er Jahre sicherlich keine engeren freundschaftlichen Bande, doch über den deutsch-amerikanischen Beziehungen lag noch nicht der Schatten der bedingungslosen Feindschaft. In diesem Zusammenhang sei darauf hingewiesen, dass der New Deal in hohem Maß von der Unterstützung der Südstaaten abhing, wo die Rassentrennung galt.[20] Das Verhältnis zwischen den Demokraten des Nordens und des Südens war in den frühen 1930er Jahren besonders innig, also in einer Zeit, da nationalsozialistische Beobachter, wie wir sehen werden, besonders hoffnungsfroh waren, man könne den USA auf der Grundlage der gemeinsamen Überzeugung von der Überlegenheit der Weißen «die Hand entgegenstrecken».[21]

Nun lässt sich die positive Darstellung, die der amerikanische New Deal in der NS-Presse erfuhr, natürlich auf die eine oder andere Art relativieren. Niemand würde behaupten, Hitler habe sich auf dem Weg zum Diktator ein Beispiel an Franklin D. Roosevelt genommen; und unbestritten ist auch, dass der US-Präsident ein überzeugter Demokrat war, der die verfassungsmäßige Regierung seines Landes zu einer Zeit schützte, als sie unter gehörigem Druck stand.[22] Wenn also die USA und Deutschland, die beide mit den ungeheuren Herausforderungen der Weltwirtschaftskrise konfrontiert waren, ähnlich «kühne Experimente» wagten, so macht sie das noch nicht zu innigen Bettgenossen.[23] Und was auch immer die Nazis vom Rassismus in den Südstaaten halten mochten: Weiße aus dem Süden wurden im Allgemeinen nicht zu Anhängern Hitlers.[24] Wenn die Nazis das Amerika des New Deal als potenziellen Waffenbruder betrachteten, dann verrät uns das nicht unbedingt viel darüber, was für ein Land Amerika wirklich war. Allerdings haben Historiker in jüngster Zeit auch amerikanischen Einfluss auf einige der unzweifelhaft verbrecherischsten NS-Programme ausgemacht – insbesondere auf die Eugenik und den mörderischen Eroberungsfeldzug in Osteuropa.

Beginnen wir mit der Eugenik. Ein rücksichtsloses Eugenikprogramm, das für eine «gesunde» Gesellschaft frei von Erbkrankheiten sorgen sollte, war ein zentraler Aspekt der NS-Bestrebungen in den 1930er Jahren. Schon kurz nach der «Machtergreifung» erließ das Regime ein Gesetz zur Verhütung erbkranken Nachwuchses, und am Ende des Jahrzehnts betrieb man ein systematisches Euthanasieprogramm, bei dem auch Gas zum Einsatz kam und das schon den Holocaust erahnen ließ.[25] Wir wissen heute, dass der Hintergrund dieser Schreckenstaten eine nachhaltige Befassung mit der Eugenikbewegung in den USA war. Mit seinem 1994 veröffentlichten Buch *The Nazi Connection: Eugenics, American Racism, and German National Socialism* sorgte der Historiker Stefan Kühl für beträchtliches Aufsehen, weil er zeigte, dass es bis Ende der 1930er Jahre einen aktiven Austausch zwischen amerikanischen und nationalsozialistischen Eugenikern gab, ja dass die Nazis die USA sogar als «Vorbild» betrachteten.[26] In der Zwischenkriegszeit waren die USA nicht nur bei der Fließbandproduktion und der Populärkultur Hollywoods weltweit führend. Sie waren auch globaler «Spitzenreiter» in der «wissenschaftlichen» Eugenik, für die vor allem Personen wie der Historiker Lothrop Stoddard und der Anwalt Madison Grant standen, Verfasser des 1916 erschienenen rassistischen Bestsellers *The Passing of the Great Race or the Racial Basis of European History* (dt. *Der Untergang der großen Rasse. Die Rassen als Grundlage der Geschichte Europas*, 1925). Diese Männer befürworteten die Sterilisierung von geistig Behinderten und den Ausschluss von Immigranten, die angeblich genetisch minderwertig waren. Ihre Lehren fanden Eingang in die Einwanderungsgesetze nicht nur der USA, sondern auch anderer englischsprachiger Länder: Großbritannien, Australien, Kanada und Neuseeland begannen alle damit, Zuwanderer auf ihre «Erbgesundheit» zu untersuchen.[27] Kühl zeigte, dass die Auswirkungen der amerikanischen Eugenik auch im nationalsozialistischen Deutschland stark zu spüren waren, wo die Schriften von Grant, Stoddard und anderen amerikanischen Eugenikern zur Standardlektüre gehörten.

Auch in diesem Fall könnten wir natürlich wieder versuchen, die Bedeutung der Eugenik-Geschichte zu relativieren. Mochten die amerikanischen Eugeniker auch noch so widerwärtig sein, so sprachen sie sich doch nicht für massenhafte Euthanasie aus, und zu der Zeit, als die Nazis am radikalsten ihren mörderischen Weg beschritten, rissen auch ihre unmittelbaren Verbindungen zur amerikanischen Eugenik ab. In jedem Fall war die Eugenik, die damals weithin als respektable Wissenschaft galt, eine internationale Bewegung, die weit über die Grenzen der Vereinigten Staaten und des nationalsozialistischen Deutschlands hinausreichte. Die globale Geschichte der Eugenik lässt sich nicht als ausschließlich deutsch-amerikanische Geschichte erzählen. Doch die Geschichte des nationalsozialistischen Interesses am amerikanischen Vorbild endet nicht mit der Eugenik der frühen 1930er Jahre; Historiker haben ihr bis in die albtraumhaften Jahre des Holocaust Anfang der 1940er Jahre nachgespürt.

Hier finden sich einige der erschütterndsten Belege, denn die nationalsozialistische Expansion in Richtung Osten war begleitet von Verweisen auf die amerikanische Eroberung des Westens und die damit einhergehenden Kriege gegen die Ureinwohner. Anders als die Geschichte der Eugenik ist diese Geschichte deutlich ausschließlicher eine deutsch-amerikanische. Die Nazis waren förmlich zerfressen von dem Drang, «Lebensraum» für ein expandierendes Deutschland zu erobern, der die Gebiete im Osten umfassen sollte, und für «Generationen deutscher Imperialisten wie auch für Hitler selbst gab es ein Vorbild für die Kolonialisierung großer Landmassen: die Vereinigten Staaten von Amerika».[28] In den Augen der Nationalsozialisten musste man nicht nur die Briten, sondern auch die Amerikaner als «‹Rassenverwandte› und Erschaffer eines riesigen Imperiums respektieren»;[29] beide waren «nordische» Gemeinwesen, die Eroberungsvorhaben epischen Ausmaßes unternommen hatten.

Tatsächlich bekundete Hitler schon 1928 seine Bewunderung für die Amerikaner: «Und nachdem der Weiße die Millionen von Rothäuten auf ein paar Hunderttausend zusammengeschossen hatte, will er die bescheidenen Überreste im Käfig beobachten.»[30] Und in den Jahren des Genozids Anfang der 1940er Jahre verwies die NS-Führung wiederholt auf die amerikanische Eroberung des Westens, wenn man von den eigenen mörderischen Eroberungen im Osten sprach.[31] Historiker haben zahlreiche Zitate von Hitler und anderen zusammengetragen, in denen die deutschen Eroberungen und das damit einhergehende Vernichtungsprogramm mit der amerikanischen Besiedelung des Westens verglichen wurden. Liest man diese Zitate, läuft es einem kalt den Rücken hinunter, und es gibt tatsächlich Historiker, die ihre Bedeutung zu leugnen versuchen.[32] Für die Mehrzahl der Wissenschaftler jedoch wiegen die Beweise zu schwer, als dass man sie ignorieren könnte: «Die amerikanische Politik der Expansion gen Westen», so etwa die eindringliche Schlussfolgerung von Norman Rich, «in deren Verlauf die Weißen die ‹minderwertige› indigene Bevölkerung rücksichtslos verdrängten, diente als Vorbild für Hitlers gesamte Vorstellung vom Lebensraum.»[33]

All das summiert sich zu einem durchaus beachtlichen nationalsozialistischen Interesse an dem, was das Vorbild der Vereinigten Staaten zu bieten hatte. Diese Geschichte muss freilich mit Vorsicht erzählt werden. Es wäre sicherlich zu viel, würde man die Vereinigten Staaten ohne sorgsame Einschränkungen als *das* Vorbild für das nationalsozialistische Deutschland bezeichnen; die Einstellung der Nazis gegenüber Amerika war dafür zu widersprüchlich, und die nationalsozialistischen Programme speisten sich aus zu vielen eigenen Quellen. Amerika seinerseits verkörperte, wie wir sehen werden, zu viel von dem, was die Nazis am meisten hassten, zumindest in seinen besseren Momenten. Auch wenn die Nazis in Amerika Vorläufer, Parallelen und Inspiration fanden, so schlugen sie gleichwohl ihren ganz eigenen Weg ein. Trotzdem zeigen all diese Forschungen unmissverständlich eines:

Die Nazis *fanden* in den Vereinigten Staaten eben durchaus Vorläufer, Parallelen und Inspiration.

***

Die Leser sollten die hier präsentierten Belege deshalb stets vor diesem Hintergrund betrachten. In den frühen 1930er Jahren, als die Nazis das Programm der Rassenverfolgung entwarfen, das in den Nürnberger Gesetzen Gestalt annahm, hatten sie nicht nur großes Interesse an der Art und Weise, wie Henry Ford Autos für die breite Masse baute, nicht nur daran, wie Hollywood seinen eigenen Massenmarkt schuf, nicht nur an Franklin D. Roosevelts Regierungsstil, an der amerikanischen Eugenik und an der amerikanischen Expansion gen Westen, sondern auch an den Lehren, die sich aus den Techniken rassistischer Gesetzgebung und Rechtsprechung in den USA ziehen ließen.

Dass diese Geschichte von der Wissenschaft bislang nicht geschrieben wurde, hat zwei Gründe: Man hat den falschen Ort in den Blick genommen und sich der falschen Interpretationsinstrumente bedient. Zuerst und vor allem hat man den Blick auf den falschen Ort gerichtet. Wissenschaftler wie Guettel und Hanke haben ihre Frage in unverkennbar amerikanische Begriffe gekleidet. Amerikaner fragen danach, ob «Jim Crow» irgendwelchen Einfluss auf die Nazis hatte; und mit «Jim Crow» meinen sie die Rassentrennung, wie sie in den amerikanischen Südstaaten praktiziert und in der Zeit der amerikanischen Bürgerrechtsbewegung von Anfang der 1950er bis Mitte der 1960er Jahre bekämpft wurde – Rassentrennung im Bereich der Bildung, in öffentlichen Verkehrsmitteln, beim Wohnen und dergleichen. Ausgehend von der Frage, ob die amerikanischen Gesetze zur Rassentrennung Einfluss auf die Nazis hatten, kommen Guettel und Hanke zu dem Schluss, dass dies kaum oder gar nicht der Fall war. Diese Schlussfolgerung ist allerdings, wie wir sehen werden, etwas voreilig. Die Nazis wussten sehr wohl um die amerikanische Rassentrennung und machten sich durchaus Gedanken darüber; und fest steht auch, dass einige von ihnen durchaus beseelt waren von der Hoffnung, Jim Crow auf Deutschland zu übertragen. Wie wir sehen werden, beriefen sich wichtige programmatische Texte der NS-Zeit auf das Beispiel der Jim Crow-Segregation, und es gab führende NS-Juristen, die ernsthaft vorschlugen, etwas Ähnliches auch in Deutschland einzuführen.[34] Das eigentliche Problem der Schlussfolgerungen von Guettel und Hanke ist jedoch, dass sie die falsche Frage beantworten. Es geht nicht in erster Linie um Rassentrennung.

Ja, es stimmt, dass Segregation nach Art der amerikanischen Südstaaten für das NS-Regime keine allzu große Rolle spielte – allerdings aus dem schlichten Grund, weil Rassentrennung für das nationalsozialistische Programm nicht von zentraler Bedeutung war. In den Nürnberger Gesetzen ist an keiner Stelle von Segregation die Rede. Ihnen und dem NS-Regime der frühen 1930er Jahre ging es vor allem um zwei andere Bereiche: erstens um die Staatsbürgerschaft und zweitens um Sex und Reproduktion. Die Nazis waren der festen Überzeugung, dass «jeder Staat das Recht [hat], sein Volkstum rein und unvermischt zu erhalten», es vor rassischer Verunreinigung zu schützen.[35] Zu diesem Zweck waren sie entschlossen, eine Staatsbürgerschaftsregelung einzuführen, die auf «rassisch bestimmten» Kategorien beruhte. Sie waren darüber hinaus entschlossen, Mischehen zwischen Juden und «Ariern» zu verhindern und außerehelichen Geschlechtsverkehr zwischen Angehörigen der beiden Gemeinschaften unter Strafe zu stellen.[36]

In beiderlei Hinsicht fanden sie zu ihrer Freude Vorläufer und

Beglaubigung im amerikanischen Recht, und beileibe nicht nur im Recht der Südstaaten. In den 1930er Jahren standen die USA, worauf die Nazis häufig verwiesen, an vorderster Front, wenn es um «rassisch bestimmte» Gesetzgebung ging. Das amerikanische Einwanderungs- und Einbürgerungsrecht – in Gestalt einer Reihe von Gesetzen, die im Immigration Act von 1924 gipfelten – regelte den Zugang zu den Vereinigten Staaten anhand von Tabellen «nationaler Herkunft», die auf dem Prinzip der Rasse beruhten. Es war Amerikas rassistisches Zuwanderungsrecht, das Hitler in *Mein Kampf* pries, in einer Passage, die von amerikanischen Rechtsgelehrten seltsamerweise außer Acht gelassen wurde; und führende NS-Juristen taten es dem «Führer» wiederholt und wortreich gleich. Auch bei der Schaffung von de jure und de facto bestehenden Formen einer Staatsbürgerschaft zweiter Klasse für Schwarze, Filipinos, Chinesen und andere standen die USA an vorderster Front; auch das war für die Nazis von großem Interesse, insofern sie ihre eigenen Formen einer Staatsbürgerschaft zweiter Klasse für deutsche Juden schaffen wollten. Was die Rassenmischung zwischen den Geschlechtern anging, waren die USA ebenfalls führend. Amerika war ein Leuchtturm des Mischehenverbots mit insgesamt dreißig verschiedenen Regelungen in den Bundesstaaten – viele von ihnen außerhalb des Südens und alle (wie wir sehen werden) von NS-Juristen sorgfältig studiert, katalogisiert und diskutiert. Was die Gesetzgebung in Sachen Mischehen anging, so fanden die Nazis schlicht keine anderen Modelle auf der Welt, wie Justizminister Gürtner auf dem Treffen am 5. Juni 1934 betonte. Wenn es um Einwanderung, Staatsbürgerschaft zweiter Klasse und Mischehen ging, war Amerika in den frühen 1930er Jahren tatsächlich das «klassische Beispiel» eines Landes mit hoch entwickelten und rigorosen Rassengesetzen, und NS-Juristen verwiesen im Zuge der Ausarbeitung der Nürnberger Gesetze sowie anschließend bei ihrer Interpretation und Anwendung immer wieder auf amerikanische Vorbilder und Vorläufer. Diese Geschichte ist keineswegs eine der «erstaunlichen Bedeutungslosigkeit».

Diejenigen Wissenschaftler, die einen möglichen amerikanischen Einfluss auf die nationalsozialistische Gesetzgebung leugnen, haben sich zudem der falschen Interpretationsinstrumente bedient. Die einschlägige Literatur befleißigt sich einer recht rigorosen Sichtweise: Ihr zufolge können wir nur dort von «Einfluss» sprechen, wo wir unmittelbare und unveränderte, ja sogar wörtliche Nachahmung finden. Diese Annahme steht hinter Rethmeiers zuversichtlicher Behauptung, amerikanische Rassengesetze hätten die Nazis gar nicht beeinflussen können, denn die amerikanischen Gesetze hätten sich nicht speziell gegen Juden gerichtet. Die gleiche Annahme finden wir bei Hanke: Das nationalsozialistische Recht sei etwas ganz anderes, denn die deutschen Gesetze der frühen 1930er Jahre seien «nur ein Schritt auf dem Weg zu den Gaskammern» gewesen.[37] Anders als die amerikanischen Gesetze zur Rassentrennung, die schlicht das Prinzip des «separate but equal» zur Anwendung brächten, seien die deutschen Gesetze Teil eines Vernichtungsprogramms gewesen. Das Problematische an dieser Argumentation, derer sich nicht nur Hanke bedient,[38] ist, dass ihre historische Prämisse falsch ist: Es trifft schlicht nicht zu, dass die Verfasser der Nürnberger Gesetze 1935 bereits die Vernichtung der Juden im Sinn hatten. Der nationalsozialistischen Politik ging es zunächst darum, die jüdische Bevölkerung ins Exil zu treiben oder sie zumindest innerhalb der Grenzen des Reiches zu marginalisieren, und unter den verantwortlichen Nationalsozialisten gab es heftige Konflikte darüber, wie man dieses Ziel erreichen sollte.

Es ist jedenfalls ein großer Irrtum zu glauben, wir könnten

nicht von «Einfluss» sprechen, solange die NS-Gesetze nicht vollständig mit den amerikanischen übereinstimmten. Wie wir sehen werden, hatten NS-Juristen keinerlei Probleme damit, sich der amerikanischen Rassengesetze zu bedienen, selbst wenn darin von den Juden als solchen überhaupt nicht die Rede war. Einfluss im vergleichenden Recht bedeutet jedenfalls nur selten wörtliche Nachahmung. Einfluss ist eine komplexe Angelegenheit der Übersetzung, kreativen Übernahme, selektiven Entlehnung und Berufung auf Autorität. Jeder, der etwas übernimmt, bastelt daran herum und gestaltet es um; das gilt für die Nationalsozialisten genauso wie für jedes andere Regime. Wer etwas entlehnt, hält sich zunächst an fremde Modelle und gestaltet sie dann so um, dass sie den eigenen Umständen entsprechen; das gilt für üble Rassisten genauso wie für alle anderen.

Einfluss entsteht nicht nur durch wortgetreue Übernahme. Er entsteht durch Inspiration und Exempel, und die USA hatten den NS-Juristen Anfang der 1930er Jahre, in der Zeit, als die Nürnberger Gesetze entstanden, jede Menge Inspiration und Exempel zu bieten.

***

Über all das zu sprechen ist nicht ganz leicht. Es gibt mehr als nur einen Grund, warum es schwierig ist, sich ganz nüchtern mit der Frage zu beschäftigen, ob das rassistische Programm der Nazis durch das, was in anderen westlichen Regimen vor sich ging, beeinflusst wurde oder sich gar Parallelen finden lassen – so wie es schwer ist, die Kontinuitäten zwischen dem Nationalsozialismus und den europäischen Nachkriegsordnungen, die an seine Stelle traten, einzugestehen. Niemand möchte in den Verdacht geraten, NS-Verbrechen zu relativieren. Insbesondere die Deutschen sind im Allgemeinen und verständlicherweise zurückhaltend, sich an Diskussionen zu beteiligen, denen der Geruch des Apologetischen anhaften könnte. Moralischer Grundpfeiler des heutigen Deutschland ist nicht nur die Ablehnung des Nationalsozialismus, sondern auch die Weigerung, die deutsche Verantwortung für das, was unter Hitler geschah, zu leugnen. Auf ausländische Einflüsse hinzuweisen ist in Deutschland deshalb weiterhin ziemlich verpönt. Umgekehrt will kein Nicht-Deutscher, dass seinem Land irgendeine Beteiligung an der Genese des Nationalsozialismus vorgeworfen wird. Das Gefühl, wenn wir den Nationalsozialismus beeinflusst hätten, hätten wir uns auf eine Weise schmutzig gemacht, die sich nie wieder ganz abwaschen lässt, ist schwer zu überwinden. Ganz tief drinnen verspüren wir überall in der westlichen Welt vielleicht das Bedürfnis, ein echtes *nefandum* auszumachen, einen Abgrund beispiellosen modernen Schreckens, gegen den wir uns selbst definieren können, ein «radikal Böses», vollkommen *sui generis* – eine Art finsterer Stern, den wir als Orientierungspunkt brauchen, damit wir unseren moralischen Kompass nicht verlieren.

Aber natürlich macht es einem die Geschichte nicht so leicht. Der Nationalsozialismus war nicht einfach eine albtraumhafte historische Parenthese, die in keiner Beziehung zu dem stand, was davor und danach passierte; ebenso wenig war er ein völlig beispielloser rassistischer Schrecken. Die Nazis waren nicht einfach Dämonen, die aus irgendeiner finsteren Unterwelt hervorbrachen und das, was innerhalb der westlichen Tradition gut und gerecht war, zerschlugen, bis sie mit Waffengewalt in die Knie gezwungen und die wahren menschlichen und fortschrittlichen Werte Europas wieder in Kraft gesetzt wurden. Es gab westliche Regierungstraditionen, innerhalb derer die Nazis ihr Werk taten. Es gab Kontinuitäten zwischen dem Nationalsozialismus und dem, was davor und danach war. Es gab Exempel und Inspirationen, von denen die Nazis zehrten, und den amerikanischen Rassengesetzen kam dabei eine prominente Rolle zu.

Damit soll keineswegs behauptet werden, dass Amerika in den 1930er Jahren ein nationalsozialistisches Land war. Natürlich war es das nicht, so schrecklich seine Gesetze Anfang und Mitte des 20. Jahrhunderts mitunter auch waren. Natürlich bestanden die rassistischen Züge im amerikanischen Recht neben und in Konkurrenz zu glorreichen menschlichen und egalitären Aspekten. Natürlich verachteten nachdenkliche Amerikaner den Nationalsozialismus – auch wenn einige sich zweifellos für Hitler begeisterten. Der berühmteste Jurist unter ihnen war kein Geringerer als Roscoe Pound, Dekan der Harvard Law School, Ikone fortschrittlichen amerikanischen Rechtsdenkens und ein Mann, der aus seiner Vorliebe für Hitler in den 1930er Jahren kein Geheimnis machte.[39] NS-Juristen ihrerseits sahen in Amerika jede Menge Dinge, die sie verachteten.

Es geht nicht darum, dass das amerikanische und das nationalsozialistische Rassenregime gleich waren, sondern dass die Nazis in der rassisch bestimmten amerikanischen Rechtsordnung Beispiele und Vorläufer fanden, die ihnen sehr zusagten, während sie gleichzeitig die Stärke der liberalen Gegenströmung in einem Land, das den Rassismus so offen und ohne schlechtes Gewissen gestattete, bedauerten oder zumindest irritierend fanden. Wir können und sollten uns gegen den einfältigen Anti-Amerikanismus verwahren, der die Vereinigten Staaten für alle Übel dieser Welt verantwortlich macht oder Amerika allein auf seine Geschichte des Rassismus reduziert.[40] Aber es gibt keine Entschuldigung, sich nicht den schwierigen Fragen an unsere Geschichte und an die Geschichte amerikanischen Einflusses im Ausland zu stellen. Die amerikanische Wirkung auf die übrige Welt beschränkt sich nicht auf das, was Amerikaner besonders stolz auf ihr Land macht. Zu ihr gehören auch Aspekte der amerikanischen Vergangenheit, die wir lieber vergessen würden.

Wir werden die Geschichte des nationalsozialistischen Deutschlands und, wichtiger noch, die Stellung Amerikas in der umfassenderen Geschichte des weltweiten Rassismus nicht verstehen, wenn wir uns nicht mit diesen Tatsachen auseinandersetzen. In den frühen 1930er Jahren waren NS-Juristen damit beschäftigt, Rassengesetze zu entwickeln, die auf einem Verbot der Mischehe und auf einem rassisch bestimmten Einwanderungs-, Einbürgerungs- und Staatsbürgerschaftsrecht beruhten. Sie suchten im Ausland nach Beispielen und fanden sie – in den Vereinigten Staaten von Amerika.

KAPITEL 1

Reichsflaggen und Reichsbürger

> Der rassisch rein und unvermischt gebliebene Germane des amerikanischen Kontinents ist zum Herrn desselben aufgestiegen; er wird der Herr so lange bleiben, so lange nicht auch er der Blutschande zum Opfer fällt.
>
> *Adolf Hitler,* Mein Kampf[1]

Nimmt man die *New York Times* vom 16. September 1935 zur Hand, macht man eine seltsame Entdeckung. Der Leitartikel dieses Tages berichtete von einem der finstersten Momente in der Geschichte des modernen Rassismus, und zwar unter der folgenden Überschrift, die in großen Lettern auf der Titelseite prangte: «Reich übernimmt Hakenkreuz als offizielle Nationalflagge; Reaktion Hitlers auf ‹Beleidigung›.»[2] Mit dieser Schlagzeile berichtete die *New York Times* wie die meisten anderen amerikanischen Zeitungen darüber, dass am Tag zuvor eines der schändlichsten Beispiele für die Rassengesetzgebung der Zwischenkriegszeit, die sogenannten Nürnberger Gesetze, verabschiedet worden war. Erst darunter fügte die Zeitung in weniger auffälliger Typografie einen Hinweis auf das hinzu, woran wir beim Stichwort «Nürnberg» heute mit Schrecken denken: «Antijüdische Gesetze verabschiedet. Nicht-‹Arier› verlieren Staatsbürgerschaft und Recht auf Mischehe.» Das waren die Maßnahmen, die wir heute als Nürnberger Gesetze bezeichnen – Maßnahmen, welche die vollständige Durchsetzung eines rassistischen Staates in einem

Deutschland signalisierten, das sich auf dem Weg zum Holocaust befand. Warum aber galten die amerikanischen Schlagzeilen nicht *diesen Gesetzen*?

Die Antwort auf diese Frage hat mit der politischen Entstehungsgeschichte der Nürnberger Gesetze zu tun – und sie zeugt davon, wie vielschichtig und widersprüchlich die Beziehungen zwischen dem nationalsozialistischen Deutschland und dem Amerika des New Deal in den frühen 1930er Jahren waren. Während der beängstigenden und ungewissen Jahre zwischen 1933 und 1936 gab es Augenblicke, in denen die nationalsozialistischen Ansichten über die USA von antiamerikanischen Ressentiments, Hass auf amerikanische Juden und Verachtung der amerikanischen Verfassungswerte geprägt waren. Es gab jedoch auch Momente, in denen die Nazis ihrer Hoffnung auf künftige gute Beziehungen Ausdruck verliehen und davon überzeugt waren, die USA und Deutschland seien als Länder, die beide der Wahrung der «nordischen» Vormachtstellung verpflichtet seien, verwandtschaftlich verbunden.

Die Schlagzeilen in der amerikanischen Presse vom 16. September hatten mit einem Fall von nationalsozialistischem Hass auf amerikanische Juden zu tun. Die Nürnberger Gesetze wurden der Welt denn auch als Reaktion des nationalsozialistischen Deutschlands auf eine «Beleidigung» der Hakenkreuzflagge präsentiert – und diese «Beleidigung» hatte sich in New York zugetragen. Gemeint war der sogenannte «Bremen»-Zwischenfall von Ende Juli 1935, als aufgebrachte Hafenarbeiter die Hakenkreuzflagge vom deutschen Ozeandampfer «SS Bremen» rissen. Die Randalierer wurden festgenommen, aber von einem jüdischen Richter namens Louis Brodsky wieder auf freien Fuß gesetzt. Als Reaktion auf Brodskys Entscheidung verkündeten die Nazis das erste der drei Nürnberger Gesetze, nämlich das Reichsflaggengesetz, das die Hakenkreuzfahne zum ausschließlichen Nationalsymbol Deutschlands erklärte. Man könnte also sagen: Der Triumph des Hakenkreuzes in Deutschland stand in gewisser Weise sinnbildlich für die nationalsozialistische Ablehnung der liberalen Strömungen im amerikanischen Leben und der Stellung der Juden in der amerikanischen Gesellschaft.

Die beiden anderen Nürnberger Gesetze jedoch, diejenigen, die deutschen Juden das Recht auf die volle Staatsbürgerschaft und auf Mischehen absprachen und an die wir uns heute vor allem erinnern, waren gänzlich anderer Natur. Sie wurden der Welt nicht als Ablehnung Amerikas präsentiert. Als Hitler und Göring die beiden antijüdischen Gesetze in Nürnberg verkündeten, taten sie das in Reden, die mit Freundschaftsbekundungen gegenüber der Regierung Roosevelt und den Vereinigten Staaten garniert waren. Und die unbequeme Wahrheit ist, dass die beiden antijüdischen Maßnahmen, die wir heute als Nürnberger Gesetze bezeichnen, keineswegs eine klare deutsche Ablehnung aller amerikanischen Werte markierten, sondern in einer Atmosphäre konzipiert worden waren, die von beträchtlichem Interesse an und Respekt gegenüber dem «Vorbild» der amerikanischen Rassengesetze geprägt war. Sie näherten das deutsche Recht dem amerikanischen deutlicher an, als das früher der Fall gewesen war.

Das erste Nürnberger Gesetz: Von New Yorker Juden und Reichsflaggen

Wenn wir heute von den Nürnberger Gesetzen sprechen, meinen wir (genauso wie die Deutschen der NS-Zeit)[3] nur das zweite und das dritte dieser Gesetze: das Reichsbürgergesetz, das die Juden einer Form von Staatsbürgerschaft zweiter Klasse unterwarf, und das «Blutschutzgesetz», das die Ehe und sexuelle Beziehungen zwischen Juden und «Ariern» unter Strafe stellte. Tatsächlich wurden am 15. September 1935 auf dem «Parteitag der Freiheit» in Nürnberg, wie die Nazis ihn nannten, drei Gesetze verkündet. Und wenn wir die Politik von Nürnberg und Amerikas Bedeutung für das nationalsozialistische Rechtsdenken der frühen 1930er Jahre beschreiben wollen, sollten wir ebenfalls mit dem beginnen, womit die amerikanischen Zeitungen aufmachten: mit dem ersten Gesetz, dem Reichsflaggengesetz, und dem «Bremen»-Zwischenfall, der es provozierte. Die Geschichte des Reichsflaggengesetzes ermöglicht uns einen Einblick in die finsteren Strömungen und Gegenströmungen von Feindseligkeit und zaghafter Freundschaft, welche die nationalsozialistische Haltung gegenüber Amerika Anfang der 1930er Jahre bestimmten.

Der Zwischenfall auf der «Bremen» ereignete sich am 26. Juli 1935 in New York, in einem heißen Sommer, der von diplomatischen Konflikten und Straßenkämpfen zwischen New Yorker Hitler-Gegnern und pro-deutschen Demonstranten geprägt war.[4] An diesem Abend stürmten rund 1000 Protestierende, zu denen laut Polizeiberichten auch «kommunistische Sympathisanten» gehörten, die «SS Bremen», eines der schnellsten Schiffe auf der Transatlantikroute und der Stolz deutscher Ingenieurskunst.[5] Fünf Demonstranten gelang es, an Bord zu klettern, die Hakenkreuzflagge abzureißen und sie in den Hudson zu werfen.

Die fünf wurden verhaftet, doch daraus erwuchs eine diplomatische Krise, die wochenlang auf unheilvolle Weise schwelte. Unmittelbar nach dem Vorfall versuchte das amerikanische Außenministerium, die Situation zu beruhigen, und äußerte in einer Note sein Bedauern, dass «das deutsche Nationalsymbol nicht den Respekt erfahren hat, der ihm gebührt»;[6] mochte auf den Straßen von New York auch noch so große Feindseligkeit gegenüber Hitler herrschen, so war die Regierung zu diesem Zeitpunkt ängstlich darauf bedacht, gute Beziehungen zum Dritten Reich aufrechtzuerhalten.[7] Trotzdem hielt die deutsche Presse die Sache den gesamten Spätsommer über am Köcheln. Ihren Höhepunkt erreichte die Krise am 6. September, eine Woche vor den Eröffnungsfeierlichkeiten zum Nürnberger Parteitag, als der Manhattaner Richter Louis Brodsky die Freilassung der fünf festgenommenen Demonstranten anordnete und diese Gelegenheit zu einer feurigen Stellungnahme nutzte, in der er den Nationalsozialismus im Namen amerikanischer Freiheiten heftig kritisierte.

Louis Brodsky, der New Yorker Jude, der «Auslöser» der Nürnberger Gesetze war, war nicht unbedingt dafür prädestiniert, die Hauptrolle in einer internationalen diplomatischen Krise zu spielen. Seine Laufbahn war geprägt von den Chancen wie den Hindernissen, die Amerika Anfang des 20. Jahrhunderts für Juden bereithielt. 1901, im erstaunlichen Alter von gerade einmal siebzehn Jahren, hatte er seinen Abschluss an der NYU Law School gemacht.[8] Aber für jüdische Juristen war es im Amerika des frühen 20. Jahrhunderts nicht so einfach, in angesehene Anwaltskanzleien oder auf bedeutsame Richterposten zu gelangen. Zwar war es ohne jeden Zweifel unendlich viel besser, ein jüdischer Jurist in den USA als im Dritten Reich zu sein, aber hart war es trotzdem (wie die nationalsozialistische Literatur in den frühen 1930er Jahren süffisant vermerkte),[9] und so schlug Brodsky einen anderen Weg ein. Mit Unterstützung von Tammany Hall, der korrupten Parteimaschine der New Yorker Demokraten, die häufig die Interessen ethnischer Minderheiten förderte, bekam er einen Posten als Richter im Gefängnis von Lower Manhattan, das im Volksmund «The Tombs» genannt wurde.[10]

Die Richter dort waren sehr niedrigrangige Justizbeamte und verantwortlich für Kautionsanhörungen, nächtliche Schnellverfahren und dergleichen,[11] und die Günstlinge von Tammany umwehte oft ein Hauch von Korruption. (Brodsky selbst wehrte sich 1931 mit Erfolg gegen Korruptionsvorwürfe.)[12] Trotzdem war Brodsky ein Mann, der seinen kleinen Patronageposten nutzte, um stimmgewaltige Stellungnahmen zu den bürgerlichen Freiheiten abzugeben, wie sie üblicherweise eher von Richtern des Supreme Court geäußert wurden. Brodsky mag ein Profiteur der Tammany-Seilschaften gewesen sein, aber er war (wie andere Tammany-Persönlichkeiten)[13] auch ein glühender Verfechter amerikanischer Verfassungsrechte. 1931 sorgte er für einen Skandal, als er den Vertrieb pornographischer Romane erlaubte.[14] Im April 1935 machte er erneut Schlagzeilen, als er zwei nackte Tänzerinnen freiließ, die in einem Club in Greenwich Village verhaftet worden waren, und von seinem Richterstuhl aus heldenhaft erklärte, Nacktheit gelte «nicht mehr als sittenwidrig».[15] (Am gleichen Abend hatte ein anderer Richter keinerlei Problem damit, nackte Tänzerinnen, die in Minsky's Varieté festgenommen worden waren, anzuklagen.)[16] Und als ihm Anfang September die Randalierer der «Bremen» vorgeführt wurden, ergriff Brodsky die Gelegenheit, die Werte Amerikas zu proklamieren und die Nationalsozialisten zu kritisieren. Die Hakenkreuzfahne, so schrieb er, sei eine «schwarze Piratenflagge», und sie stehe für alles, wogegen sich die Vereinigten Staaten wendeten. Sie zu hissen sei eine «billige und dreiste Zurschaustellung eines Symbols, das sinnbildlich für all das steht, was den amerikanischen Idealen der gottgegebenen unveräußerlichen Rechte aller Menschen auf Leben, Freiheit und das Streben nach Glück widerspricht. (...) [Der Nationalsozialismus steht für] eine Revolte gegen die Zivilisation – oder kurz und mit Hilfe eines biologischen Begriffs gesagt: Er ist ein atavistischer Rückfall in vormittelalterliche, wenn nicht gar barbarische gesellschaftliche und politische Verhältnisse.»[17] Das waren wuchtige Worte, die in allen Punkten wahr

Zeitungsfoto von Louis B. Brodsky, 1935.

waren; wir müssen Louis Brodsky dankbar dafür sein, dass er sie ausgesprochen hat. Weniger klar ist jedoch, ob es wirklich Aufgabe eines Richters an einem Polizeigericht war, eine solche Meinung zu äußern, bzw. ob es überhaupt eine eindeutige rechtliche Grundlage gab, die Demonstranten freizulassen.

Jedenfalls war Brodsky Jude, und seine Äußerungen waren für die Nazis ein gefundenes Fressen. Die Regierung Roosevelt war erneut bemüht, sich von Brodskys Vorgehen zu distanzieren. Sie drängte den Gouverneur von New York, Herbert Lehman, zu einer Erklärung, wonach Brodsky seine Befugnisse überschritten habe, und Außenminister Cordell Hull übermittelte dem Reich an genau dem Tag, an dem die Nürnberger Gesetze verkündet wurden, eine formelle Entschuldigung.[18] Doch Propagandaminister Joseph Goebbels hatte bereits beschlossen, Brodskys Äußerungen für eigene politische Zwecke zu nutzen.

Tatsächlich war Brodskys Stellungnahme eine Art Propagandageschenk für die Nazis: Sie verschaffte ihnen eine willkommene Gelegenheit, ihre Herrschaft über das Reich zu festigen. Brodskys Äußerungen beförderten ihn mitten hinein in einen Konflikt um die politische Symbolik des Dritten Reiches. Als im September 1935 der Nürnberger «Parteitag der Freiheit» bevorstand, war die nationalsozialistische Machtübernahme in Deutschland symbolisch noch nicht vollendet. In den ersten Monaten nach Hitlers «Machtergreifung» im Januar 1933 war die NSDAP gezwungen, sich die Macht mit anderen Rechten zu teilen: mit nationalistischen Konservativen, zu denen einflussreiche Persönlichkeiten wie Präsident Paul von Hindenburg und der ehemalige Reichskanzler Kurt von Schleicher gehörten. Diese Männer verachteten die demokratischen Institutionen der Weimarer Republik und waren bereit, mit den Nazis zu kooperieren, wahrten jedoch stets eine gewisse Distanz gegenüber dem nationalsozialistischen Programm. Diese nationalistischen Konservativen kamen zu der tragischen Fehleinschätzung, sie könnten Hitler gefahrlos zum Reichskanzler machen, weil sie ihn unter Kontrolle behalten würden. Wie wir alle wissen, belehrten die Ereignisse sie rasch eines Besseren: Schon wenige Wochen nach Amtsantritt am 30. Januar 1933 befanden sich die Nationalsozialisten auf dem Weg zur «totalen» Herrschaft, und es kam zur bekannten albtraumhaften Abfolge von Ereignissen, welche Deutschlands Abrutschen in die Diktatur kennzeichnete: zum Reichstagsbrand am 27. Februar, zu den Wahlen am 5. März und schließlich zum Ermächtigungsgesetz vom 24. März, das Hitler diktatorische Vollmachten übertrug.[19]

Trotzdem blieb Hindenburg während und nach diesen beklemmenden Entwicklungen Reichspräsident, und selbst nach seinem Tod im Sommer 1934 spielten die nationalistischen Konservativen weiter eine Rolle in der Reichsregierung. Sie kamen sogar in den Genuss einer offiziellen symbolischen Anerkennung ihres Rechts auf Machtbeteiligung in Deutschland: Aufgrund eines Erlasses von Präsident Hindenburg vom 12. März 1933 verfügte das Deutsche Reich, anders als andere Nationen, nicht nur über eine, sondern über zwei Flaggen – auf der einen Seite die Hakenkreuzflagge, die Hindenburgs Erlass zufolge «die kraftvolle Wiedergeburt der Deutschen Nation» durch den Nationalsozialismus symbolisierte, und daneben die schwarz-weiß-rote Flagge, die für «die ruhmreiche Vergangenheit des Deutschen Reichs» stehe, das symbolische Territorium des stärker traditionalistischen rechten Flügels.[20] Carl Schmitt lobte diese besondere doppelgesichtige Nationalsymbolik: der Flaggenerlass habe «in einer friedlichen Weise die Fahne des Weimarer Systems verneint und öffentlich abgelehnt», ohne eine bestimmte Gruppierung der Weimarer Widersacher über andere zu stellen. Es machte die Grenzen nationalsozialistischer Macht für alle sichtbar: Was die nationalen Symbole anging, war Deutschland noch nicht Nazideutschland, solange beide Flaggen gemeinsam wehten; gleichzeitig hatte das Ganze den Vorteil, dass die Nationalsozialisten die Gefolgschaft der zahlreichen deutschen Konservativen, insbesondere im mächtigen Beamtenapparat, einfordern konnten, ohne darauf zu beharren, dass sie sich voll und ganz dem NS-Programm verschrieben.[21]

Bis September 1935 waren die Nazis in ihrem Bemühen, die nationalistischen Konservativen loszuwerden, ein ganzes Stück vorangekommen – mitunter dadurch, dass sie sie, wie im Falle Schleicher, einfach umbrachten –, doch die symbolische Bühne mussten sie sich immer noch mit ihnen teilen, denn beide Flaggen wurden zu ihrem Ärger weiter gemeinsam gehisst. Mit Brodskys Entscheidung, die Randalierer wieder auf freien Fuß zu setzen, sah Goebbels die Möglichkeit gekommen, das nationalistisch-konservative Symbol zu beseitigen: «Richter Broudski (sic.) beleidigt die deutsche Nationalflagge. Ich hetze die Presse darauf. (…) Unsere Antwort: In Nürnberg tritt der Reichstag zusammen und erklärt die Hakenkreuzflagge zur alleinigen Nationalflagge.»[22] Nürnberg sollte zum Symbol für den endgültigen Aufstieg der NSDAP zur Alleinherrschaft werden, und es sollte natürlich auch die Gelegenheit bieten, die Schrauben gegenüber Brodskys jüdischen Glaubensgenossen in Deutschland anzuziehen: Der «Parteitag der Freiheit» sollte auch dazu dienen, die beiden antijüdischen Gesetze zu verabschieden, die bereits seit über zwei Jahren vorbereitet wurden.

Und so wurden die Nürnberger Gesetze der Welt als «Antwort» auf eine «Beleidigung» präsentiert, die ein jüdischer Richter an einem Polizeigericht in Manhattan begangen hatte. Sie wurden allerdings nicht – und das ist wichtig – dargestellt als Ablehnung all dessen, wofür Amerika stand. Man konnte problemlos den New Yorker Juden Louis Brodsky kritisieren, ohne gleichzeitig Amerika zu kritisieren. Schließlich hatte New York, wie ein deutscher Autor in einem 1935 erschienenen Lob auf FDR schrieb, recht wenig mit «Amerika» zu tun: New York war ein Ort, an dem sich «die Vertreter aller Rassen» versammelten, um einen «Mischmasch von Ideen und Menschen» zu schaffen, der vom «großen jüdischen Einfluss» zeuge und Einrichtungen wie die Columbia University zu Zentren des Radikalismus gemacht habe. Das wahre Amerika hingegen sei angelsächsisch und protestantisch.[23] Ähnlich verächtliche Dinge hatten deutsche Rassisten schon seit Jahren über das «jüdische» New York gesagt.[24]

Und tatsächlich war die NS-Führung, kaum war der Parteitag zusammengetreten, sorgsam darauf bedacht, zu erklären, man liege mit den Juden im Streit, nicht mit den Vereinigten Staaten.

In seiner Ansprache zu den neuen Gesetzen hielt Hitler kurz inne, um die Regierung Roosevelt ausdrücklich dafür zu loben, dass sie die Beleidigung durch Brodsky «in loyalster Weise behoben» habe;[25] die Nürnberger Gesetze, so erklärte er, seien schlicht als Zurechtweisung «jüdischer Elemente» überall und als Bestätigung für die «Richtigkeit» des Nationalsozialismus gedacht.[26] Göring sprach ebenfalls zu den Delegierten, um die neuen Gesetze vorzustellen, und meinte, das amerikanische Volk sei wirklich zu bedauern, denn es habe keine eigenen antijüdischen Gesetze und sei deshalb «gezwungen» gewesen, «einer solchen Verunglimpfung» durch den «frechen Juden» Brodsky tatenlos zuzusehen.[27]

Nun sollte man natürlich keine Naziredejemals für bare Münze nehmen. Trotzdem passen die Nürnberger Ansprachen von Hitler und Göring, in denen sie der Regierung Roosevelt unbedingt ihren Respekt erweisen wollten – und auf ekelhafte Weise um Unterstützung für die amerikanischen Antisemiten warben –, zu dem, was wir aus zahlreichen anderen Quellen wissen: 1935 waren die Einstellungen der Nationalsozialisten gegenüber den USA noch keineswegs zu unzweideutiger Feindschaft erstarrt, ebenso wenig wie Washington schon bereit war, eine Koexistenz mit Hitler völlig abzuschreiben. Glaubt man beispielsweise der Einschätzung des Historikers Philipp Gassert, so sollten die USA frühestens 1936 und besonders dann 1937 «endgültig ihre Rolle als Vorbild» im Dritten Reich verlieren.[28]

Das soll nicht heißen, dass die Beziehungen zwischen den beiden Ländern in den frühen 1930er Jahren völlig harmonisch gewesen wären oder dass es für die Nazis nichts Hassenswertes gegeben hätte. Die amerikanische Presse veröffentlichte viele üble Geschichten über das, was in Deutschland passierte, und diese Berichte missfielen der NS-Führung ohne jeden Zweifel

Die Reichstagssitzung zur Verabschiedung der Nürnberger Gesetze. Quelle: ullstein bild.

sehr. Und natürlich verabscheuten die Nazis die «amerikanischen Ideale der gottgegebenen unveräußerlichen Rechte aller Menschen auf Leben, Freiheit und das Streben nach Glück», von denen Brodsky sprach. Trotzdem überwog in den ersten Jahren der NS-Herrschaft in Deutschland das Gefühl, dass die USA im Grunde genommen ein verwandtes «nordisches» Gemeinwesen waren, auch wenn sie weiter an obsoleten liberalen und demokratischen Formen festhielten und möglicherweise der Gefahr der Rassenmischung erlagen.

Liest man deutsche Amerikadarstellungen aus diesen Jahren, so kann diese Erfahrung scheinbar feste Überzeugungen durchaus gehörig durchrütteln. Nehmen wir als ein Beispiel Albrecht Wirth. In seiner *Völkischen Weltgeschichte* von 1934, die als Frontispiz ein gängiges Hitlerporträt zeigte, beschrieb er seinen deutschen Lesern Amerika gleich zu Beginn so: «Das wichtigste Ereignis in der Staatengeschichte des letzten Jahrtausends war die Gründung der Vereinigten Staaten von Amerika. Das Trachten der Westarier nach der Weltherrschaft erhielt dadurch die stärkste Stütze.»[29] Heutige Amerikaner sagen oft hässliche Dinge über die Gründerzeit; wir alle wissen, so schrieb Thurgood Marshall reumütig, dass die amerikanische Verfassung «von Anfang an mangelhaft war und mehrerer Amendments, eines Bürgerkriegs und eines grundlegenden Gesellschaftswandels bedurfte, um (...) ihren Respekt vor den individuellen Freiheiten und Menschenrechten, die wir heute für fundamental erachten, zu erlangen»;[30] wir alle wissen, dass nicht wenige Gründerväter Ansichten vertraten, die wir heute verwerflich finden, aber trotzdem stockt einem noch immer fast der Atem, wenn man liest, wie ein Nationalsozialist die Gründung der USA als historischen Wendepunkt für das «Trachten der Westarier nach der Weltherrschaft» beschrieb.

Und Wirth stand damit beileibe nicht allein; er formulierte lediglich einen gängigen Glaubenssatz nationalsozialistischer Weltgeschichtsschreibung. Für Wahrhold Drascher etwa, den Verfasser eines hübsch gestalteten Bandes mit dem Titel *Die Vorherrschaft der Weißen Rasse* (1936), war die Gründung der USA eine «erste Schicksalswende» für den weltweiten Siegeszug weißer Vorherrschaft.[31] Amerika habe nach dem Ersten Weltkrieg die «Führung der weißen Völker» übernommen und damit das Versprechen eines jahrhundertealten amerikanischen Rassismus erfüllt.[32] «Ohne die volle Mitwirkung der Nordamerikaner wird eine bewußte Einheit der Weißen Rasse nicht herzustellen sein.»[33] Solcherart Ansichten fanden auch beim Chefideologen der Nazis, Alfred Rosenberg, ein Echo.[34] Und Hitler selbst schrieb in einer eindringlichen Passage: «Der rassisch rein und unvermischt gebliebene Germane des amerikanischen Kontinents ist zum Herrn desselben aufgestiegen; er wird der Herr so lange bleiben, so lange nicht auch er der Blutschande zum Opfer fällt.»[35]

Auch wenn es im Deutschland der frühen 1930er Jahre viel Lob für die weiße Vorherrschaft in Amerika gab, spekulierte man doch häufig auch darüber, dass die USA ihren historischen rassistischen Auftrag nicht erfüllen würden. Noch die amerikafreundlichsten Nazis waren unsicher, ob sie langfristig auf die amerikanische Freundschaft zählen konnten.[36] Als beispielsweise die *Nationalsozialistischen Monatshefte* im November 1933 ein Sonderheft mit dem Titel «Die U. S. A. und wir» herausbrachten, war groß von der Nähe zwischen Deutschen und Amerikanern in einigen Punkten die Rede; bei anderen Aspekten hingegen herrschte Unsicherheit ob der künftigen amerikanischen Entwicklung, und die üblen Geschichten der amerikanischen Presse wurden mit reichlich Empörung zur Kenntnis genommen.[37] Mochten die Nazis auch oft ihr Verwandtschaftsgefühl gegenüber den Amerikanern betonen, so waren sie gleichwohl nie so ganz sicher, mit wem sie es da zu tun hatten.

Tatsache aber bleibt, dass die NS-Autoren dieser Zeit sich der rassistischen Züge im Recht und in der Gesellschaft Amerikas durchaus bewusst waren und sie mitunter lautstark priesen; und es war zur Entstehungszeit der Nürnberger Gesetze gang und gäbe, die USA nicht als unvermeidlichen Blutsfeind zu betrachten, sondern als Vorläufer und sogar potenziellen Mitstreiter. Wenn NS-Beobachter ihr Augenmerk auf das Amerika des New Deal richteten, sahen sie ein Land, in dem die weiße Suprematie tief verwurzelt war, zumindest sobald der Besucher New York hinter sich ließ. Zwar lässt sich schwer sagen, wie viele «angelsächsische Amerikaner» für Görings Worte auf dem Parteitag

1935 empfänglich waren, aber es gab ohne Zweifel viele, die jemanden wie Brodsky tatsächlich als «frechen Juden» betrachteten.

Was die beiden neuen judenfeindlichen Maßnahmen angeht, die wir heute unter dem Begriff «Nürnberger Gesetze» verbuchen, so wurden sie in einer Atmosphäre erarbeitet, die vom gleichen vorsichtigen und unsicheren Geist der Verwandtschaft mit den USA erfüllt war. So schwer das für uns Heutige vielleicht auch zu akzeptieren ist, aber die Nürnberger Gesetze waren das Ergebnis einer sich über Monate hinziehenden, intensiven Diskussion unter den Nationalsozialisten, zu der auch die regelmäßige, eingehende und mitunter bewundernde Beschäftigung mit den Rassengesetzen der USA gehörte.

Das zweite Nürnberger Gesetz: Das Reichsbürgergesetz

Die beiden antijüdischen Maßnahmen, die wir heute als Nürnberger Gesetze bezeichnen und deren Wortlaut von Hermann Göring auf dem «Parteitag der Freiheit» verlesen wurde, sind so kurz gefasst, dass wir ihre wichtigsten Bestimmungen vollständig zitieren können. Wie die *New York Times* korrekt berichtete, traf die erste, das sogenannte Reichsbürgergesetz, eine Unterscheidung zwischen «Reichsbürgern» und bloßen «Staatsangehörigen». Ziel war es, die vollen politischen Rechte allein dem deutschen Volk, der mystifizierten deutschen «Rassengemeinschaft» (daher das Adjektiv «völkisch») vorzubehalten.

Reichsbürgergesetz

§ 1
(1) Staatsbürger ist, wer dem Schutzverband des Deutschen Reiches angehört und ihm dafür besonders verpflichtet ist.

(2) Die Staatsangehörigkeit wird nach den Vorschriften des Reichs- und Staatsangehörigkeitsgesetzes erworben.

§ 2
(1) Reichsbürger ist nur der Staatsangehörige deutschen oder artverwandten Blutes, der durch sein Verhalten beweist, daß er gewillt und geeignet ist, in Treue dem Deutschen Volk und Reich zu dienen.

(2) Das Reichsbürgerrecht wird durch Verleihung des Reichsbürgerbriefes erworben.

(3) Der Reichsbürger ist der alleinige Träger der vollen politischen Rechte nach Maßgabe der Gesetze.[38]

Das zweite Gesetz, das Gesetz zum Schutze des deutschen Blutes und der deutschen Ehre, üblicherweise kurz «Blutschutzgesetz» genannt, verbot Mischehen und sexuelle Beziehungen zwischen Juden und Deutschen sowie die Beschäftigung deutscher Frauen als Haushälterinnen durch Juden. Was die Mischehen angeht, gab es zwei verschiedene Bestimmungen: Nach Zivilrecht waren solche Ehen nichtig, und sie stellten eine Straftat dar. (Das «Blutschutzgesetz» enthielt auch die reichlich sarkastische Bestimmung, Juden dürften ihre eigene jüdische Flagge hissen; als Göring diesen Passus vortrug, brach der versammelte Reichstag, wie berichtet wurde, in «schallendes Gelächter» aus.[39]) Die Frage, wer als «Jude» zu gelten hatte, klärte das «Blutschutzgesetz» allerdings nicht.

Gesetz zum Schutze des deutschen Blutes
und der deutschen Ehre.

Durchdrungen von der Erkenntnis, daß die Reinheit des deutschen Blutes die Voraussetzung für den Fortbestand des Deutschen Volkes ist, und beseelt von dem unbeugsamen Willen, die Deutsche Nation für alle Zukunft zu sichern, hat der Reichstag einstimmig das folgende Gesetz beschlossen, das hiermit verkündet wird:

§ 1
(1) Eheschließungen zwischen Juden und Staatsangehörigen deutschen oder artverwandten Blutes sind verboten. Trotzdem geschlossene Ehen sind nichtig, auch wenn sie zur Umgehung dieses Gesetzes im Ausland geschlossen sind.
(2) Die Nichtigkeitsklage kann nur der Staatsanwalt erheben.

§ 2
Außerehelicher Verkehr zwischen Juden und Staatsangehörigen deutschen oder artverwandten Blutes ist verboten.

§ 3
Juden dürfen weibliche Staatsangehörige deutschen oder artverwandten Blutes unter 45 Jahren in ihrem Haushalt nicht beschäftigen.

§ 4
(1) Juden ist das Hissen der Reichs- und Nationalflagge und das Zeigen der Reichsfarben verboten.
(2) Dagegen ist ihnen das Zeigen der jüdischen Farben gestattet. Die Ausübung dieser Befugnis steht unter staatlichem Schutz.

§ 5
(1) Wer dem Verbot des § 1 zuwiderhandelt, wird mit Zuchthaus bestraft.[40]

> (2) Der Mann, der dem Verbot des § 2 zuwiderhandelt, wird mit Gefängnis oder mit Zuchthaus bestraft.
> (3) Wer den Bestimmungen der §§ 3 oder 4 zuwiderhandelt, wird mit Gefängnis bis zu einem Jahr und mit Geldstrafe oder mit einer dieser Strafen bestraft.[41]

Nachdem Göring die Verlesung dieser fürchterlichen Erlasse beendet hatte, so berichtete die *New York Herald Tribune*, eine republikanische Tageszeitung, die als eine der wenigen in Amerika in ihrer Schlagzeile den Rassismus der Nürnberger Gesetze thematisierte, «sprangen die versammelten Mitglieder des Reichstags, etwa 600 Männer, die meisten von ihnen in brauner Uniform, auf» und brachten so ihre Begeisterung zum Ausdruck.[42]

Die Frage ist nun, ob sich die Nazis bei der Ausarbeitung dieses Verfolgungsprogramms von Amerika inspirieren ließen. Wichtig dabei ist, dass wir zunächst die Frage richtig stellen. Wir müssen verstehen, was die Nürnberger Gesetze nicht sagten, und umgekehrt, was die amerikanischen Rechte der damaligen Zeit sagten. Die Nürnberger Gesetze zielten nicht darauf ab, ein System der Segregation oder der Apartheid zu errichten. Ihr Zweck war ein doppelter: Sie wollten ein nationalsozialistisches Staatsbürgerschaftsrecht schaffen sowie ein neues NS-Recht für sexuelle Kontakte und Mischehen, also das, was ich als «Rassenmischung» (im amerikanischen Recht ist von *miscegenation* die Rede) bezeichne. Was Amerika angeht, so waren Staatsbürgerschaft und Rassenmischung von zentraler Bedeutung für die dortigen Rassengesetze der Zwischenkriegszeit. Die Rassentrennung war dabei lediglich ein Teilaspekt.[43]

Der letztgenannte Punkt ist wichtig. Wenn Amerikaner heute an die Geschichte ihrer Rassengesetzgebung denken, dann schwingt bei vielen noch immer eine gewisse Faszination für die Jim Crow-Segregation im Süden mit. In den 1950er Jahren wurde *Brown v.*

Board of Education (das Urteil des Supreme Court, das die Rassentrennung für verfassungswidrig erklärte) zum Wendepunkt, an dem sich unser Verständnis der modernen amerikanischen Rassengesetze änderte;[44] seither betrachten wir Rassenfragen in den USA im Rahmen des Konflikts zwischen *Brown* und *Plessy v. Ferguson* (einem Fall vor dem Supreme Court, bei dem 1896 die Verfassungsgemäßheit eines Gesetzes zur Rassentrennung in Louisiana bestätigt wurde).[45] Im kollektiven Gedächtnis Amerikas gehören zu den Rassengesetzen zuallererst getrennte Schulen, getrennte Waschbecken, die Tatsache, dass Schwarze im Bus hinten sitzen mussten, und so weiter – also all die Praktiken, die zu den großen Sit-ins, Protesten und gewaltsamen Zusammenstößen in der Frühzeit der Bürgerrechtsbewegung führten. Die Gleichsetzung von Rassengesetzgebung und Rassentrennung prägt die gesamte englischsprachige Literatur zum amerikanischen Einfluss auf Deutschland. Wenn die Wissenschaft danach fragte, ob die US-Rassengesetze die Nazis beeinflussten, fragte sie deshalb stets nach der Bedeutung der amerikanischen Segregationsgesetze.[46] Doch die amerikanischen Rassengesetze waren stets mehr als nur Rassentrennung, wie die Europäer der Zwischenkriegszeit sehr wohl wussten; nur wenn wir das im Hinterkopf behalten, werden wir verstehen, wie NS-Juristen das «nordische» Amerika sahen.

Die amerikanische Rassengesetzgebung vor *Brown* umfasste ein breites Spektrum ziemlich unterschiedlicher Rechtsgebiete, darunter nicht nur die «separate but equal»-Segregation, wie *Plessy* sie regelte, sondern auch Indianergesetze,[47] Gesetze, die sich gegen Chinesen und Japaner richteten,[48] sowie Benachteiligungen im Zivilprozessrecht und im Wahlgesetz.[49] Besonders bekannt war Amerika für seine neuartigen Formen einer de facto und de jure bestehenden Staatsbürgerschaft zweiter Klasse für Schwarze, Ureinwohner, Filipinos und Puerto-Ricaner.[50] Besondere Bedeutung kam den Gesetzen gegen die Rassenmischung auf einzelstaatlicher Ebene zu;[51] sie wurden erst ganz am Ende der Bürgerrechtsära, mit dem Verfahren *Loving v. Virginia* 1967, abgeschafft.[52] Gleiches gilt für die Einwanderungs- und Einbürgerungsgesetze auf Bundesebene;[53] de facto sollten rassistische Praktiken bei Immigration und Einbürgerung bis zum Immigration and Nationality Act von 1965 bestehen, der erst 1968 vollständig in Kraft trat.[54] In mancherlei Hinsicht war dieses umfassende Korpus an amerikanischen Rassengesetzen eng mit der Eugenik verknüpft; insbesondere die Gesetze zur Einwanderung und gegen die Rassenmischung wurden oft als Maßnahmen beschrieben, die dem eugenischen Erhalt einer «rassisch gesunden» Bevölkerung dienen sollten.[55] Andere Aspekte jedoch wie die Segregation und die Einführung einer Zweiklassen-Staatsbürgerschaft hatten mit der Eugenik an sich nichts zu tun. Sie standen für eine andere Art der Exklusion und Verfolgung, der es eher um rechtliche Degradierung als um Bevölkerungsplanung ging.

Auf all diesen Gebieten stachen die USA durch die Härte und Neuartigkeit ihrer Gesetze heraus. Das Amerika des frühen 20. Jahrhunderts war in punkto Rassengesetze weltweit führend und wurde überall auf der Welt dafür bewundert; die Nazis waren dabei nicht die einzigen. Wie in so vielen anderen Bereichen sorgte die amerikanische Kreativität auch hier für «brillante» Ergebnisse.

Amerika: Weltweit führend beim rassistischen Einwanderungsrecht

Was NS-Juristen an Amerika so faszinierend fanden, nahm seinen Anfang in mancherlei Hinsicht in genau der Gründerzeit der USA, die auch nationalsozialistische Welthistoriker herausstellten. Amerika verfügte, wie die Nazi-Autoren wussten, über eine Geschichte des rassenbedingten Ausschlusses, die bis in die ersten Jahre der Republik zurückreichte. Als der Kongress erstmals zusammentrat, gehörte zu den vielen historischen Verordnungen, die er erließ, auch der Naturalization Act von 1790, der bestimmte, dass «jeder Ausländer, sofern er ein freier Weißer ist», die Staatsbürgerschaft erwerben kann.[56] Das war, wie ein NS-Beobachter 1936 bemerkte, eine für die damalige Zeit ungewöhnliche Maßnahme: Rassisch bedingte Beschränkungen waren im 18. Jahrhundert zwar nicht unbekannt, aber auch nicht sehr verbreitet.[57]

Das Amerika, das die Nazis (und auch andere europäische Rassisten) am stärksten interessierte, war jedoch das des späten 19. und frühen 20. Jahrhunderts. Ein prominenter NS-Autor fasste die amerikanische Immigrationsgeschichte 1933 so zusammen: «Während bis in die achtziger Jahre des vorigen Jahrhunderts die liberale Freiheitsauffassung in den Vereinigten Staaten dazu führte, daß diese sich als Hort aller Unterdrückten fühlten und infolgedessen Einwanderungsbeschränkungen oder gar Einwanderungsverbote als unvereinbar mit den Grundsätzen der ‹freien› Verfassung galten, änderte sich diese Auffassung sehr bald.»[58] Das soll nicht heißen, dass es vor den 1880er Jahren keinerlei Restriktionen gegeben hätte. In der Zeit vor dem Bürgerkrieg erließen eine Reihe von Staaten, insbesondere im Mittleren Westen, Gesetze, die verhindern sollten, dass sich freie Schwarze ansiedelten,[59] während Connecticut und Massachusetts in den 1850er Jahren Lese- und Schreibtests einführten, in der Hoffnung, damit unerwünschte irische Einwanderer fernhalten zu können, ohne sie formell auszuschließen.[60] Insgesamt gesehen jedoch waren die USA in den ersten beiden Dritteln des 19. Jahrhunderts ein Land der offenen Grenzen und natürlich ein Land, das enorm viele Migranten aus Europa anzog.

Ab Ende der 1870er Jahre jedoch schlug das amerikanische Einwanderungs- und Einbürgerungsrecht eine andere Richtung ein. Diese Veränderung hatte in erster Linie damit zu tun, dass zunehmend Immigranten aus Asien ins Land drängten.[61] Die amerikanische Einwanderungsgesetzgebung des späten 19. Jahrhunderts richtete sich deshalb insbesondere gegen Asiaten,[62] angefangen mit den Gesetzen der 1870er Jahre in Kalifornien[63] und dann 1882 auf nationaler Ebene,[64] die Chinesen ausschlossen. Auch die Zuwanderer aus Japan gerieten ins Visier, und jahrzehntelang kam es darüber zu gefährlichen diplomatischen Spannungen zwischen dem japanischen Kaiserreich und den Vereinigten Staaten.[65] Gegen Ende des Jahrhunderts aber dehnte man die Ausschlusskampagnen über die vermeintlich problematische asiatische Immigration hinaus auch auf Europa aus. Ein besonders wichtiges Gesetz von 1896 zielte darauf ab, die Zuwanderung mithilfe von Lese- und Schreibprüfungen einzuschränken.[66] Gegen dieses Gesetz legte Präsident Cleveland sein Veto ein,[67] doch im 20. Jahrhundert folgte eine ganze Reihe weiterer Maßnahmen. Zunächst ist hier der Asiatic Barred Zone Act von 1917 zu nennen, der (wie der Name schon sagt) ein riesiges Gebiet in Asien zur Heimat der Unerwünschten erklärte, die es neben Homosexuellen, Geisteskranken, Anarchisten und anderen außer Landes zu halten galt.[68] Ihm folgten zwei wichtige Bausteine des Einwanderungs- und Einbürgerungsrechts, die nach «nationaler Herkunft» unterschieden und Quoten für die Herkunftsländer festlegten: der Emergency Quota Act von 1921[69] und der Immigration Act von 1924.[70] Insbesondere Letzterer war dezidiert «rassisch begründet», denn er favorisierte «die ‹nordischen› Rassen Nord- und Westeuropas gegenüber den ‹unerwünschten Rassen› Ost- und Südeuropas».[71]

Nun waren die Vereinigten Staaten keineswegs die Einzigen, die solche Maßnahmen einführten. Insbesondere war, wie die Nazis sehr genau wussten, Amerika Teil einer umfassenderen, historisch betrachtet britischen Welt. Der britische Imperialismus schuf rund um den Erdball ein Netzwerk von «Demokratien freier weißer Männer», die allesamt darauf ausgerichtet waren, «ethnisch homogene Staaten» zu erhalten, wie J. W. Burgess, Professor an der Columbia University, das 1890 in einer einflussreichen Schrift nannte.[72] Dazu gehörten Kanada und Neuseeland,[73] Australien, das seit Ende der 1840er Jahre ähnliche antichinesische Bestrebungen entwickelte wie Kalifornien,[74] und natürlich Südafrika.[75] Ein britischer Demograph beschrieb diese anglophone Welt 1936 folgendermaßen: «Es gibt nur wenige Lücken in der Umzäunung, welche die USA und die Dominions in den letzten fünfzig Jahren errichtet haben, um Nicht-Europäer auszuschließen.»[76] Wie wir sehen werden, wussten die Nationalsozialisten über dieses anglophone Muster sehr genau Bescheid und suchten nicht nur in den USA, sondern allgemeiner in den britischen Gebieten nach möglichen Vorbildern.

Trotzdem waren es gegen Ende des 19. Jahrhunderts die Vereinigten Staaten, die in den Augen der Deutschen wie auch anderer eine Vorreiterrolle spielten. Seit dieser Zeit galten die USA als «führend bei der Entwicklung einer explizit rassistischen Einbürgerungs- und Zuwanderungspolitik»,[77] und amerikanische Zuwanderungs- und Einbürgerungspraktiken fanden in Europa schon lange vor dem Aufkommen der NS-Bewegung reichlich Beachtung.

Diese Aufmerksamkeit kam zum Teil von linken Europäern, welche die Entwicklungen in den USA missbilligten. Vor allem in der französischen Literatur finden sich jede Menge feindselige Kommentare: Französische Beobachter mit ihrer eigenen republikanischen Tradition von «Freiheit, Gleichheit und Brüderlichkeit» waren oftmals abgestoßen von dem offenen Rassismus der amerikanischen Demokratie. Als beispielsweise der französische Soziologe André Siegfried 1927 seine Studie über die amerikanische Gesellschaft veröffentlichte, betrachtete er die Einwanderungspolitik als grundlegend für das Funktionieren einer befremdlichen generellen Form von amerikanischem Rassismus.[78] Andere französische Autoren sahen Amerika ganz ähnlich.[79]

Es gab jedoch auch Ausländer, welche die amerikanischen Experimente wohlwollender betrachteten. Überall in der anglophonen Welt war der Einfluss des amerikanischen Einwanderungsrechts unübersehbar,[80] und auch Kontinentaleuropäern erschien es attraktiv.[81] Vor allem ein einflussreiches Buch schenkte dem amerikanischen Immigrationsrecht seine Aufmerksamkeit: das Ende des 19. Jahrhunderts erschienene *Handbuch der Judenfrage* von Theodor Fritsch. Fritsch verantwortete die deutschen Ausgaben sowohl der *Protokolle der Weisen von Zion* wie auch der antisemitischen Schriften von Henry Ford. Er, der einer der wichtigsten Exponenten des deutschen Antisemitismus war, befasste sich in den einleitenden Passagen seines *Handbuchs*, das in der NS-Zeit immer wieder nachgedruckt werden sollte, eingehend mit den Vereinigten Staaten. Das Amerika des späten 19. Jahrhunderts sei ein Land, so Fritsch, das endlich den Irrtum seiner egalitären Vorstellungen erkannt habe: «Das von Freiheits- und Gleichheits-Ideen durchtränkte Amerika, das bisher allen Rassen gleiche Recht einräumte, sieht sich gezwungen, seine Anschauungen und Gesetze zu revidieren und gegen Neger und Chinesen Einschränkungen zu schaffen – weil sie die soziale Ordnung und Gesittung des Landes gefährden.»[82] Für Fritsch war die Geschichte des amerikanischen Einwanderungsrechts eine Parabel auf die Gefahren, die es mit sich brachte, wenn man Rasse zugunsten eines törichten Egalitarismus ignorierte. Wie wir gleich sehen werden, sollten Hitler und andere Nationalsozialisten Fritschs Deutung häufig wiederholen.

Staatsbürgerschaft zweiter Klasse in Amerika

Einwanderungs- und Einbürgerungsrecht waren nur ein Teil dessen, was den USA Ende des 19. Jahrhunderts eine Führungsrolle verschaffte. Daneben stand das amerikanische Staatsbürgerschaftsrecht. In den letzten Jahrzehnten des 19. Jahrhunderts entwickelten die USA einige spezifische Formen von Staatsbürgerschaft zweiter Klasse. Mark Mazower verweist darauf, dass das amerikanische Recht einer Staatsbürgerschaft zweiter Klasse möglicherweise für die NS-Juristen von Interesse war, als sie in Nürnberg ihre eigene Form von Staatsbürgerschaft zweiter Klasse für die Juden entwickelten: «Innerhalb der USA (deren Rassengesetze und Eugenikbewegung in den Zwanzigerjahren Hitlers Beifall gefunden hatten) waren Indianer bis 1924 ‹Staatsangehörige›, aber keine Bürger, eine Unterscheidung, die amerikanische Kommentatoren Ende des 19. Jahrhunderts als Vorrecht einer ‹großen Kolonialmacht› bezeichneten. Puerto-Ricaner wurden verfassungsrechtlich ähnlich definiert wie später die Tschechen durch die Deutschen – sie waren ‹im internen Sinne Ausländer in den Vereinigten Staaten›.»[83] Mazower hat recht: Er hat recht, dass, wie wir gleich sehen werden, Hitler in den Fußstapfen von Theodor Fritsch die amerikanische Rassengesetzgebung bewunderte; und er hat recht, dass die Behandlung der Indianer und Puerto-Ricaner, die in der deutschen Rechtsliteratur ausgiebig diskutiert wurde,[84] Modelle für eine Staatsbürgerschaft zweiter Klasse bot, die den politisch Verantwortlichen des Dritten Reiches interessant erschienen. Doch zur ganzen Geschichte gehören auch zwei andere besonders wichtige Bevölkerungsgruppen, nämlich die Filipinos und insbesondere die schwarzen Amerikaner.

Das Problem der Staatsbürgerschaft für Schwarze ist in Amerika ein sehr altes und seine Geschichte ist zu lang und zu kompliziert, um hier erörtert zu werden. Für meine Zwecke (und für die NS-Beobachter) am interessantesten sind die Entwicklungen bei der Schaffung von Formen zweitklassiger Staatsbürgerschaft für Schwarze, die ebenfalls auf die letzten Jahrzehnte des 19. Jahrhunderts datieren. In der Zeit vor dem Bürgerkrieg wurde Schwarzen in einer der meist kritisierten Entscheidungen der amerikanischen Verfassungsgeschichte der Status von Staatsbürgern verweigert, nämlich *Dred Scott v. Sandford*,[85] eine Entscheidung, die mitverantwortlich für den Ausbruch des Bürgerkriegs war.[86] Nach dem Sieg des Nordens wurde dieses Urteil gekippt, denn der 14. und 15. Zusatzartikel garantierten den Schwarzen im Prinzip den Bürgerstatus.[87] Doch mit dem Ende der Reconstruction wurden den Schwarzen, insbesondere, aber nicht nur im Süden, durch eine Reihe rechtlicher Tricks, mit denen die Einschränkungen der Verfassung umgangen werden sollten, wichtige politische Rechte entzogen.

Insbesondere das Wahlrecht wurde so gut wie allen Schwarzen in den Südstaaten verwehrt. Zu den Methoden, derer man sich dabei bediente, gehörten insbesondere Lese- und Schreibtests, wie sie erstmals in den 1850er Jahren in Connecticut und Massachusetts zum Einsatz gekommen waren, um die Zuwanderung quasi durch die Hintertür rassisch zu beschränken.[88] Diese Tests waren eine schlaue und einflussreiche rechtliche Erfindung Amerikas, die 1901 von den Australiern für ihre eigenen Einwanderungsgesetze übernommen und von dem einflussreichen James Bryce allgemein für die anglophone Welt empfohlen wurde.[89] Neben dieser Überprüfung von Lese- und Schreibfertigkeiten gab es sogenannte «Großvaterklauseln»,[90] die das Wahlrecht auf diejenigen beschränkten, deren Vorfahren schon vor der Emanzipation gewählt hatten: Kopfsteuern und andere Dinge, darunter die Einrichtung eines Systems politischer Vorwahlen, das der Demokratischen Partei des Südens die ausschließliche Herrschaft sicherte.[91] Der Oberste Gerichtshof zögerte nicht, solche Strategien trotz der Garantien der Verfassungszusätze für rechtmäßig zu erklären.[92] Unter dem Strich hieß das, dass die Schwarzen in Amerika de jure zwar Staatsbürger, de facto aber nur Bürger zweiter Klasse waren.

Auch davon nahmen Europäer und insbesondere Deutsche Notiz. Tatsächlich stellte die Staatsbürgerschaft zweiter Klasse für die Schwarzen in Amerika für führende deutsche Intellektuelle in den Jahrzehnten vor dem Aufstieg der Nationalsozialisten ein echtes Faszinosum dar. Zu ihnen gehörte auch Max Weber. «Innerhalb der amerikanischen Demokratie», schrieb er 1906 in einem Aufsatz in der *Frankfurter Zeitung*, sei das allgemeine und gleiche Wahlrecht ein Recht «der Nicht-Farbigen! denn für Neger und alle Mischlinge besteht es ja auch heute de facto nicht».[93] (Weber glaubte, dies sei ein typisches Produkt der protestantischen Ethik in Amerika.)[94] Und Weber war beileibe nicht die einzige bedeutende Persönlichkeit, die sich für diesen Aspekt des amerikanischen Rassismus interessierte. Eduard Meyer, der ungeheuer gebildete Althistoriker, veröffentlichte ein Buch über Amerika, das die einschlägigen Praktiken detailliert erläuterte:

«Mit allen Mitteln», so schrieb er, sei die Gleichberechtigung der Neger «illusorisch gemacht» worden, als er die Fülle an rechtlichen Instrumenten unter die Lupe nahm, die von den Amerikanern entwickelt worden waren.[95] Der «Englisch sprechende Amerikaner», so die Beobachtung des bedeutenden Soziologen Robert Michels, verweigere «dem Neger jegliche Gleichberechtigung»;[96] auch er befasste sich eingehend mit den rechtlichen Details. Anfang des 20. Jahrhunderts kamen deutsche Autoren regelmäßig zu der Einschätzung, die politischen Rechte amerikanischer Schwarzer seien, wie es in gängigen Texten hieß, «toter Buchstabe».[97] Trotz der Garantien der Verfassungszusätze aus der Zeit der Reconstruction seien ihnen diese politischen Rechte «entzogen» worden.[98] Ohne dass sie es je offen gesagt hätten, hätten die Südstaaten das Wahlrecht für Schwarze für null und nichtig erklärt.[99]

De facto dürfte der Entzug des Wahlrechts für Schwarze der auffallendste und bemerkenswerteste Aspekt des rassisch bestimmten Zweiklassen-Staatsbürgerschaftsrechts im Amerika der Jahrhundertwende gewesen sein, doch er war nicht der einzige. Von beträchtlicher Bedeutung für die Entstehung der amerikanischen Staatsbürgerschaft zweiter Klasse war auch der heute weithin vergessene Fall der Puerto-Ricaner und Filipinos. Der Sieg im spanisch-amerikanischen Krieg 1898 verschaffte den USA Kolonialbesitzungen in Puerto Rico und auf den Philippinen. Die Folge war eine kleinere Krise im amerikanischen Verfassungsrecht. Amerika hatte nie nach der Art von überseeischer Imperialmacht gestrebt, wie die Europäer sie angehäuft hatten, und das 14. Amendment schien wenig Spielraum zu lassen für die Schaffung einer Klasse von Kolonialuntertanen. Wenn Amerika neue Gebiete erwarb, sollten deren Bewohner amerikanische Staatsbürger werden. Trotzdem herrschte das verbreitete Gefühl, dass man den Bewohnern der neuen Gebiete nicht die volle Staatsbürgerschaft gewähren sollte. Insbesondere die Philippinen, die zum Schauplatz eines hässlichen amerikanischen Krieges wurden, waren Heimat einer pazifischen Bevölkerung, die in den Augen der Amerikaner einer minderwertigen – oder zumindest im Moment noch hoffnungslos rückständigen – Rasse angehörte. In einer Reihe von Entscheidungen, die als die Insular Cases in die Geschichte eingingen, stimmte der Supreme Court der Schaffung einer gesetzlich verankerten Form von Staatsbürgerschaft zweiter Klasse für die jüngst eroberten Bevölkerungsgruppen zu: Die Verfassung, so das Oberste Gericht, erlaube es, diese Kolonialuntertanen als bloße «non-citizen nationals» zu behandeln, also als Staatsangehörige ohne Bürgerrechte.[100]

Die Insular Cases sind bei den Amerikanern heute weitgehend vergessen, waren aber Ende des 19. und Anfang des 20. Jahrhunderts Gegenstand eingehenden Interesses, und heute betrachten Rechtswissenschaftler sie als Schlüsselelement in der amerikanischen Rassengesetzgebung sowie bei der Schaffung eines «American Empire».[101] Auch die Europäer schenkten ihnen Beachtung: Im Zeitalter des europäischen Imperialismus waren die Bemühungen des demokratischen Amerika um die Schaffung eines Untertanenstatus für kolonialisierte Völker von internationalem Interesse.[102] Insbesondere in Deutschland entstand in den Jahrzehnten vor der Machtübernahme der Nationalsozialisten ein reichhaltiges Schrifttum zu den amerikanischen Kolonialgesetzen, das zum Teil aus der Feder von sehr renommierten Wissenschaftlern stammte.[103]

Die vielleicht bemerkenswerteste Persönlichkeit, die sich intensiv mit dem amerikanischen Zweiklassen-Staatsbürgerrecht beschäftigte, war Erich Kaufmann, einer der bedeutendsten und umstrittensten deutsch-jüdischen Juristen des 20. Jahrhunderts. Kaufmann, brillanter Professor für Staats- und Völkerrecht, fühlte sich in den 1920er Jahren zur extremen Rechten in Deutschland hingezogen. Er verkehrte in der Weimarer Republik mit Protofaschisten, und nach der nationalsozialistischen Machtübernahme blieb er bis 1938 in Deutschland. Den Krieg überlebte er in einem Versteck und kehrte nach 1945 zurück, um eine bedeutende Professur zu übernehmen (ungeachtet der Tatsache, dass die amerikanischen Behörden ihn für «ungeeignet» hielten, «der deutschen Jugend die Werte der Demokratie zu vermitteln»).[104] Diese Gestalt aus der gespenstischen Welt der Weimarer Rechten, einer von zahlreichen führenden jüdischen Intellektuellen, deren politische Sympathien sie dem Dunstkreis des Faschismus «gefährlich nahe» brachten,[105] machte die amerikanische Kolonialerfahrung 1908 zum Gegenstand seines ersten Buches.

Darin beschrieb er ausführlich und voller Bewunderung, wie Amerika angesichts der historischen Aufgabe einer «kolonialen Besitzerweiterung» und «Erweiterung der Herrschaftssphäre»[106] vor allem eine Frage zu klären hatte: «Kann ein von unzivilisierter Bevölkerung bewohntes (...) Land regiert werden nach den Normen, die die Verfassung ihrem hochstehenden Bürger gewährt?»[107] Besondere Energie verwandte Kaufmann darauf, die Arbeit des Obersten Gerichtshofs bei den Insular Cases zu beschreiben, und er bekundete tiefen Respekt für den Scharfsinn der amerikanischen Richter sowie für die «Fülle von Leben und Unmittelbarkeit», die das Common Law Amerikas präge. Anfang des 20. Jahrhunderts entstand in Deutschland eine Art kultische Verehrung des angelsächsischen Common Law,[108] und Kaufmann blieb davon erkennbar nicht unberührt:

> Es ist ein höchst buntes und auf den ersten Blick, insbesondere für ein an deutsche Gerichtsentscheidungen gewöhntes Auge fast verwirrend zu nennendes Bild, das sich uns bietet. Bei eingehenderem

Studium und vorurteilslosem Nachdenken werden wir jedoch zugeben müssen, daß sich in diesen Entscheidungen eine Fülle von Leben und Unmittelbarkeit, eine geistige und juristische Durcharbeitung des Stoffes von den verschiedensten Grundansichten aus, ein eindringliches Zurückgehen auf die letzten Prinzipienfragen, eine unbefangene Formulierung dieser Gegensätze und ein stolzes Appellieren an die hinter diesen stehenden, im amerikanischen Volke lebendigen Rechtsanschauungen offenbart, die uns auf eine hohe rechtliche und politische Begabung und Erzogenheit des Unionsvolkes schließen läßt.[109]

Wie wir sehen werden, bewunderten auch NS-Juristen in vielerlei Hinsicht «Leben und Unmittelbarkeit» des amerikanischen Common-Law-Rassismus sowie die «lebendigen Rechtsanschauungen» des amerikanischen Volkes, auf denen er gründete.

Kaufmann war nicht der einzige prominente Kommentator der amerikanischen Kolonialerfahrung und ihrer rechtlichen Konsequenzen. Zwei berühmte Wissenschaftler, der deutsche Hugo Münsterberg in Harvard und der germanophile Ernst Freund an der University of Chicago, veröffentlichten auf Deutsch Bücher, in denen sie die amerikanischen Abenteuer der Kolonialeroberung und der Kolonialgesetzgebung schilderten.[110] Insbesondere Freund erläuterte, die USA hätten eine neue Kategorie von «Untertanen ohne Bürgerrecht» geschaffen;[111] damit, so erklärte er, habe Amerika eine neuartige Rechtsform erfunden, die den einzelstaatlichen Gesetzen des frühen 19. Jahrhunderts, welche die freien Schwarzen ausschlossen, und den antichinesischen Bestimmungen des späten 19. Jahrhunderts eng verwandt sei. Amerika sei bei einer ganzen Reihe von Formen einer rassisch begründeten Staatsbürgerschaft zweiter Klasse führend.[112] Es gab auch noch andere Kommentare: Wie eine führende deutsche Zeitschrift ein paar Jahre vor dem Ersten Weltkrieg in einer Sprache, welche die Nürnberger Gesetze vorwegnahm, berichtete, hätten

Puerto-Ricaner und Filipinos den Status von «Schutzbürgern zweiter Klasse», also ohne volle politische Rechte.[113] In den Augen dieser deutschen Literatur war Amerika ein Laboratorium für Experimente mit eingeschränkten Bürgerrechten.

Die Nazis nehmen den Faden auf

Die NS-Bewegung entstand somit in einem Europa, das mit dem amerikanischen Einwanderungs- und Staatsbürgerschaftsrecht vertraut und mitunter sogar davon fasziniert war; diese Vertrautheit sowie gelegentliche Faszination begleiteten auch die Frühzeit des Nationalsozialismus und dauerten bis in die Jahre fort, als das in Nürnberg verkündete Reichsbürgergesetz erarbeitet wurde.

Will man die nationalsozialistische Beschäftigung mit den amerikanischen Rassengesetzen nachzeichnen, so beginnt man am besten mit der «Bibel» der Begegnung, Hitlers *Mein Kampf*. Der zweite Band dieser Hetzschrift, der 1927 erschien, skizzierte Hitlers Vision von der deutschen Erneuerung. Diese Vision stützte sich in erster Linie auf das Parteiprogramm der NSDAP von 1920, das insgesamt 25 Punkte umfasste, von denen sich allein fünf mit Fragen der Staatsbürgerschaft beschäftigten. So forderte es strenge Grenzen für die Staatsbürgerschaft, die auf Personen «deutschen Blutes» beschränkt sein sollte, während für im Land lebende Ausländer, denen mit Ausweisung gedroht wurde, Einschränkungen gelten sollten.

> 4. Staatsbürger kann nur sein, wer Volksgenosse ist. Volksgenosse kann nur sein, wer deutschen Blutes ist, ohne Rücksichtnahme auf Konfession. Kein Jude kann daher Volksgenosse sein.

5. Wer nicht Staatsbürger ist, soll nur als Gast in Deutschland leben können und muß unter Fremden-Gesetzgebung stehen.

6. Das Recht, über Führung und Gesetze des Staates zu bestimmen, darf nur dem Staatsbürger zustehen. Daher fordern wir, daß jedes öffentliche Amt, gleichgültig welcher Art, gleich ob im Reich, Land oder Gemeinde nur durch Staatsbürger bekleidet werden darf. Wir bekämpfen die korrumpierende Parlamentswirtschaft einer Stellenbesetzung nur nach Parteigesichtspunkten ohne Rücksichtnahme auf Charakter und Fähigkeiten.

7. Wir fordern, daß sich der Staat verpflichtet, in erster Linie für die Erwerbs- und Lebensmöglichkeit der Bürger zu sorgen. Wenn es nicht möglich ist, die Gesamtbevölkerung des Staates zu ernähren, so sind die Angehörigen fremder Nationen (Nicht-Staatsbürger) aus dem Reiche auszuweisen.

8. Jede weitere Einwanderung Nicht-Deutscher ist zu verhindern. Wir fordern, daß alle Nicht-Deutschen, die seit 2. August 1914 in Deutschland eingewandert sind, sofort zum Verlassen des Reiches gezwungen werden.[114]

Diese Forderungen, die in vielem an die rechtsextreme Hetze im heutigen Europa erinnern, begründeten die zentralen Thesen, die für das nationalsozialistische Staatsbürgerschaftsrecht, wie es 1935 in Nürnberg verkündet wurde, grundlegend waren.

Im zweiten Band von *Mein Kampf* knüpfte Hitler an das Parteiprogramm von 1920 an und entwickelte eine ausführlichere Vorstellung einer rassisch bedingten Staatsbürgerschaft. Dabei konnte er sich nun aber auf eine Autoritätsquelle stützen, die damals noch nicht zur Verfügung gestanden hatte, nämlich in Gestalt der neuen amerikanischen Einwanderungsstatuten von 1921 und 1924. Der Anführer der NS-Bewegung sah zu dieser Zeit in den USA sicherlich vieles, was ihm missfiel: So hasste er Woodrow Wilson, den Architekten des Versailler Vertrags, und beklagte den versteckten Einfluss der Juden in vielen Bereichen der amerikanischen Gesellschaft.[115] Bemerkenswerterweise aber dominierten in seinen Äußerungen Ende der 1920er Jahre das Lob für die amerikanische Rassenpolitik und der Neid auf die US-Macht, insbesondere wenn es um die dortigen Einwanderungsgesetze ging. Wie so viele Europäer vor ihm betrachtete auch Hitler die Vereinigten Staaten offenkundig als «führend bei der Entwicklung einer explizit rassistischen Einbürgerungs- und Zuwanderungspolitik». Seine Behandlung des Themas in *Mein Kampf* begann er mit einem seiner typischen sarkastischen Hinweise zum Zustand des deutschen Rechts:

> Das Staatsbürgerrecht wird heute, wie schon oben erwähnt, in erster Linie durch die Geburt *innerhalb* der Grenzen eines Staates erworben. Rasse oder Volkszugehörigkeit spielen dabei überhaupt keine Rolle. Ein Neger, der früher in den deutschen Schutzgebieten lebte, nun in Deutschland seinen Wohnsitz hat, setzt damit in seinem Kind einen «deutschen Staatsbürger» in die Welt. Ebenso kann jedes Juden- oder Polen-, Afrikaner- oder Asiatenkind ohne weiteres zum deutschen Staatsbürger deklariert werden.
> Außer der Einbürgerung durch Geburt besteht noch die Möglichkeit der späteren Einbürgerung. (…) Rassische Bedenken spielen dabei überhaupt keine Rolle. Der ganze Vorgang der Erwerbung des Staatsbürgertums vollzieht sich nicht viel anders als der der Aufnahme zum Beispiel in einen Automobilklub.

Nachdem er gefordert hatte, der Erwerb der Staatsbürgerschaft müsse in viel stärkerem und deutlicherem Maße auf rassischer Basis erfolgen, wandte sich Hitler dem einzigen Beispiel eines lobenswerten Systems auf internationaler Bühne zu:

> Es gibt zur Zeit einen Staat, in dem wenigstens schwache Ansätze für eine bessere Auffassung bemerkbar sind. Natürlich ist dies nicht unsere vorbildliche deutsche Republik, sondern die amerikanische Union, in der man sich bemüht, wenigstens teilweise wieder die Vernunft zu Rate zu ziehen. Indem die amerikanische Union gesundheitlich schlechten Elementen die Einwanderung grundsätzlich verweigert, von der Einbürgerung aber bestimmte Rassen einfach ausschließt, bekennt sie sich in leisen Anfängen bereits zu einer Auffassung, die dem völkischen Staatsbegriff zu eigen ist.[116]

Amerikanische Rechtsgelehrte haben sich ausgiebig mit dem Rassismus der Einwanderungsgesetze der 1920er Jahre befasst, doch scheinen sie keine Notiz genommen zu haben von der irritierenden Tatsache, dass diese Gesetze von Hitler selbst als wichtigstes – ja einziges – Beispiel eines «völkischen» Staatsbürgerschaftsrechts in den 1920er Jahren gelobt wurden.[117]

Hitler sprach auch danach in solchen Begriffen und wiederholte seine Beurteilung des amerikanischen Immigrationsrechts 1928 noch einmal: Die Amerikaner, so meinte er in bester NS-Terminologie, verspürten das Bedürfnis, den «Fremdkörper (...) blutfremder Menschen» aus der herrschenden Rasse auszuschließen; dieses Bedürfnis komme im Einwanderungsrecht zum Ausdruck.[118] Ähnliche Ausführungen finden sich in seinem «Zweiten Buch», der unveröffentlicht gebliebenen Fortsetzung von *Mein Kampf*, an der er 1928 arbeitete.[119] Das Besondere an diesem «Zweiten Buch» ist denn auch die Darstellung Amerikas als Rassenmodell für und künftiger Rassenkonkurrent von Europa. Einigen deutschen Rassisten galten die Vereinigten Staaten in den 1920er Jahren als Land, das durch die Rassenmischung ernsthaft vom Untergang bedroht war, wenn es dem «guten Blut in der Union» nicht gelingen sollte, den Ansturm des «Völkerchaos aus Negern, Juden, Südeuropäern, Mischlingen, Gelben und Undefinierbaren aus den Milchkaffeeländern» abzuwehren.[120] Nicht so Hitler. Im Gegensatz zu den anderen Rassisten war er in seinem «Zweiten Buch» recht gelassen, was die Aussichten Amerikas betraf.[121] Die Entwicklungen im amerikanischen Einwanderungsrecht, so meinte er, würden belegen, dass die USA den Ernst der Lage erkannt hätten:

> Sowohl gegenüber dem chinesischen als auch gegenüber dem japanischen Element hat die Assimilierungskraft der amerikanischen Union versagt. Man fühlt dies auch genau und weiß es und möchte deshalb am liebsten diese Fremdkörper von der Einwanderung ausschalten. Allein damit bestätigt die amerikanische Einwanderungspolitik selbst, daß die bisherige Verschmelzung eben doch Menschen bestimmter gleichmäßiger Rassengrundlagen voraussetzte und sofort mißlingt, sowie es sich um grundsätzlich andersartige Menschen handelt. Daß sich dabei die amerikanische Union selbst als nordisch-germanischer Staat fühlt und keineswegs als internationaler Völkerbrei, geht auch weiter hervor aus der Art der Zuteilung der Einwanderungsquoten an die europäischen Völker. Skandinavier, also Schweden, Norweger, weiter Dänen, dann Engländer und endlich Deutsche erhalten die größten Kontingente zugewiesen. Romanen und Slaven sehr geringe, Japaner, Chinesen würde man am liebsten überhaupt ausschließen.[122]

Erfreuliches Resultat dieser geänderten Einwanderungspolitik sei, so Hitler, dass sich Amerika seinen Charakter als «nordischer» Staat bewahrt habe; Europa, so warnte er, könne da nicht mithalten, wenn es nicht das Gleiche tue.[123] Hitler sagte das im gleichen Jahr, in dem er sich auch bewundernd über die amerikanische Eroberung des Westens äußerte, bei der die Amerikaner «die Millionen von Rothäuten auf ein paar Hunderttausend zusammengeschossen» hätten;[124] auch das, so meinte er, sei ein «nordisches» Beispiel, an dem sich die Europäer orientieren sollten. Der Historiker Detlef Junker, der einige dieser Schriften aus den 1920er Jahren untersucht hat, kommt zu dem Schluss, Amerika sei für Hitler «*das* Vorbild eines nach den Prinzipien von Rasse und Raum organisierten Staates».[125] Auch Philipp Gassert ist der Ansicht, Hitler habe das Amerika der 1920er Jahre mit seinen ganz offen rassisch definierten Einwanderungsgesetzen und seiner großangelegten «arischen» Kolonisierung des Westens als «Rassenstaat» betrachtet, der Bewunderung verdiene.[126]

Die Ansichten des «Führers» zum Thema «Rassenstaat» hatten im Dritten Reich selbstverständlich einiges Gewicht.[127] Insbesondere Hitlers Auslassungen über die amerikanischen Einwanderungsgesetze in *Mein Kampf* sollten nach 1933 immer dann zitiert werden, wenn NS-Juristen über Fragen der Staatsbürgerschaft diskutierten,[128] und sie gaben die Tonlage vor, die in NS-Schriften über amerikanisches Recht in den frühen 1930er Jahren vorherrschte:[129] Amerika war ein Land, das in mancherlei Hinsicht schwach und dessen Zukunft als rassistische Ordnung womöglich ungewiss war, aber es blieb das führende Beispiel einer Jurisdiktion, die sich zu seiner Rassengesetzgebung vortastete, wie sie für die Errichtung eines völkischen Staates unabdingbar war, und zwar insbesondere durch seine klugen Zuwanderungsbeschränkungen. So hieß es im November 1933 in den *Nationalsozialistischen Monatsheften* (das Echo von *Mein Kampf* und Fritschs *Handbuch der Judenfrage* ist nicht zu überhören): «Die Vereinigten Staaten der neuen Welt haben im Lauf der letzten Jahrzehnte die ungeheure Gefahr des ‹great melting pot of races› einzusehen gelernt und durch drakonische Einwanderungsgesetze einer Bastardisierung Einhalt geboten (...) diesen Kreisen stammverwandten Amerikanertums strecken wir unsere Hand entgegen (...).»[130] Amerika, so hatte Hitler geschrieben, habe die ersten vorsichtigen Schritte unternommen; nun sei der Augenblick gekommen, da das nationalsozialistische Deutschland die Fackel weitertragen müsse, und das schloss die Hoffnung auf eine geistige Allianz zwischen dem Dritten Reich und den USA der weißen Vorherrschaft keineswegs aus.

Auf dem Weg zum Reichsbürgergesetz: Die NS-Politik in den frühen 1930er Jahren

Bevor wir uns dem Kleinklein der nationalsozialistischen Beschäftigung mit Amerikas Einwanderungs- und Staatsbürgerschaftsrecht zuwenden, müssen wir zunächst noch die Bühne bereiten und uns mit dem Kontext beschäftigen, genauer: mit den Zielen des NS-Regimes nach der Machtübernahme. Dabei sei vor allem betont, dass das ursprüngliche Ziel der Nationalsozialisten nicht die Vernichtung der Juden war. In den ersten Jahren des NS-Regimes waren «Deportation und Vernichtung» noch «schwer vorstellbar»;[131] «im Vordergrund» stand zunächst das Ziel, die Juden zur Emigration zu drängen, sei es durch Gewalt auf der Straße oder durch die Einführung rechtlicher Benachteiligungen.[132] Die Ziele der frühen 1930er Jahre wurden sehr treffend formuliert von Wilhelm Stuckart, dem Mitverfasser des Standardkommentars zu den Nürnberger Gesetzen. Stuckart, später ein hochrangiger SS-Offizier, sollte auch an der Wannseekonferenz teilnehmen, auf der die «Endlösung» beschlossen wurde, und schließlich 1949 im Wilhelmstraßen-Prozess als Kriegsverbrecher verurteilt werden.[133] Doch Anfang der 1930er Jahre sprach er nicht von der «Endlösung», sondern von der «endgültigen Lösung des Judenproblems»:

Zugleich sind beide Gesetze der Beginn einer endgültigen Lösung des Judenproblems in Deutschland. Ausgehend von der Erkenntnis, daß es sich beim Judentum nicht um eine religiöse, sondern um eine blutmäßige Gemeinschaft handelt, die weltenweit vom deutschen Volk verschieden ist, vollziehen diese Gesetze und die später zu ihnen ergangenen Ergänzungs- und Durchführungsbestimmungen die rechtliche Scheidung zwischen Deutschtum und Judentum auf den wichtigsten Lebensgebieten. Dem Judentum ist danach für alle Zukunft die Vermischung mit dem deutschen Volkstum und die Einmischung in die staatspolitische, wirtschaftspolitische und kulturpolitische Gestaltung Deutschlands unmöglich gemacht. Wenn die Juden nach diesen Bestimmungen auch noch weiterhin dem Schutzverband des Reichs angehören und damit bis auf weiteres deutsche Staatsangehörige geblieben sind, so kann die endgültige Lösung der Judenfrage dennoch nur in der räumlichen Trennung der Juden vom deutschen Volk bestehen; d. h. das Ziel der deutschen Judenpolitik ist die Auswanderung der Juden aus Deutschland.[134]

Zur Vernichtung kam es später; in dem uns hier interessierenden Zeitraum war das Ziel der NS-Politik die Zwangsemigration.

Das müssen wir im Hinterkopf behalten, wenn wir das nationalsozialistische Reichsbürgergesetz und seine Beziehung zu Entwicklungen in den Vereinigten Staaten verstehen wollen. Für ein Regime, dessen Ziel es war, die angeblich «Blutsfremden» aus dem Land zu treiben, spielte das Staatsbürgerschaftsrecht eine zentrale Rolle. Entsprechend machten sich die Nationalsozialisten nach der Machtübernahme rasch daran, das deutsche Staatsbürgerschaftsgesetz zu ändern, um Juden und andere «Fremdkörper» zu benachteiligen. Das Projekt begann am 14. Juli 1933 mit dem «Gesetz über den Widerruf von Einbürgerungen und die Aberkennung der deutschen Staatsangehörigkeit», das am gleichen Tag verabschiedet wurde wie das Eugenikgesetz.[135] Hauptziel dieses ersten Staatsbürgerschaftsgesetzes der Nazis war es, die Ausbürgerung und Vertreibung der Ostjuden, die nach dem Ersten Weltkrieg ins Land gekommen waren, zu erleichtern.[136] Reichsinnenminister Wilhelm Frick bezeichnete es als den «Beginn und Ausgangspunkt der deutschen Rassengesetzgebung»,[137] und in den Diskussionen der nächsten beiden Jahre wurde stets die grundsätzliche Bedeutung des Staatsbürgerschaftsrechts betont, bis das Ganze im Nürnberger Reichsbürgergesetz gipfelte, das Juden endgültig zu Bürgern zweiter Klasse machte.

Die unangenehme Wahrheit ist, dass das amerikanische Recht während all dieser Bemühungen, die deutschen Juden zu degradieren, zu dämonisieren und zu vertreiben, für die Nationalsozialisten einen Bezugspunkt darstellte, so wie das zuvor schon bei Hitler der Fall gewesen war. Amerika blieb Vorreiter, und die Nazis blickten immer wieder auf das amerikanische Beispiel, als sie ihre eigene Einwanderungs- und Staatsbürgerschaftsgesetzgebung entwickelten.

Nach seiner Ernennung zum Reichskanzler gab Hitler selbst sich nicht mehr mit rechtlichen Detailfragen ab. Doch führende NS-Juristen und Funktionäre nahmen den Faden auf und zeigten stetes Interesse am amerikanischen Beispiel. Das gilt etwa für Otto Koellreutter, den wohl bedeutendsten nationalsozialistischen Staatsrechtler der frühen 1930er Jahre. Koellreutter, der seit 1930 mit den Nationalsozialisten sympathisierte, trat am 1. Mai 1933 formell der NSDAP bei, am gleichen Tag wie Carl Schmitt. Noch im gleichen Jahr bekam er einen Lehrstuhl für Staatsrecht in München, der «Hauptstadt der Bewegung». Er bekleidete verschiedene akademische Führungspositionen und fungierte als Zeitschriftenherausgeber und dergleichen.[138]

Ende 1933 veröffentlichte dieser Hohepriester des juristischen Nationalsozialismus ein Buch, das die staatsrechtlichen Fundamente für das legen sollte, was die Nazis als ihre «nationale Revolution» bezeichneten. Zum öffentlichen Recht gehörten auch Einwanderung und Einbürgerung; und als Koellreutter auf dieses Thema zu sprechen kam, erörterte er ausführlich das amerikanische Beispiel. Zunächst widmete er sich dabei den britischen Dominions ebenso wie den USA. Wie NS-Autoren mit Interesse bemerkten, verfügte die Welt des britischen Imperiums nicht nur über «die ungeschriebenen gesellschaftlichen Gesetze» gegen die Rassenmischung, sondern auch über ein paar formelle Gesetze.[139] In diesem Zusammenhang gilt es festzuhalten, dass das nationalsozialistische Interesse Traditionen und Praktiken galt, die sich in der historisch umfassenderen britischen Welt und nicht nur in den Vereinigten Staaten entwickelt hatten. Trotzdem interessierte sich Koellreutter in erster Linie für die Gesetzgebung Amerikas. Er schrieb:

> *Eine weitere notwendige Maßnahme zur Erhaltung einer gesunden rassischen Zusammensetzung des Volkes liegt in der Regelung der Einwanderung.* In dieser Beziehung hat vor allem die Gesetzgebung der Vereinigten Staaten und der britischen Dominions interessante Ergebnisse gezeitigt.
>
> Beachtenswert ist dabei vor allem die Entwicklung der Einwanderungsgesetzgebung in den Vereinigten Staaten. Während bis in die achtziger Jahre des vorigen Jahrhunderts die liberale Freiheitsauffassung in den Vereinigten Staaten dazu führte, daß diese sich als Hort aller Unterdrückten fühlten und infolgedessen Einwanderungsbeschränkungen oder gar Einwanderungsverbote als unvereinbar mit den Grundsätzen der «freien» Verfassung galten, änderte sich diese Auffassung sehr bald. 1879 kam es schon zu den ersten Gesetzesvorschlägen gegen die chinesische Einwanderung. Vor allem aber nach dem Weltkriege hat dann die amerikanische Einwanderungsgesetzgebung völlig neue Wege eingeschlagen. Sie bildet heute ein durchdachtes System, um die Vereinigten Staaten zunächst vom eugenischen Standpunkte aus vor minderwertigen Einwanderungselementen zu

> schützen. So sind nach dem amerikanischen Einwanderungsrecht von der Landung in den Vereinigten Staaten ausgeschlossen: Blödsinnige, Irrsinnige, Fallsüchtige Gewohnheitstrinker, Personen mit ansteckenden oder ekelerregenden Krankheiten und geistig oder körperlich minderwertige Personen. Und diese Bestimmungen werden auch mit aller Strenge, sogar Härte durchgeführt.
> Daneben geht die Festsetzung von bestimmten Einwanderungsquoten durch die amerikanische Gesetzgebung. Denn der Weltkrieg brachte den Vereinigten Staaten zum Bewußtsein, daß durchaus nicht alle Einwanderer im gleichen Maße in die ursprünglich angelsächsische Bevölkerung einschmelzbar seien und daß eine völlig freie Einwanderung die Prägung eines nationalen amerikanischen Typus gefährden müsse. So entstand 1921 das erste Quotengesetz, in dem jedem europäischen Lande nur eine bestimmte Einwandererzahl zugebilligt wurde und zwar nicht mehr als 3 % derjenigen Zahl von Einwanderern aus dem betreffenden Lande, die 1910 in den Vereinigten Staaten ansässig waren. So wurden z. B. 1924 165 000 Einwanderer zugelassen, unter ihnen 62 000 Engländer und Iren, 51 000 Deutsche, 3845 Italiener und 2248 Russen, einschließlich der Ostjuden. In den letzten Jahren ist dann die Einwanderung noch weiter beschränkt worden.[140]

An dieser Passage fällt zweierlei auf. Erstens war sie das Ergebnis sorgfältiger Forschungsarbeit. Wie diese und andere Passagen, die weiter unten zitiert werden, zeigen, widmete sich die deutsche Wissenschaft dem amerikanischen Einwanderungsrecht mit großer Akribie.

Zweitens kann man unmöglich davon sprechen, das, was Koellreutter schrieb, sei für die Rezeption im Ausland gedacht gewesen. Wenn Wissenschaftler behaupten, die nationalsozialistischen Verweise auf amerikanisches Recht seien schlicht Versuche gewesen, in vager Weise relevante Vorläufer für eigene Gesetze und politische Maßnahmen zu benennen, um auf diese Weise Kritik zu entkräften, haben sie damit schlicht Unrecht. Manche NS-

Schriften lassen sich möglicherweise als Versuche abtun, Kritik abzulenken.[141] Doch Hitler lobte Amerika schon, bevor die Nazis an die Macht kamen; es dürfte insofern schwerlich sein Ziel gewesen sein, schlechter Presse für ein Regime entgegenzuwirken, das noch gar nicht existierte. Das Gleiche gilt für Koellreutter. Er veröffentlichte sein Buch auf Deutsch, also in einer Sprache, die nur wenigen Ausländern problemlos zugänglich war (und entsprechend guter nationalsozialistischer Praxis veröffentlichte er es in Frakturschrift, die für Ausländer ohne sehr gute Deutschkenntnisse nur schwer zu entziffern ist). Der Tenor seines Textes hat zudem überhaupt nichts Propagandahaftes an sich. Insofern deutet nichts darauf hin, dass Koellreutters Buch, das im Dritten Reich zu einem viel zitierten Standardwerk werden sollte,[142] im Ausland irgendwelche Beachtung fand, und es besteht keinerlei Grund zu der Vermutung, dass damit das internationale Image Deutschlands aufpoliert werden sollte. Koellreutter hatte sich als führender deutscher Staatsrechtler juristisch mit einem Thema beschäftigt, das für die NS-Politik in den ersten Monaten der «nationalen Revolution» von Bedeutung war. Oder anders formuliert: Es handelte sich um eine Studie über das amerikanische Einwanderungsrecht von Nazis für Nazis.

In den folgenden beiden Jahren gab es zahlreiche weitere derartige Untersuchungen, als Juristen und Bürokraten mit den politischen und fachlichen Herausforderungen zu kämpfen hatten, vor die sie die Formulierung eines neuen Staatsbürgerschafts- und Einbürgerungsrechts stellte. Ein paar Beispiele, wie die juristische Literatur das amerikanische Recht beschrieb, vermitteln einen Eindruck von dem Interesse an Amerika, das Anfang der 1930er Jahre in Deutschland herrschte. Beginnen will ich mit dem *Nationalsozialistischen Handbuch für Recht und Gesetzgebung*. Dieser voluminöse Band wurde im Winter 1934/35 veröffentlicht, herausgegeben von Hans Frank, dem Reichsleiter des Rechtsamtes der NSDAP und späteren Generalgouverneur und Herrn über das nationalsozialistische Terrorregime im besetzten Polen. Wie der Titel schon zeigt, sollte das *Handbuch* der künftigen nationalsozialistischen Gesetzgebung den Weg weisen. Es umfasste Beiträge zu allen Aspekten des Rechts, die unter Franks Federführung von verschiedenen NS-Juristen verfasst wurden. Ein nicht unwesentlicher Punkt dabei ist, dass das *Handbuch* mehr als nur einmal explizit auf das amerikanische Modell Bezug nahm:

> [D]as Gesetz über den Widerruf von Einbürgerungen und Aberkennung der deutschen Staatsangehörigkeit (...) unterscheidet zwischen erwünschter und unerwünschter Einbürgerung. Bei dieser Gelegenheit sei darauf hingewiesen, daß der Unterschied zwischen erwünschter und unerwünschter Einbürgerung bzw. Einwanderung in der Einwanderungsgesetzgebung der Vereinigten Staaten von Amerika schon seit Jahren eine bedeutende Rolle spielt.[143]

Besonders aufschlussreich ist der Artikel über «Volk, Rasse und Staat». Er lieferte einen grundlegenden Überblick, wie man für die neue nationalsozialistische Ordnung die entsprechende Rassengesetzgebung erarbeiten konnte, verfasst von Herbert Kier, damals Dozent an der Universität Berlin und später einer von Heinrich Himmlers Zuarbeitern.[144] Immerhin ein Viertel seines Textes widmete Kier dem amerikanischen Modell und gab einen Überblick über das gesamte Spektrum an Rassengesetzen, darunter die zum Verbot der Mischehe (die er detailliert für jeden Bundesstaat beschrieb) und zur Segregation. Der Schlussabschnitt seines Artikels widmete sich dem amerikanischen Einwanderungsrecht und erhob Amerika zu einem Vorläufer des Nationalsozialismus:

> Ebenso läßt die amerikanische Einwanderungsgesetzgebung erkennen, daß man sich in den U. S. A. klar geworden ist, daß aus dem «Schmelztiegel» Nordamerikas nur dann ein einheitlicher Volkskörper hervorgehen kann, wenn zu dem ursprünglich englisch-skandinavisch-deutschen Bevölkerungskern, der also rassisch verwandten Völkern entstammte, nicht rassisch vollkommen fremde Bevölkerungsmassen hinzustoßen, die sich wechselseitig als so fremd empfinden, daß sie einer Zusammenschweißung widerstehen. Ist diese grundsätzliche Erkenntnis einmal gewonnen, dann ist es nur eine Frage der Folgerichtigkeit des Denkens, ihr auch in der politischen Ideologie und vor allem bei der Bildung des Volksbegriffes Rechnung zu tragen. Der Nationalsozialismus hat dies als erster getan und es wird hoffentlich noch einmal die Zeit kommen, wo die dem europäischen Kulturkreis zuzuzählenden Völker dies als eine zeitwendende Tat erkennen werden, die sie zur Besinnung auf ihre ursprünglichen und wesenhaften Werte aufrief.[145]

So die abschließenden Worte des Artikels zur Rassengesetzgebung im Standardhandbuch für das nationalsozialistische Recht. Amerika hatte die «grundsätzliche Erkenntnis» erlangt und die ersten Schritte unternommen; das nationalsozialistische Deutschland trieb diese Logik rigoros weiter; und schon bald, so die Hoffnung, würde sich der gesamte «europäische Kulturkreis» anschließen.

Hier ließen sich viele weitere Texte anführen, die alle das Bild eines rassistischen – und damit attraktiven – amerikanischen Rechtsmodells zeichnen – auch wenn alle einräumen, dass Amerika seine Defizite habe, und viele davor warnen, die Amerikaner könnten noch einen Rückzieher machen oder untergehen.

Amerika wurde im gängigen NS-Jargon beschrieben als Land, das auf der «(Volks-)Gemeinschaft» gründe.

Amerika besitzt ein stolzes Gemeinschaftsbewußtsein. Wer sich wie dieser Staat den andrängenden Bewerbern gegenüber grundsätzlich ablehnend verhält, wer denjenigen, den er ausersieht, einer Kette von Erprobungen und Treuebekenntnissen unterwirft, der zeigt, daß er die Angehörigkeit zu einer Gemeinschaft als teures Gut wertet. Dieses hohe Selbstgefühl erwächst einem tiefen Nationalbewußtsein, welches eifersüchtig darüber wacht, daß die geschlossene Gemeinschaft gegenüber neuen fremden Eindringlingen gewahrt bleibt.[146]

Es war ein Land, das der Vorherrschaft der «nordischen Rasse» verpflichtet war:

Daß sie [die Amerikaner] anfangen, rassenpflegerisch zu denken und dabei nicht nur nach Erbgesundheit fragen, sondern auch nach Zugehörigkeit zu den Einzelrassen, das sieht man an ihren Einwanderungsgesetzen, die die Zuwanderung von Gelben vollkommen verbieten, die Zuwanderung aus den einzelnen europäischen Ländern unter scharfe Aufsicht stellen und hier in der Hauptsache Angehörige der nordisch betonten Völker zulassen (Engländer, Deutsche, nordische Staaten), während die Süd- und Osteuropäer nur einen ganz schwachen Anteil erhalten. Der Amerikaner weiß sehr wohl, wer sein Land groß gemacht hat. Er sieht das nordische Blut versiegen [ein Zitat von Madison Grant] und sucht durch seine Einwanderungsgesetze es wieder aufzufrischen.[147]

Es war ein Land, in dem die dort herrschenden Weißen entschlossen waren, ausländische Elemente fernzuhalten:

Die *rechtliche und soziale Stellung* der rassischen Minderheiten sowie der Fremden ist ein Beweis für die Tatsache, daß große Bevölkerungsteile außerhalb der tonangebenden Kreise stehen, und teilweise auch in offenem Gegensatz zu ihnen. Die alteingesessenen Kreise wiederum versuchen ihre Oberherrschaft zu wahren und für alle Zukunft zu garantieren. Deshalb geht ihr Bestreben dahin, durch *Erziehung* die Fremdkörper der Nation zu assimilieren und den *Zustrom wei-*

> *terer artfremder Elemente zu verhindern.* Einwanderungs- und Einbürgerungsgesetze geben diesem Bestreben beredten Ausdruck.[148]

Es finden sich viele derartige Zitate. Amerika, so formulierte es ein Autor, sei «der lauteste Mahnruf» vor der «Gefahr» der Rassenmischung; es habe rassisch begründete Einwanderungsgesetze erlassen, von denen die gesamte «nordische» Welt lernen sollte; schließlich gehe es dabei um «Leben und Tod» der weißen Rasse.[149]

Das waren mehr als nur gelegentliche Hinweise auf die «Mahnrufe», die angeblich im amerikanischen Einwanderungsrecht erklangen. Zu den Publikationen der frühen 1930er Jahre gehörten ausführliche und sorgfältig dokumentierte Studien zum amerikanischen Einwanderungsrecht und der zugehörigen Rechtsprechung. So widmete beispielsweise Heinrich Krieger, ein junger NS-Jurist, der für die nationalsozialistische Orientierung an den amerikanischen Rassengesetzen von besonderer Bedeutung war, in seinem wichtigen Buch *Das Rassenrecht in den Vereinigten Staaten* (1936) dem amerikanischen Einwanderungs- und Einbürgerungsrecht immerhin fünfunddreißig sachkundige und kluge Seiten.[150] Ich werde auf Kriegers Buch und seine Biographie im zweiten Kapitel ausführlicher zurückkommen.

Krieger war nicht der Einzige. Ein weiterer bemerkenswerter Fall eines Nationalsozialisten, der sich intensiv mit dem amerikanischen Staatsbürgerschaftsrecht auseinandersetzte, ist Johann von Leers. Er war ein führender «Judenexperte», der schon in den allerersten Phasen des Entwurfsprozesses, an dessen Ende die Nürnberger Gesetze standen, beteiligt war.[151] Er war einer der widerwärtigeren NS-Juristen und Antisemiten und machte eine seltsame Karriere. Nach dem Krieg floh Leers, der schon 1929 in die NSDAP eingetreten war, aus Deutschland zunächst nach Argentinien. In den 1950er Jahren ging er nach Ägypten, wo er zum Berater Gamal Abdel Nassers für anti-israelische Propaganda wurde. Weil Leers überzeugt war, das christliche Europa habe den weltgeschichtlichen Kampf gegen die Juden aufgegeben, konvertierte er zum Islam und starb 1965 in Ägypten als «Omar Amin».[152] In seiner 1936 erschienenen Streitschrift *Blut und Rasse in der Gesetzgebung. Ein Gang durch die Völkergeschichte* widmete er den amerikanischen Rassengesetzen immerhin dreiundzwanzig Seiten. Sein Überblick umfasste nicht nur eine Darstellung des 14. Zusatzartikels, der Rassentrennung unter Jim Crow und der Mischehenverbote in den einzelnen US-Bundesstaaten, sondern auch dreizehn Seiten zu Immigration und Einbürgerung, die detaillierte Statistiken und Erörterungen der jeweiligen Gesetzgebung zu einzelnen rassischen Minderheiten enthielten.[153]

Einige Aspekte des amerikanischen Einwanderungsrechts fanden bei NS-Juristen besonderes Interesse. Dazu gehörte vor allem der Umgang mit Einbürgerung und Ausbürgerung. Edgar Saebisch, Verfasser einer 1934 erschienenen Studie *Der Begriff der Staatsangehörigkeit*, war zwar mit Blick auf die Vereinigten Staaten ein wenig skeptisch.[154] Trotzdem verwies er mit Bewunderung auf bestimmte Ansätze in Sachen Einbürgerung. «Die folgerichtige Haltung des amerikanischen Rechtes», so meinte er, «zeigt sich (...) auch in den Vorschriften, die für Kriegszeiten geschaffen waren.» Schon vor der Erfahrung des Ersten Weltkriegs hätten die Amerikaner – anders als die Briten und die Franzosen – kluge Gesetze erlassen, die den Bürgern jedes Landes, mit dem sich Amerika im Krieg befand, das Einbürgerungsrecht verweigerten.[155]

Saebisch befasste sich auch mit einer amerikanischen Idee, die für die Geschichte der Nürnberger Gesetze von besonderem Interesse ist. Diese Vorstellung fand sich im Cable Act von 1922, in dem es um die Staatsbürgerschaft verheirateter Frauen ging. Historisch gesehen war die Staatsbürgerschaft von Ehefrauen in der westlichen Welt an die ihrer Ehegatten gebunden. Doch Anfang des 20. Jahrhunderts lehnten moderne Rechtssysteme diese Lehre im Allgemeinen ab, und der Cable Act war nur eines von zahlreichen Gesetzen in verschiedenen Ländern, welche die historische Regelung abschafften. Im Gegensatz zu den Statuten andernorts jedoch enthielt der Cable Act eine rassisch begründete Ausnahme: Bis 1930 galt das Prinzip, dass amerikanische Frauen ihre Staatsbürgerschaft verloren, wenn sie so töricht waren, einen ausländischen Asiaten zu heiraten.[156] Saebisch, der offenbar nicht wusste, dass diese Bestimmung des Cable Act aufgehoben worden war, begrüßte sie als das wohltuende Beispiel einer Gesetzgebung, die von einem Rassenbewusstsein bestimmt sei: «Heiratet eine Amerikanerin einen Japaner, dann behält sie nicht, wie bei anderen Ausländerheiraten, ihr amerikanisches Bürgerrecht, sondern verliert es mit dieser Heirat. Diese Bestimmung soll offenbar die wohlverdiente Strafe für diejenige Staatsbürgerin sein, die eine Gemeinschaft mit einer von der Union nicht als gemeinschaftsfähig anerkannten Person eingeht.»[157] Diese Art von Rassenbestimmung, die Frauen quasi ausstieß, wenn sie sich durch die Eheschließung mit einem «Fremdkörper» verunreinigt hatten, war für die NS-Autoren von großem Interesse. Leers berichtete in seinem Buch *Blut und Rasse* von einem ähnlichen Beispiel aus der angloamerikanischen Welt: «Falls eine Frau englischer Nationalität christlichen Glaubens einen Mohammedaner heiratet, der kein britischer Staatsangehöriger, wohl aber ein Untertan oder Bürger eines mohammedanischen Staates ist, verliert sie durch ihre Heirat ihre britische Nationalität (Staatsangehörigkeit) und wenn der Ehemann und die Frau nach einem mohammedanischen Lande verziehen, das weder Besitzung noch Schutzgebiet Sr. Britischen Majestät ist, werden sie dem mohammedanischen Gesetz unterworfen.»[158] Welcher Leser wäre jemals darauf gekommen, dass Leers selbst einmal dreißig Jahre später als der «Mohammedaner» Omar Amin in einem «mohammedanischen Lande» sterben würde? Jedenfalls schienen die angloamerikanischen Praktiken der Ausbürgerung aufgrund einer Eheschließung den Nationalsozialisten einer ernsthaften Beachtung würdig zu sein. Wie wir sehen werden, standen diese Praktiken in einer gewissen Beziehung zu einem wichtigen Aspekt der Nürnberger Gesetze. Denn die Durchführung der Nürnberger Gesetze konzentrierte sich auf eine ganz ähnliche Weise auf Heiratsentscheidungen: Die Nazis standen vor der Frage, welche halbjüdischen «Mischlinge» qua Gesetz als Juden gelten sollten. Die Antwort, die sie teilweise darauf gaben, lautete, dass Mischlinge Juden waren, wenn sie sich dazu entschlossen, andere Juden zu heiraten, und damit ihre jüdischen «Neigungen»[159] oder die Stärke ihres «jüdischen Blutanteils»[160] offenbarten. Ähnlich wie eine Amerikanerin, die sich einen Japaner zum Mann nahm, waren das Individuen, die sich dafür entschieden hatten, sich mit einem fremden Element zu verbinden, das nicht mit der gesunden Volksgemeinschaft zu vereinbaren war.

Die Nazis und die amerikanische Staatsbürgerschaft zweiter Klasse

Das amerikanische Einwanderungsrecht tauchte in der nationalsozialistischen Rechtsliteratur besonders häufig auf, was vielleicht auch damit zu tun hatte, dass Hitler selbst es so demonstrativ gelobt hat. Doch die NS-Autoren vernachlässigten auch das amerikanische Staatsbürgerschaftsrecht nicht, das de jure und de facto Formen einer Staatsbürgerschaft zweiter Klasse für Schwarze, Puerto-Ricaner, Filipinos, Chinesen und Indianer geschaffen hatte. Wie Mazower richtig vermutet, war das in der Tat ein Thema, das im nationalsozialistischen Deutschland des zweiten Nürnberger Gesetzes von besonderem Interesse war.

NS-Autoren der 1930er Jahre richteten ihren Blick dabei insbesondere auf die de facto bestehende rechtliche Degradierung der amerikanischen Schwarzen, deren staatsbürgerliche Rechte, wie man in Deutschland sehr wohl wusste, nur «ein toter Buchstabe» waren.[161] Tatsächlich schien das Thema des amerikanischen Wahlrechtsentzugs für Schwarze politisch ausreichend interessant zu sein, dass es sogar Aufnahme in massenhaft verbreitete Parteipublikationen fand. So berichtete beispielsweise *Der SA-Führer*, ein billiges Parteiblättchen, das für eine breite NS-Leserschaft gedacht war, über die Bedeutungslosigkeit der Staatsbürgerschaft von Schwarzen in den USA.[162] Gleiches tat ein besonders interessanter Artikel aus dem Jahr 1936, der in *Neues Volk* erschien, einer Propagandazeitschrift, die vom Rassenpolitischen Amt der NSDAP herausgegeben wurde. Dieses bemerkenswerte Stück Rassenpropaganda der NSDAP, das der deutschen Bevölkerung «Weiß und Schwarz in Amerika» zu erklären versprach, begann mit einer übersichtlichen Karte der achtundvierzig US-Bundesstaaten, die unter der Überschrift «Gesetzliche Beschränkungen von Negerrechten» einen genauen Überblick über die jeweiligen Gesetze zum Wahlrecht und zu Mischehen gab. Es folgte eine lebendige Darstellung über Leben und Geschichte der Schwarzen in den USA, die von sieben Seiten Fotos begleitet war. Sie konzentrierte sich insbesondere auf New York. Die New Yorker Schwarzen, so ließ das Heft seine Leser wissen, würden bei Nacht ihre eigene Kultur in Harlem pflegen, tagsüber aber würden sie in die Innenstadt pendeln, um dort als «Stiefelputzer und (...) Fahrstuhlführer schwarz und glänzend wie ein Lackschuh» zu arbeiten, und sie «haben krauses Haar, das wie Persianerfell anmutet». (Einige Schwarze, so berichtete der Artikel, würden auch als Kellner in New York arbeiten, aber «sie dürfen (...) kein Wort mit den weißen Gästen reden. Sie bringen auf einem Tablett – nicht etwa in der Hand – die Speisekarte.»)

Wie andere NS-Literatur warnte auch dieser Artikel, der den Titel «Wie Rassenfragen entstehen» trug, davor, dass das Negerproblem für Amerika eine ernste Gefahr darstellte. Insbesondere verwies er auf die steigenden Geburtenraten unter Schwarzen, während zu den Abbildungen auch Reproduktionen von Anzeigen für hautaufhellende Cremes und Haarpomade gehörten, also für Produkte, mit deren Hilfe Schwarze ihre «glänzende» Haut und ihr «krauses Haar» zu verbergen suchten, um so die weiße Gesellschaft zu infiltrieren. Trotzdem betonte der Artikel, die Amerikaner würden lobenswerte Maßnahmen ergreifen, um die Rassengefahr zu bekämpfen, wie auch die Nazis das täten, auch wenn «ein bestimmter Teil» der amerikanischen Presse dem Nationalsozialismus feindlich gesinnt sei. «[A]uch in den Vereinigten Staaten ist stets eine Rassepolitik in Bezug auf die Neger betrieben worden. Was ist denn die Lynchjustiz anderes als eine natürliche Auflehnung des Volkes gegen das Überhandnehmen von Fremdrassigen. In den meisten Bundesstaaten der Union bestehen Ausnahmegesetze gegen die Neger, welche deren Wahlrecht, Freizügigkeit und Berufswahl wesentlich beschränken. Eine Zeit lang beabsichtigte man, eine Negerreservation in den U. S. A., ähnlich den Indianerreservationen, in den Südstaaten zu gründen.»[163] Es ist ein Rätsel, woher der Verfasser des Artikels die seltsame Vorstellung hatte, Amerika habe eine «Negerreservation» geplant. Südafrika hatte solche Reservate, wie Leers bemerkte,[164] doch in den Vereinigten Staaten gab es so etwas nicht. Jedenfalls zeigt der Artikel, dass die NSDAP 1936, als die Nürnberger Gesetze Wirkung zeigten, darum bemüht war, dem Durchschnittsdeutschen auf der Straße die amerikanischen Methoden, de facto eine Staatsbürgerschaft zweiter Klasse zu entwickeln, zur Kenntnis zu bringen, zu einer Zeit, als auch Deutschland seine Juden einer «Rassepolitik» unterwarf. Das war in der Tat Propaganda, aber diese Propaganda wandte sich an die heimische Bevölkerung, nicht an ausländische Kritiker.[165]

Derweil analysierte die juristische Fachliteratur weiter das amerikanische Zweiklassen-Staatsbürgerschaftsrecht, so wie sie das schon in früheren Jahrzehnten getan hatte. Die Vereinigten Staaten, so berichtete 1933 ein Buch, hätten für ihre Untertanenbevölkerungen eine neue, mittlere Kategorie zwischen Staatsbürgerschaft und Staatenlosigkeit erfunden, eine bislang beispiellose Form von rechtlichem «Schwebezustand». Diese neue Kategorie gelte nicht nur für Schwarze, sondern auch für die Untertanenbevölkerungen der Filipinos und der Puerto-Ricaner.[166] In einem viel zitierten Artikel, der (wie wir sehen werden) auf die internen Überlegungen beim Entwurf des «Blutschutzgesetzes» Einfluss nehmen sollte, wies Krieger 1934 darauf hin, dass nicht nur Schwarzen, sondern auch Chinesen in den USA das Wahlrecht aberkannt wurde.[167] Die *Deutsche Justiz*, ein führendes Parteiorgan zu Rechtsangelegenheiten, hob den gleichen Sachverhalt hervor.[168] «Es kann kein Zweifel darüber sein, daß die Neger in den Vereinigten Staaten nicht gleichberechtigt sind», schrieb ein Autor 1935 in einem Buch, das für John C. Calhoun als rassistische Inspirationsquelle für Deutschland warb; und sie könnten nie gleichberechtigt werden, denn «[v]öllige politische und soziale Gleichberechtigung muß selbstverständlich auch die Scheidung der Rassen in geschlechtlicher Hinsicht aufgeben. (...) Der immer noch gesunde Rasseinstinkt der Angelsachsen hat sich bisher dagegen aufgelehnt.»[169]

Besonders bemerkenswert ist, dass NS-Autoren der frühen 1930er Jahre eindeutige Parallelen zwischen dem amerikanischen «Negerproblem» und dem eigenen «Judenproblem» ausmachten. Es ist schlicht falsch zu glauben, wie einige Wissenschaftler das getan haben, Amerika sei für das nationalsozialistische Deutschland nicht von Interesse gewesen, weil Juden dort nicht ausdrücklich verfolgt worden seien. So kam beispielsweise der eben schon zitierte Bewunderer von John C. Calhoun zu dem Urteil, die einzige, verzweifelte Hoffnung Amerikas liege in der massenhaften Deportation der Schwarzen – so wie die einzige verzweifelte Hoffnung der Deutschen in der zionistischen Bewegung liege.[170]

Wichtiger noch: Die juristische Fachliteratur erkannte die gleichen Parallelen. Aus Sicht von NS-Juristen war das «Judenproblem», vor dem Deutschland stand, in den frühen 1930er Jahren zuallererst ein Problem des jüdischen Einflusses, insbesondere in Regierung, Bürokratie und Justiz.[171] Aus diesem Grund hieß es in Punkt 6 des Parteiprogramms von 1920:

> 6. Das Recht, über Führung und Gesetze des Staates zu bestimmen, darf nur dem Staatsbürger zustehen. Daher fordern wir, daß jedes öffentliche Amt, gleichgültig welcher Art, gleich ob im Reich, Land oder Gemeinde nur durch Staatsbürger bekleidet werden darf.

Aus dem gleichen Grund waren die ersten antijüdischen Gesetze im Dritten Reich darauf ausgerichtet, Juden von Regierungsämtern, Universitäten und juristischen Berufen auszuschließen.[172] Und als NS-Juristen die amerikanische Entrechtung von Schwarzen untersuchten, erkannten sie bizarrerweise das genau parallele Bemühen, schwarzen Einfluss zu bekämpfen. Für sie waren die

Wie Rassenfragen entstehen

Weiß und Schwarz in Amerika

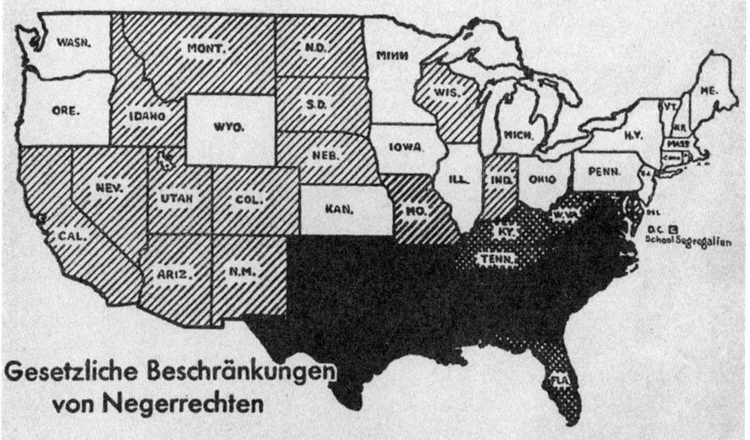

Kein Wahlrecht, Verbot von Ehen mit Weißen, Rassentrennung
Alle obigen Beschränkungen mit Ausnahme des Wahlrechtes
Mischehen verboten, Rassentrennung in der Schule
Mischehen verboten

Die größte Negerstadt der Welt heißt Harlem, ihr Name stammt noch aus jener Zeit, da Neuyork, an dessen Rande Harlem liegt, Neuamsterdam genannt wurde. Es ist nicht lange her, noch vor dem Weltkriege war auch Harlem weiß; als aber in Europa der Weltkrieg tobte, vollzog sich in den Vereinigten Staaten eine Völkerwanderung. Die Munitionsfabrikanten der Oststaaten brauchten Arbeitskräfte, und die Neger — bis dahin meist Landarbeiter in den Südstaaten — ergriffen die Gelegenheit und eroberten in unblutigem Kampfe ein Stadtviertel nach dem anderen. Stückweise mußten die Neger Harlem bezwingen, jedes Haus, in das Neger einzogen, galt als entwertet, weil sofort alle anderen Mieter kündigten, und neue Negerfamilien zogen ein. Bald sah man auf den prächtigen Avenuen von Harlem, der nördlichen Vorstadt Neuyorks, die kurz zuvor an Reichtum und Eleganz dem Broadway ernste Konkurrenz gemacht hatte, nur noch Schwarze. Durch Grundstückskäufe besiegelten die Neger ihren Besitz.

Mit seinen 300000 farbigen Einwohnern ist Harlem die größte Negerstadt der Welt, mit eigenen Theatern, eigenen Kinos, eigenen Verkehrsunternehmen, eigenen Banken, eigenen Zeitungen, eigenen Hotels und Restaurants — schwarz für Schwarz. Und als „Schwarz" oder „Farbig" wird in Amerika nicht allein der Vollblutneger, so wird jeder bezeichnet, der auch nur einen Tropfen Negerblut in den Adern hat und der infolgedessen aus der Gemeinschaft der weißen Bevölkerung ausgeschlossen ist.

Freilich wird das ungeschriebene Gesetz gegen die Neger in den Nordoststaaten nicht so streng gehandhabt wie im Süden. Jeder Staat der Union hat nämlich seine eigenen Verhaltungsmaßregeln zwischen Weiß und Schwarz. So dürfen Schwarze in St. Louis, soweit der Stadtbezirk im Staate Missouri liegt, nur Straßenbahn fahren. Soweit der Bezirk aber ins Gebiet von Indiana reicht, können sie auch Autobusse benutzen,

9

«Wie Rassenfragen entstehen». Karte der 48 US-Bundesstaaten mit den «Gesetzlichen Beschränkungen von Negerrechten». Quelle: Neues Volk. Blätter des Rassenpolitischen Amtes der NSDAP 4, Nr. 3 (1936), S. 9; mit freundlicher Genehmigung der University of Michigan Library.

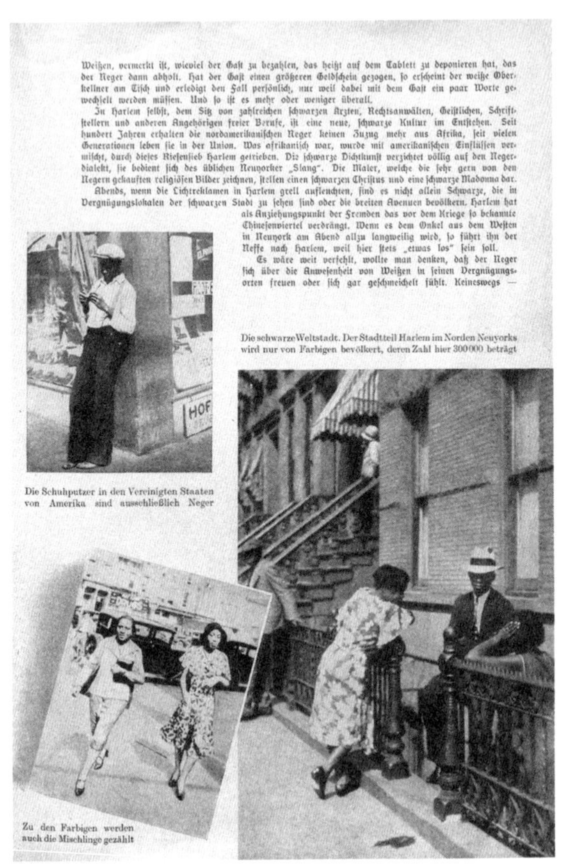

Weißen, vermerkt ist, wieviel der Gast zu bezahlen, das heißt auf dem Tablett zu deponieren hat, das der Neger dann abholt. Hat der Gast einen größeren Geldschein gezogen, so erscheint der weiße Oberkellner am Tisch und erledigt den Fall persönlich, nur weil dabei mit dem Gast ein paar Worte gewechselt werden müssen. Und so ist es mehr oder weniger überall.

In Harlem selbst, dem Sitz von zahlreichen schwarzen Ärzten, Rechtsanwälten, Geistlichen, Schriftstellern und anderen Angehörigen freier Berufe, ist eine neue, schwarze Kultur im Entstehen. Seit hundert Jahren erhalten die nordamerikanischen Neger keinen Zuzug mehr aus Afrika, seit vielen Generationen leben sie in der Union. Was afrikanisch war, wurde mit amerikanischen Einflüssen vermischt, durch dieses Riesensieb Harlem getrieben. Die schwarze Dichtkunst verzichtet völlig auf den Negerdialekt, sie bedient sich des üblichen Neuyorker „Slang". Die Maler, welche die sehr gern von den Negern gekauften religiösen Bilder zeichnen, stellen einen schwarzen Christus und eine schwarze Madonna dar.

Abends, wenn die Lichtreklamen in Harlem grell aufleuchten, sind es nicht allein Schwarze, die in Vergnügungslokalen der schwarzen Stadt zu sehen sind oder die breiten Avenuen bevölkern. Harlem hat als Anziehungspunkt der Fremden das vor dem Kriege so bekannte Chinesenviertel verdrängt. Wenn es dem Onkel aus dem Westen in Neuyork am Abend allzu langweilig wird, so führt ihn der Neffe nach Harlem, weil hier stets „etwas los" sein soll.

Es wäre weit verfehlt, wollte man denken, daß der Neger sich über die Anwesenheit von Weißen in seinen Vergnügungsorten freuen oder sich gar geschmeichelt fühlt. Keineswegs —

Die schwarze Weltstadt. Der Stadtteil Harlem im Norden Neuyorks wird nur von Farbigen bevölkert, deren Zahl hier 300000 beträgt

Die Schuhputzer in den Vereinigten Staaten von Amerika sind ausschließlich Neger

Zu den Farbigen werden auch die Mischlinge gezählt

Bilder aus dem Leben der Schwarzen in Amerika. Quelle: Neues Volk. Blätter des Rassenpolitischen Amtes der NSDAP 4, Nr. 3 (1936), S. 13; mit freundlicher Genehmigung der University of Michigan Library.

Schwarzen in Amerika keine zutiefst unterdrückte und verarmte Bevölkerungsgruppe, sondern eine bedrohliche «fremde Rasse» von Eindringlingen, welche «die Oberhand» zu erlangen drohten und denen deshalb Einhalt geboten werden musste. (Diese verrückte Vorstellung hatten die Nazis im Übrigen mit amerikanischen Rassisten gemeinsam.)[173] Kriegers einflussreicher Artikel

der Neger verachtet solche jeden Rassebewußtseins baren Weißen und belegt sie mit dem Spottnamen „jig-racers“, und diese „jig-racers“ sind es gewesen, die die Harlemer „Jazz“-Musik in die weiße Welt einführten.

Das Negerproblem ist noch immer ein Kernproblem im politischen und sozialen Leben der Vereinigten Staaten. Von seiner Lösung hängt vielleicht die ganze Zukunft der Union ab. Man darf nicht vergessen, daß es die Negerfrage war, die vor fünfundsiebzig Jahren zu einem erbitterten Bürgerkriege führte, der vier Jahre dauerte und die Einheit der Vereinigten Staaten ernstlich bedrohte. Damals gab es aber nur vier Millionen ungebildete, bettelarme Neger in der Union. Heute gibt es deren vierzehn Millionen, sie können alle lesen und schreiben, zum Teil sind sie sehr gebildet und reich.

Während bei der weißen Bevölkerung der Vereinigten Staaten die Geburtenziffer beständig im Sinken begriffen ist, vermehren sich die Neger dort beständig, obwohl sie keinen Zuzug aus Afrika erhalten. In dem sogenannten „Schwarzen Gürtel“ mit den Großstädten Neworleans, Savannah, Richmond und Memphis leben bereits 5½ Millionen Neger und nur 4¾ Millionen Weiße.

In der Neuen Welt schimpft ein bestimmter Teil der Presse gegen die Politik zur Erhaltung der Reinheit der Rasse im nationalsozialistischen Deutschland. Aber auch in den Vereinigten Staaten ist stets eine Rassepolitik in bezug auf die Neger getrieben worden. Was ist denn die Lynchjustiz anderes als eine natürliche Auflehnung des Volkes gegen das Überhandnehmen von Fremdrassigen. In den meisten Bundesstaaten der Union bestehen Ausnahmegesetze gegen die Neger, welche deren Wahlrecht, Freizügigkeit und Berufswahl wesentlich beschränken. Eine Zeitlang beabsichtigte man, eine Negerreservation in USA., ähnlich den Indianerreservationen, in den Südstaaten zu gründen. Jetzt wird von Weiß und Schwarz das Thema der sogenannten „Segregation“, der Negerabschließung, lebhaft erörtert. Bisher war dieses Zusammendrücken von Schwarz zu Schwarz fast ausschließlich ein Gebot der Stunde. So weigerte sich das amerikanische Kriegsministerium, während des Weltkrieges Neger in die Offiziersschulen aufzunehmen, gab aber seine Einwilligung zur Errichtung einer eige-

Negerjungen in Harlem. Die Neger vermehren sich bedeutend stärker als die weiße Bevölkerung der Vereinigten Staaten. Ihre stetig wachsende Zahl macht den amerikanischen Staatsmännern große Sorge

„Du wirst weiß“ — Eine Anzeige aus einer Negerzeitung in den Vereinigten Staaten. Mit Hilfe des hier gepriesenen kosmetischen Mittels soll die Negerhaut in 3 Tagen weiß werden

„Junge, dadurch wird sie dich lieben!“ eine Anzeige aus einer Negerzeitung, die ein Mittel zur Glättung krausen Negerhaares anpreist; die Negerin, die sich mit der Herstellung dieses Mittels befaßt, ist zu einer der reichsten Frauen in St. Louis geworden

Bilder aus dem Leben der Schwarzen in Amerika. Quelle: Neues Volk. Blätter des Rassenpolitischen Amtes der NSDAP 4, Nr. 3 (1936), S. 14; mit freundlicher Genehmigung der University of Michigan Library.

von 1934 erklärte: Weil die «herrschende Rasse» in Amerika den Einfluss der Schwarzen verhindern musste, hätten amerikanische Juristen verdeckte rechtliche Tricks entwickelt, um der schwarzen Bevölkerung trotz ihrer theoretisch in der Verfassung garantierten Staatsbürgerschaft volle politische Rechte vorzuenthalten.[174] Der Artikel beschäftigte sich eingehend damit, wie diese

Die Gefahr, die seitens der Neger dem Bestand der Union erwächst, ist aber auch höchst konkreter Natur. Die Kommunisten finden bei den Schwarzen stets bereite Zuhörer und — Anhänger. Die Neger fühlen sich zurückgestellt, sie fühlen sich als „Bürger zweiter Klasse“, und die Kommunisten versprechen ihnen in Sowjetamerika nicht nur völlige Gleichberechtigung, sondern auch eine selbständige Negerrepublik im „Schwarzen Gürtel“.

Der erste schwarze Weltmeister, Jack Johnson, vor dem Weltmeisterschaftskampf im Schwergewichtsboxen gegen Jim Jeffries in Reno (Nevada), 1910

nen Negeranstalt dieser Art, die dann auch 700 farbigen Offizieren das Patent erteilte. Unter „Segregation“ läßt sich eine Vielheit von Dingen verstehen. Der „Jim-Crow-Wagen“, d. h. der Negerwagen, ist „Segregation“.

Eine Schule, ein Krankenhaus, eine Kirche „nur für Schwarze“ ist es ebenso wie eine Schule, ein Krankenhaus, eine Kirche „nur für Weiße“. Alle örtlichen Bestimmungen darüber sollen jetzt durch ein Bundesgesetz zusammengefaßt werden.

Mischehen zwischen Weiß und Schwarz sind in den meisten Staaten der Union verboten. Der ehemalige Negerboxer und Weltmeister Jack Johnson darf nicht nach Amerika zurückkehren, weil er in Paris eine Weiße geheiratet hat

Quelle: Neues Volk. Blätter des Rassenpolitischen Amtes der NSDAP 4, Nr. 3 (1936), S. 15; mit freundlicher Genehmigung der University of Michigan Library.

Tricks funktionierten,[175] und äußerte vorsichtigen Optimismus, dass sich Amerika schließlich in Richtung einer «offeneren» Form von rechtlichem Rassismus bewegen werde, wie er gerade in Deutschland entwickelt werde.[176] Auch Sahm beschäftigte sich eingehend mit den Möglichkeiten, den Schwarzen politische Rechte zu entziehen; sie dienten seiner Ansicht nach in den Südstaaten dazu, «den politischen Einfluß des Negers auf ein Minimum herabzudrücken».[177] Um die gleichen Fragen ging es in den Augen der Deutschen beim Status amerikanischer Juden: So erklärte Sahm, amerikanische Juden hätten zwar offiziell unter keinen rechtlichen Benachteiligungen zu leiden, seien aber durch nicht-juristische Mittel wie etwa Zugangsquoten an Universitäten auf eine «gesellschaftliche untergeordnete Stellung» verwiesen; insbesondere der respektable juristische Berufsstand bleibe ihnen verschlossen.[178] Auf diese Weise würden die USA ihre Juden im Zaum halten, ohne ihnen formal den verfassungsrechtlich garantierten Schutz abzusprechen. (Leers war der gleichen Ansicht, obwohl er sicher war, bloßes Gewohnheitsrecht reiche nicht aus, um die von den Juden ausgehen-den Gefahren einzudämmen; dazu brauche man auch formale Gesetze.)[179]

Sahm ist insofern ein besonders bemerkenswerter Autor, als er das amerikanische Recht sorgfältig dahingehend untersuchte, dass die Ähnlichkeiten mit dem neuen Recht des Dritten Reiches sichtbar wurden. Hitler hatte in *Mein Kampf* geschrieben: «Der völkische Staat teilt seine Bewohner in drei Klassen: in Staatsbürger, Staatsangehörige und Ausländer.»[180] Ohne den «Führer» ausdrücklich zu zitieren, erklärte Sahm seinen deutschen Lesern, das amerikanische Recht halte sich exakt an das kanonische Modell von *Mein Kampf*:

> Das amerikanische Staatsrecht unterscheidet zwischen Staatsbürgern (citizens), Staatsangehörigen (nationals) und Ausländern (aliens). Staatsbürgerschaft («Citizenship») ist die rechtlich höchste Stufe, amerikanischer Staatsbürger wird man durch Geburt oder Einbürgerung. (...)
> Neben den Staatsbürgern aber gibt es auch solche Staatsangehörige, die das Bürgerrecht nicht besitzen: «*non-citizen nationals*.» Solche Staatsangehörige sind die meisten Bewohner der Philippinen, wäh-

> rend die Bewohner von Hawaii, Portoriko, und den Virgin Islands auch das amerikanische Staatsbürgerrecht (citizenship) besitzen. Den Staatsbürgern und Staatsangehörigen stehen als dritte Gruppe die Ausländer («*Aliens*») gegenüber.[181]

Die Nürnberger Gesetze erklärten, nur Reichsbürger hätten «volle politische Rechte». Das amerikanische Recht, so Sahms Beobachtung, verfüge über eine ganz ähnliche Regelung, die zwischen «politischen Rechten» und «bürgerlichen Rechten» unterscheide.[182] Sahm betonte, das amerikanische Recht garantiere darüber hinaus, dass bestimmte Gruppen, die eigentlich «politische Rechte» besaßen, gleichwohl nicht wählen durften: Zu den benachteiligten Gruppen gehörten nicht nur Schwarze, sondern auch Indianer.[183] Was Ausländer betraf, so erfuhren sie unter amerikanischem Recht eine ganze Reihe von Benachteiligungen – für die Nazis, die seit 1920 darauf beharrten, Ausländer dürften nur ein eingeschränktes «Gastrecht» genießen, war das eine Frage des natürlichen Interesses.[184] Und Drascher schrieb in seinem Buch *Vorherrschaft der Weißen Rasse* über die Amerikaner: «Von Anbeginn an ist vorgesorgt worden, daß die entscheidenden Stellen der Staatsführung nur in die Hände von Angelsachsen oder aber von solchen Männern gelangten, die ihr angeborenes Volkstum dem Angelsachsentum geopfert hatten.»[185]

Erneut waren es nicht nur die Nazis, die diese amerikanischen Entwicklungen faszinierend fanden. Überall in Europa war es in den 1930er und 1940er Jahren gängige Ansicht, die amerikanischen Südstaaten hätten dadurch, dass sie den Schwarzen (und den Mexikanern und den Indianern)[186] systematisch das Wahlrecht vorenthielten, etwas geschaffen, das unverkennbar wie die amerikanische Version einer rassisch begründeten faschistischen

Ordnung wirke. «Der Ku Klux Klan, das sind die Faschisten Amerikas», berichtete ein französischer Autor; diese Gruppierung habe sich gegründet, um das Wahlrecht für Schwarze zu bekämpfen.[187] Bertram Schrieke, ein holländischer Völkerkundler, der 1936 ein interessantes Buch über die amerikanischen Rassenbeziehungen veröffentlichte, erklärte: «Der Prozess [in den Südstaaten], die Errungenschaften der Reconstruction rückgängig zu machen – mit seiner Gewalt, Einschüchterung, offenen Bestechung, mit der Manipulation und Fälschung von Wahlergebnissen, manipulierten Wahlzetteln usw., um damit schwarze Wähler auszuschließen (...), erinnert einen stark an den Aufstieg der Nazis in Deutschland.»[188] Und Gunnar Myrdal schrieb 1944: «Aufgrund seines Einparteiensystems und des prekären Zustands der bürgerlichen Freiheiten wird der Süden mitunter als faschistisch bezeichnet.»[189] Doch auch wenn die Europäer weithin dieser Ansicht waren, so fällt doch besonders auf, dass die Nazis selbst sie artikulierten – indem sie, wie Krieger das tat, erklärten, dass die Demokratische Partei im Süden durch ihr «rassisches Wahlrecht» ein Einparteiensystem errichtet habe und dass die einzig verbliebene Frage sei, ob es ihr, wie den Nazis, gelingen werde, «die Partei zu einem Organ des Staates zu machen».[190]

Schlussfolgerung

Diese Schwärmerei der Nationalsozialisten für die Vorherrschaft der Weißen in Amerika und ihre eingehende Beschäftigung mit dem amerikanischen Einwanderungs- und Staatsbürgerschaftsrecht bedürfen der sorgfältigen Beurteilung, und wir müssen unsere Worte dabei sorgsam wählen. Die Nazis zeigten eindeutig tiefgehendes Interesse am amerikanischen Beispiel, doch es wäre falsch, daraus übertriebene Schlüsse im Hinblick auf den direkten Einfluss des amerikanischen Modells auf das Reichsbürgergesetz zu ziehen. Es bestand nie auch nur die Möglichkeit, dass die Nazis ihr Staatsbürgerschaftsrecht unmittelbar aus den Parallelen übernahmen, die sie in Amerika vorfanden, ganz gleich, wie sehr sie auch davon schwärmten. Amerika mag lange, bevor Hitler an die Macht kam, bei der Entwicklung von Rassengesetzen weltweit führend, dafür bekannt und viel zitiert gewesen sein; doch wie die Nationalsozialisten regelmäßig bemerkten, bekundete das amerikanische Recht seine rassistischen Ziele nicht offen, zumindest was Staatsbürgerschaft und Einwanderung anging. (Im nächsten Kapitel werden wir sehen, dass es sich beim gesetzlichen Mischehenverbot in den USA anders verhielt.) In ihrem Staatsbürgerschafts- und Einwanderungsrecht mussten die Amerikaner die Erfordernisse des 14. Zusatzartikels und allgemeiner ihrer erklärten Tradition der Gleichheit berücksichtigen; infolgedessen war ihr Recht ein Recht der versteckten Maßnahmen und juristischen Tricks. Das amerikanische Recht war, wie Krieger schrieb, ein Recht der «Umwege». Die Nazis fanden diese juristische Trickserei in Amerika mit Sicherheit reizvoll, und sie waren froh, in der Parteipropaganda wie in der juristischen Fachliteratur darauf verweisen zu können, wie tief der rechtliche Rassismus in den USA reichte. Sie selbst aber wollten ein offenes System rassistischer Staatsbürgerschaft entwickeln, und zumindest dafür mussten sie sich nicht an den Details des amerikanischen Rechts orientieren. Das nationalsozialistische Rassenrecht sollte kein Recht nationaler Quoten, Kopfsteuern, Großvaterklauseln oder Lese- und Schreibtests werden.

Jedenfalls ist es grundsätzlich eher unwahrscheinlich, dass wir auf unveränderte Übernahmen stoßen. NS-Juristen waren deutsche Rechtsgelehrte, Vertreter einer glanzvollen und stolzen juristischen Tradition, die in der Regel Gesetze in andere Länder exportierte und nicht mechanisch übernahm. Überdies waren diese deutschen Juristen der Überzeugung, sie seien Teil einer «nationalen Revolution», die einen Durchbruch in der Menschheitsgeschichte bedeutete. Insofern wäre es tatsächlich überraschend, wenn diese Männer einfach amerikanisches Recht imitiert hätten, und das war auch nicht der Fall.

Es wäre also falsch, davon zu sprechen, die Nazis hätten sich beim Entwurf ihres Reichsbürgergesetzes direkt bei den Amerikanern «bedient». Es geht hier nicht um das, was man, im Jargon der vergleichenden Rechtslehre, als amerikanische «Übertragung» auf das nationalsozialistische Deutschland bezeichnen würde.

Gleichzeitig wäre es dumm und feige, das NS-Interesse an dem, wofür das amerikanische Recht stand, kleinzureden. Seit *Mein Kampf* schwärmten die Nazis in der Tat von der Vorherrschaft der Weißen in den USA, und tatsächlich beschäftigten sie sich intensiv mit dem amerikanischen Einwanderungs- und Staatsbürgerschaftsrecht. Das *Nationalsozialistische Handbuch für Recht und Gesetzgebung* beschrieb die Vereinigten Staaten denn auch als Land, das die «grundsätzliche Erkenntnis» von der historischen rassistischen Mission erlangt habe, die das Dritte Reich nun erfüllen müsse. Insofern stand die juristische Literatur vollkommen im Einklang mit der historischen Literatur, die verkündete, bis zum Auftauchen Hitlers hätten die USA die «Führung der weißen Völker» beim «Trachten der Westarier nach der Weltherrschaft» innegehabt. Mochten NS-Juristen auch der Meinung sein, die amerikanische Rassengesetzgebung sei in hohem Maße «unvollkommen» und deshalb tadelnswert,[191] mochten sie sich auch über Aktivitäten von New Yorker Juden wie Louis Brodsky lustig machen, so hielten sie die USA doch für ein Land, das sich zur

Politik einer gesunden «völkischen» Ordnung vortaste und dabei dem gesunden amerikanischen Rassenbewusstsein gehorche[192] – für das Land, das, so die Sichtweise in *Mein Kampf*, die ersten Schritte getan habe.

Wenn es also beim Reichsbürgergesetz keine direkten Übernahmen aus Amerika gab, so gab es gleichwohl etwas, dessen Bedeutung für die Mentalität der NS-Juristen und der politisch Verantwortlichen man nicht unterschätzen sollte. Im Falle von Einwanderung und Staatsbürgerschaft diente das amerikanische Beispiel weniger als unmittelbare Vorlage denn als willkommener Beleg dafür, dass das «Rassenbewusstsein» das Recht in einem führenden «nordischen» Gemeinwesen bereits prägte. Das amerikanische Recht hatte den Nazis etwas zu bieten, was für moderne Juristen ausgesprochen wichtig ist: Es lieferte ihnen die Bestätigung, dass die Winde der Geschichte in ihre Richtung wehten. Ihr Amerika war so, wie Hitler es beschrieben hatte: ein dynamisches Land, dessen Rassenbewusstsein für die ersten substanziellen Schritte in Richtung einer Rassenordnung gesorgt hatte, die Deutschland in Erfüllung seiner Mission zu voller Blüte bringen sollte. In der Rechtsvergleichung bedeutet Einfluss nicht einfach nur das «Klauen» einzelner Regelungen, das Kopieren bestimmter Paragraphen oder die Übernahme bestimmter Institutionen. Juristen, auch NS-Juristen, brauchen das Gefühl, dass ihr Recht etwas Eigenes und Notwendiges ist, und Parallelen im Ausland können Bestärkung und Inspiration liefern. Insbesondere moderne Juristen wollen oft daran glauben, dass sie für eine bessere Zukunft kämpfen – und der Beleg, dass auch andere Länder, wie unbeholfen auch immer, für die gleiche bessere Zukunft kämpfen, ist ihnen ungeheuer wichtig. Das gilt vermutlich in besonderem Maße dann, wenn Juristen in eine unsichere revolutionäre Situation hineingeraten.

So schmerzlich dieses Eingeständnis für uns auch sein mag: Es überrascht nicht, dass diese an der «nationalen Revolution» der Nazis beteiligten Juristen wie andere Rechtsextreme vor ihnen das amerikanische Beispiel aufgriffen. Das rassisch begründete Einwanderungs- und Staatsbürgerschaftsrecht der USA war Anfang des 20. Jahrhunderts nun einmal das Maß aller Dinge. Der Fall des Nationalsozialismus zeigt, wieviel Wahrheit in der Einschätzung steckt, die USA seien «führend bei der Entwicklung einer explizit rassistischen Einbürgerungs- und Zuwanderungspolitik» gewesen.[193] Das war ein Bereich, in dem die kreative Rechtskultur der Vereinigten Staaten zu Beginn des 20. Jahrhunderts den Ton angab, so wie sie heute auf Feldern wie dem Unternehmensrecht tonangebend ist. Aus diesem Grund blickte sogar das nationalsozialistische Deutschland gen Amerika.

Was wir also finden, wenn wir uns die Entstehung des Reichsbürgergesetzes anschauen, lässt sich nicht wirklich als «Übernahme» bezeichnen. Wenn wir weiter nach provokativen Belegen für etwas suchen, das eher wie eine Übernahme wirkt, dann müssen wir uns dem anderen Nürnberger Gesetz zuwenden, dem «Blutschutzgesetz».

KAPITEL 2

Zum Schutze deutschen Blutes und deutscher Ehre

> Ministerialrat *Dr. Möbius*: Und da muß ich noch an etwas denken, was uns letztens ein Amerikaner gesagt hat: Er erklärte: wir machen doch auch das, was ihr macht, aber warum schreibt ihr das alles so deutlich in eure Gesetze?
> Staatssekretär *Dr. Freisler*: Die Amerikaner schreiben es doch noch viel deutlicher hinein!
>
> *5. Juni 1934*

Wenn wir uns nun dem «Blutschutzgesetz» zuwenden, betreten wir eine Welt, die Flüchtlinge aus dem nationalsozialistischen Deutschland als «Rassenwahn» titulierten[1] – gemeint waren damit das fortwährende Gerede von der angeblichen jüdischen Gefahr, die Tatsache, dass die Nazis wie besessen waren von der staatlichen Durchsetzung rassischer und sexueller Reinheit, sowie die Kriminalisierung und Vertreibung derjenigen, die diese Reinheit bedrohten. Das «Blutschutzgesetz» mit seinem Verbot der Rassenmischung beim Sex und in der Ehe sollte nach dem Krieg von europäischen Juristen als Inbegriff der Verletzung natürlicher Rechte verurteilt werden,[2] doch während des Dritten Reiches erklärte das oberste deutsche Gericht, das Reichsgericht, es sei nichts Geringeres als «eines der Grundgesetze des nationalsozialistischen Staates».[3] NS-Juristen stellten es in der Öffentlichkeit als zentrale Maßnahme dar, um die deutsche Rasse «rein und unvermischt» zu erhalten;[4] wie der grundlegende Kommentar zu den Nürnberger Gesetzen verkündete, war das «Blutschutzgesetz» genauso wie das Reichsbürgergesetz zwingend notwendig, um «das Eindringen weiteren jüdischen Blutes in den deutschen Volkskörper» zu verhindern.[5] Und im Umfeld des Gesetzes herrschte eine schrille Rhetorik, die vor den Gefahren sexueller Kontakte mit Juden warnte.

«Vermischung» war der Begriff, den die Nazis fortwährend benutzten, um die Gefahr dieses «Eindringens weiteren jüdischen Blutes in den deutschen Volkskörper» zu beschreiben. Kranke Gesellschaften waren Gesellschaften, die eine «Vermischung» der «Völker» erfahren hatten; eine solche Vermischung führe zu einem degenerierten «Rassenmischmasch». Ziel der Nürnberger Gesetze war es, Deutschland vor einer solchen Degeneration zu schützen und dem «Judentum (...) für alle Zukunft die Vermischung mit dem deutschen Volkstum» unmöglich zu machen. Aus diesem Grund wollte das «Blutschutzgesetz» vor allem eines verbieten, nämlich die «Mischehe» oder «Mischheirat». Denn aus der sexuellen Vermischung drohte ein degeneriertes «Mischlingskind» hervorzugehen, ein «Bastard».

Will man die obsessive Angst vor der Vermischung erfassen, die hinter dem «Blutschutzgesetz» stand, sollte man sich an die Verlautbarungen zweier besonders interessanter Nationalsozialisten halten: von Helmut Nicolai, der sich in den frühen 1930er Jahren zum «führenden Rechtsphilosophen der Partei» aufschwang,[6] und von Achim Gercke, der als «Sachverständiger für Rasseforschung» im Reichsinnenministerium beschäftigt und für einen frühen Entwurf des Gesetzes und die späteren politischen Maßnahmen verantwortlich war.[7] Beide Männer bekleideten in den ersten Jahren der NS-Herrschaft herausgehobene Positionen, und beide sollten 1935 unter dem gleichen Vorwurf in Ungnade fallen: Homosexualität.[8] Wir wissen nicht, ob dieser Vorwurf zutraf – ob diese NS-Fanatiker sexueller Reinheit tatsächlich homosexuell waren, was bei vielen ihrer Nachbarn auf angewiderte Reaktionen stieß. Jedenfalls standen die beiden in den frühen 1930er Jahren an vorderster Front, und ihre Vorträge und Schriften zeigen die Mentalität der fanatischen Angst vor den Gefahren sexueller Vermischung, von der die Arbeit am «Blutschutzgesetz» bestimmt war.

Nicolai und Gercke kämpften mit Nachdruck gegen das, was die Nazis als das Verbrechen der «Rassenschande» bezeichneten – sexuelle Beziehungen zwischen Deutschen (insbesondere deutschen Frauen) und Angehörigen minderwertiger Rassen (insbesondere jüdischen Männern).[9] Die allgemeine Bevölkerung, so die Sorge der Nationalsozialisten, begreife die ungeheure Gefahr nicht, die vom Geschlechtsverkehr zwischen Deutschen und Juden ausgehe und die gesamte Rasse bedrohe; die Deutschen müssten deshalb «erzogen und aufgeklärt», ja bekehrt werden.[10] Zu diesem Zweck hielt Gercke beispielsweise im Sommer 1933 einen Rundfunkvortrag mit dem Titel «Die Erziehung zu rassischem Denken». Darin erklärte er seinen Zuhörern, die noch der nationalsozialistischen Indoktrinierung bedurften, die Ehe mit einem Juden sei schlicht «krankhaft».[11] Nicolai veröffentlichte 1932, also noch vor der Machtübernahme Hitlers, eine Hetzschrift, in der er den Menschen unbedingt vermitteln wollte, dass die Juden Überträger der Bastardisierung seien. Im Grunde genommen seien sie nicht einmal Angehörige einer «reinen» Rasse; sie seien allesamt Mischlinge, Bastarde, Produkte jahrtausendelanger achtloser Kreuzung.[12]

Nicolais Warnung vor den Gefahren, die jüdische Mischlinge darstellten, beruhte auf dem gängigen Geschichtsbild der Nazis, das in der Literatur der damaligen Zeit fortwährend propagiert wurde. Ihm zufolge war die Menschheitsgeschichte eine jahrtausendelange Chronik des Rassenverfalls – eine Geschichte von überlegenen Rassen, die infolge der Rassenmischung degeneriert und schließlich völlig untergegangen seien. Da nun das «nordische» Deutschland bedroht war, bedurfte es dringend einer neuen Ehegesetzgebung. Rassenmischung durch wahllose Eheschließung war etwas Ähnliches wie Rassenmischung durch wahllose Zuwanderung; und in beiden Fällen ging die «Verunreinigung» von den Juden aus:

> Heute werden die Völker im wesentlichen nur durch Gebietsgrenzen voneinander geschieden. Daß bisher noch keine stärkere Vermischung aller Völker untereinander stattgefunden hat, als sie tatsächlich schon eingetreten ist, daß sich also die Völker rassisch voneinander überhaupt noch unterscheiden, liegt nur an der Seßhaftigkeit der meisten Völker. Bei den Juden ist sie nicht vorhanden. Ihre eigene völkische Zusammenhörigkeit freilich halten sie durch eine möglichst strenge, von der jüdischen Religion unterstützte Abschließung aufrecht. Aber Nomaden, wie sie immer waren, sind sie auch heute noch. Ihrem Empfinden und Rechtsgefühl entspricht es daher, die Staatengrenzen verschwinden zu lassen und alle völkischen Bindungen aufzulockern, die verschiedenen Völker sich wahllos mischen zu lassen und eine einheitliche Menschheit herzustellen.[13]

Juden waren «Fremdkörper», die sowohl internationale als auch sexuelle Grenzen verletzten; sie öffneten das Tor zur schlimmstmöglichen Zukunft, der Entstehung einer «einheitlichen Menschheit». «Unser Volk ist in Gefahr!», proklamierte ein anderer rechtswissenschaftlicher Text 1934 und wiederholte damit eine gängige Parole.[14]

Man wünschte sich, dieser nationalsozialistische Furor hätte sich fern von allem, was sich in den USA findet, abgespielt. Tatsächlich aber haben wir, wie dieses Kapitel zeigen wird, mit dem «Blutschutzgesetz» den provokativsten Beleg dafür, dass sich die Nazis ganz direkt mit amerikanischen Rechtsmodellen beschäftigten, und die beunruhigendsten Hinweise auf einen unmittelbaren Einfluss. So berief man sich in einem radikalen Schlüsseldokument, das den Ausgangsrahmen für das «Blutschutzgesetz» bildete, ausdrücklich auf amerikanisches Recht: in der sogenannten Preußischen Denkschrift, die 1933 von radikalen Nationalsozialisten in Umlauf gebracht wurde. In den anschließenden Diskussionen – insbesondere bei einem wichtigen Planungstreffen im Juni 1934, von dem sich eine ausführliche stenographische Mitschrift erhalten hat – wurde regelmäßig über amerikanische Modelle gesprochen. Befürwortet wurden diese Modelle insbesondere von der radikalsten Fraktion, den vehementesten Befürwortern eines strikten Verbots jeglicher sexueller Beziehung. Und schließlich wies das «Blutschutzgesetz» selbst, das in Nürnberg verabschiedet wurde, die Merkmale amerikanischen Einflusses auf.

Die Geschichte des amerikanischen Einflusses, die in diesem Kapitel erzählt wird, ist zweifellos deprimierend. Für Leser, die mit der amerikanischen Rassengeschichte im frühen 20. Jahrhundert vertraut sind, dürfte sie allerdings wenig überraschend sein. Es ist eine bekannte Tatsache, dass ein Großteil Amerikas vom gleichen Rassenwahn infiziert war: Wie die NS-Literatur vermerkte, gab es jede Menge Amerikaner, die schlicht «wussten», dass schwarze Männer regelmäßig weiße Frauen vergewaltigten.[15] Amerikanische Gerichte waren, wie deutsche Autoren sehr wohl wussten, in der Lage, Tatsachenentscheidungen zu treffen wie etwa diese: «Die Vermischung der beiden Rassen würde eine Bastardbevölkerung und eine niedere Zivilisation hervorrufen.»[16] Der Supreme Court bekam Berufungsschriftsätze aus den Südstaaten, deren Argumente sich keinen Deut von denen der Nazis unterschieden,[17] und Rassisten aus dem Süden wie Senator Theodore Bilbo, Anfang der 1930er Jahre entschiedener Unterstützer des New Deal, konnten genauso irrsinnige Geschichten vom Rassenverfall durch Vermischung erzählen wie Helmut Nicolai: «Als er sich in der Debatte über ein Gesetz gegen Lynchmorde 1938 gegen eine ‹Bastardisierung› aussprach, einen Prozess, der die weiße Zivilisation auf dieser Welt schon weitgehend zerstört habe, bediente er sich aus Hitlers *Mein Kampf* und behauptete, dass ‹nur ein Tropfen Negerblut in den Adern des reinsten Weißen den Erfindungsreichtum seines Geistes zerstört und seine schöpferischen Fähigkeiten lähmt›.»[18] (Tatsächlich ging Bilbo sogar weiter, als die Nazis das vorhatten; wie wir sehen werden, lehnten sie die Ein-Tropfen-Regel als zu extrem ab.)

Doch wenngleich die Vereinigten Staaten ebenfalls vom Rassenwahn befallen waren, nahmen sie nicht damit auf das «Blutschutzgesetz» Einfluss, sondern durch spezifische rechtliche Instrumente, welche die Amerikaner entwickelten, um die Gefahr der Rassenmischung zu bekämpfen. Auch hier war Amerika weltweit führend.

In allererster Linie lieferten die Vereinigten Staaten *das* Modell für das gesetzliche Verbot von Mischehen. Die Vorstellung, Eheschließungen zwischen «überlegenen» und «minderwertigen» Rassen seien zu vermeiden, war im Zeitalter der Eugenik zu Beginn des 20. Jahrhunderts weit verbreitet.[19] Trotzdem gab es nur selten tatsächlich gesetzliche Verbote; die Nazis taten sich zweifellos schwer, außerhalb Amerikas Beispiele zu finden. So erklärte Reichsjustizminister Gürtner auf dem Planungstreffen im Juni 1934: «Bei der Rassengesetzgebung war es natürlich sehr verlockend, in der Welt herumzusehen, ob und wie dieses Problem etwa von anderen Völkern angefaßt worden ist.» Und die USA waren das einzige Modell, das man im Justizministerium ausfindig machte.[20] Gleiches galt für die juristische NS-Literatur, die außerhalb der USA zahlreiche Fälle gewohnheitsmäßiger oder sozial erzwungener Verbote ausmachte, aber nur wenige gesetzliche Regelungen.[21]

Besonders bezeichnend ist, dass die USA Beispiele einer außergewöhnlichen Gesetzgebungspraxis zu bieten hatten: Nicht nur erklärten dreißig Bundesstaaten Rassenmischehen für zivilrechtlich ungültig, viele von ihnen drohten denen, die solche Ehen schlossen, auch – mitunter harte – Strafen an. Das war höchst ungewöhnlich. Eine Kriminalisierung der Ehe findet sich in der Rechtsgeschichte nur sehr selten. Über die Jahrhunderte wurden viele Arten von Ehe für ungültig erklärt, aber die einzige Form, die in der modernen westlichen Welt regelmäßig kriminalisiert und strafrechtlich verfolgt wurde, war die Bigamie.[22] Selbst ein so durch und durch vom Prinzip der Rasse besessenes Land wie Australien zur Zeit der «White Australia»-Politik folgte den USA mit ihren Drohungen nicht. So verfügte beispielsweise ein wichtiges australisches Gesetz 1910 schlicht: «Jede Ehe einer weiblichen Ureinwohnerin mit jemand anderem als einem Ureinwohner bedarf der schriftlichen Erlaubnis eines Vormunds [Protector], der vom Minister die Befugnis erhielt, in solchen Fällen seine Zustimmung zu geben.»[23] Prinzipiell gestattete das Gesetz eine strafrechtliche Verfolgung, aber es sah nicht vor, dass Gesetzesbrecher hart bestraft würden.[24] Das stand in auffälligem Gegensatz zum gesetzlichen Mischehenverbot in einem US-Bundesstaat wie Maryland. Das dortige Gesetz regelte deutlich detaillierter, wer als Angehöriger welcher Rasse zu gelten hatte, und es enthielt harte Drohungen:

> Sämtliche Ehen zwischen einer weißen Person und einem Neger oder zwischen einer weißen Person und einer Person von Negerabstammung bis einschließlich dritter Generation oder zwischen einer wei-

> ßen Person und einem Angehörigen der malaiischen Rasse oder zwischen einem Neger und einem Angehörigen der malaiischen Rasse oder zwischen einer Person von Negerabstammung bis einschließlich dritter Generation und einem Angehörigen der malaiischen Rasse sind dauerhaft verboten und werden strafrechtlich verfolgt; und jeder, der gegen die Bestimmungen dieses Abschnitts verstößt, macht sich eines infamen Verbrechens schuldig und wird dafür mit einer Haftstrafe von mindestens 18 Monaten bis höchstens zehn Jahren bestraft.[25]

Derart drakonische Strafen gab es einzig und allein im amerikanischen Recht. Der einzige andere, halbwegs vergleichbare Fall, den die NS-Literatur der frühen 1930er Jahre erörterte, stammte aus Südafrika, wo außerehelicher Geschlechtsverkehr zwischen den Rassen unter Strafe gestellt wurde, nicht aber die Ehe.[26] Wie wir sehen werden, fanden Nazis wie Nicolai, Gercke und die radikalen Juristen, welche die Preußische Denkschrift von 1933 verfassten, großen Gefallen an der Vorstellung, Rassenmischehen ließen sich strafrechtlich verfolgen; in dieser Kriminalisierung der Rassenmischehe zeigt sich der unmittelbare Einfluss Amerikas auf die Nürnberger Gesetze am deutlichsten.

Das amerikanische Verbot von Mischehen hatte aber auch noch etwas anderes zu bieten: gesetzliche Regelungen, wie man «Mischlinge» kategorisierte – ich will sie als «Mischlingsgesetze» bezeichnen. Die Nazis standen bei der Bekämpfung der Rassenmischung vor weitreichenden Problemen, wie sie mit den Mischlingen verfahren sollten. Die deutschen Juden waren mehrheitlich unbestreitbar Juden. Doch das deutsche Judentum verfügte über eine beträchtliche Geschichte der Mischehen, und deshalb gab es einen bedeutsamen Anteil an Personen gemischter Abstammung, deren Status unsicher war. Nach offizieller nationalsozialistischer Zählung lebten 1935 in Deutschland 550 000 Voll- und Dreivierteljuden, 200 000 Halbjuden und 100 000 Vierteljuden.[27] Wieviel jüdisches Blut reichte aus, um ein Kind teilweise «arischer» Abstammung unauslöschlich zu besudeln? Welche deutschen Mischlinge würden den neuen NS-Gesetzen zum Opfer fallen? Auch dafür, so bemerkten deutsche Beobachter, konnte man von den USA lernen: Weil sie über eine lange Geschichte sexueller Beziehungen zwischen Herren und Sklavinnen verfügten, waren sie ein Land, wie Eduard Meyer 1920 berichtete, das unter der Last einer «Unmasse» von Mischlingen ächzte,[28] und es hatte deshalb umfangreiche Mischlingsgesetze entwickelt, die bestimmten, wer zu welcher Rasse gehörte. Anders als das amerikanische Einwanderungs- und Staatsbürgerschaftsrecht aber waren diese Gesetze ganz «offen»: Sie machten keinerlei Hehl aus ihren rassistischen Zielen und bedienten sich keiner rechtlichen Tricksereien und Täuschungsmanöver.

Erneut bildeten die amerikanischen Mischlingsgesetze das einzige Korpus ausländischer Rechtsprechung, das die politisch Verantwortlichen im Dritten Reich in Augenschein nehmen und für sich nutzen konnten, und genau das taten sie. Damit aber sind wir bei der unangenehmsten Ironie in dieser Geschichte: Als es um die Mischlingsgesetze ging, waren die Nazis nicht bereit, das amerikanische Recht vollständig zu importieren. Und zwar nicht, weil sie es für zu aufgeklärt oder zu egalitär befanden. Sondern weil radikale NS-Juristen die amerikanischen Gesetze zu den Mischlingen als zu rigoros erachteten, um sie für das Dritte Reich zu übernehmen. Aus nationalsozialistischer Sicht war das ein Bereich, in dem die amerikanischen Rassengesetze schlicht zu weit gingen, als dass Deutschland ihnen folgen wollte. Trotzdem waren die NS-Juristen deutlich darum bemüht, sich mit den Gesetzen der US-Bundestaaten zu befassen und danach zu fragen, welche Erkenntnisse sich daraus womöglich gewinnen ließen.

Auf dem Weg zum «Blutschutzgesetz»: Auseinandersetzungen auf den Straßen und in den Ministerien

Bevor wir uns im Detail damit befassen, was die nationalsozialistischen Politiker aus der amerikanischen Gesetzgebung zur Mischehe und zu Mischlingen machten, müssen wir noch einmal einen Blick auf den politischen Kontext werfen. Die Beschäftigung der Nazis mit dem amerikanischen Mischehenverbot erfolgte vor dem Hintergrund verschiedener Konflikte, die nach Hitlers Machtübernahme im Januar 1933 entstanden. Zunächst war da der politische Konflikt zwischen Radikalen auf der Straße, die das NS-Programm durch spontane pogromartige Gewalt umsetzen wollten, und Parteivertretern, welche die Kontrolle über die «nationale Revolution» in staatlicher Hand behalten wollten. Zweitens dauerte ein bürokratischer Konflikt zwischen zwei Gruppen fort: auf der einen Seite radikale Nazis, die auf die härtest möglichen Maßnahmen drängten, und auf der anderen Seite eher traditionell gesinnte Juristen, die so weit wie möglich an älteren juristischen Konventionen festzuhalten suchten und die NS-Verfügungen und Gesetze etwas maßvoller gestalten wollten. Schließlich herrschte Streit um die Beziehungen zum Ausland. Radikale Pläne, Gesetze zur Benachteiligung «farbiger» Rassen zu erlassen, stießen in vielen Teilen der Welt auf wütende Proteste, unter anderem in Japan, Indien und Südamerika.[29] Angesichts von Boykottdrohungen fühlten sich die politisch verantwortlichen Nationalsozialisten gezwungen, ihr rassistisches Gesetzgebungsprogramm ein wenig zu entschärfen. All diese Konflikte bestimmten in gewisser Weise den nationalsozialistischen Umgang mit den amerikanischen Gesetzen zu Ehe und sexueller Vermischung.

Straßenkämpfe: Die Forderung nach «eindeutigen Gesetzen»

Der politische Konflikt auf den Straßen bildete den unmittelbaren Hintergrund der Nürnberger Gesetze. Wie Historiker gezeigt haben, waren die Rassengesetze eine Reaktion auf radikale Straßengewalt. 1933 und dann wieder 1935, in den chaotischen Anfangsjahren der «nationalen Revolution», kam es weithin zu Gewaltakten «von unten» – die Nazis sprachen von «Einzelaktionen» gegen Juden, die vielfach, aber nicht immer tödliche Folgen hatten und von den Behörden in Berlin weder genehmigt noch gesteuert wurden.[30] Bei diesen Zwischenfällen ging es nicht selten auch um Fälle von «Rassenschande», also den Vorwurf, Juden würden sexuell mit Deutschen verkehren.[31] Heinrich Krieger, der sich am intensivsten mit den amerikanischen Rassengesetzen befasste, betrachtete diese «Einzelaktionen» auf den Straßen als deutsche Entsprechung zur amerikanischen Lynchjustiz. So wie die Bewohner der Südstaaten der USA, getrieben von ihrem «Rassenbewusstsein», außerhalb gesetzlicher Kanäle agierten und bedauernswerterweise wüste und willkürliche Gewalt gegen schwarze «Rassenschänder» ausübten, griffen auch die Deutschen zu solch ungestümer und ungeregelter Gewalt gegen Juden[32] – sie würden sich, wie es das Rassenpolitische Amt der NSDAP formulierte, gegen eine «fremde Rasse» erheben, welche die «Oberhand» zu erlangen suche.

Auch die oberste NS-Führung fand diese «ungeregelten Einzelaktionen» bedauerlich, und zwar aus zwei Gründen. Erstens sorgten sie für schlechte Auslandspresse. Insbesondere Finanzminister Hjalmar Schacht war in Sorge, die Straßengewalt würde das internationale Bild Deutschlands beschädigen und infolgedessen die wirtschaftliche Erholung beeinträchtigen, und so drängte er auf ein hartes Vorgehen gegen die Ausschreitungen.[33] Zweitens waren die «Einzelaktionen» Ausdruck dafür, dass die Partei die Kontrolle verloren hatte. Die Nazis waren stets auf eine offizielle, geordnete und ordentlich beaufsichtigte, staatlich gesteuerte Verfolgung bedacht, nicht auf Lynchmorde auf den Straßen oder «Aktionen», die von nachgeordneten Parteimitgliedern betrieben wurden. Wie Gunnar Myrdal 1944 bemerkte, verstanden die NS-Rassisten – anders als die Rassisten im Süden der USA – Verfolgung als Aufgabe «der zentralisierten Organisation eines faschistischen Staates», und Lynchjustiz durch den Mob hatte darin keinen Platz.[34]

Es waren solcherlei Erwägungen über die Gefahren gewaltsamer Ausschreitungen auf deutschen Straßen, die zur Verabschiedung des Reichsbürgergesetzes und des «Blutschutzgesetzes» in Nürnberg führten. Aus Sorge, die «nationale Revolution» könnte außer Kontrolle geraten, setzte die Partei alles daran, die Lage durch den Erlass «eindeutiger Gesetze» zu beruhigen, welche das Geschäft der Verfolgung ausschließlich staatlicher Verantwortung übertrugen.[35] In den Monaten vor dem «Parteitag der Freiheit» im September 1935 erklärten Innenminister Frick und andere immer wieder, Gesetze zur Staatsbürgerschaft und zu sexuellen Kontakten seien in Arbeit, um auf den Straßen wieder für Ordnung zu sorgen.[36]

Auseinandersetzungen in den Ministerien: Die Preußische Denkschrift und das amerikanische Vorbild

Die Vorbereitung der erforderlichen «eindeutigen Gesetze» wurde jedoch von einem bürokratischen Konflikt zwischen radikalen Nationalsozialisten und traditioneller gesinnten Juristen überschattet. Radikale Vertreter der NSDAP forderten eine weitreichende Kriminalisierung der «Rassenmischung». Schon 1930 hatten NSDAP-Abgeordnete im Reichstag einen Antrag eingebracht, die Rassenmischehe unter Strafe zu stellen,[37] und nach der Machtübernahme 1933 drängten Radikale weiter auf ein solches Gesetz, um «das Eindringen weiteren jüdischen Blutes in den deutschen Volkskörper» zu verhindern. Klassische Juristen jedoch leisteten beträchtlichen – und eine Zeit lang auch erfolgreichen – Widerstand dagegen. Dieser Konflikt zwischen radikalen Nazis und traditionellen Juristen ergibt eine bemerkenswerte Geschichte, und sie verdient eingehendere Betrachtung. Es handelt sich um eine wichtige Episode in der modernen Rechtsgeschichte – einen Testfall, inwieweit sich mit Hilfe von Rechtstraditionen in Zeiten des Nationalsozialismus Grenzen setzen ließen. Und bei diesem Konflikt ging es von Anfang an auch darum, wie brauchbar das amerikanische Modell war.

Das radikale Programm für eine «Nazifizierung» des deutschen Strafrechts wurde in der sogenannten Preußischen Denkschrift skizziert, einem Schlüsseltext, der erstmals im September 1933 zirkulierte, also zu einem Zeitpunkt, da die Straßengewalt des Sommers abgeflaut war.[38] Dieser «Hardliner»-Text, der die Grundprinzipien des zwei Jahre später verabschiedeten «Blutschutzgesetzes» erarbeitete,[39] wurde von einer Gruppe um Hanns Kerrl, einen radikalen Nationalsozialisten, der als preußischer Justizminister fungierte, verfasst. An der Spitze dieses Autorenteams stand Roland Freisler, von dem in diesem Kapitel noch vielfach die Rede sein wird. Freisler war der wohl berüchtigtste NS-Jurist: Er wurde später Vorsitzender des Volksgerichtshofs – ein «Mörder im Dienste Hitlers», wie einer seiner Biographen ihn nannte[40] – und nahm auch an der Wannsee-Konferenz teil, auf der die Vernichtung der Juden beschlossen wurde.[41]

Hauptziel der Preußischen Denkschrift war es, das «liberale» Strafrecht der Weimarer Zeit durch den neuen rigorosen Ansatz zu ersetzen, wie er typisch für die NS-Politik war. Zu diesem Zweck waren detaillierte Forderungen nach einer Strafrechtsverschärfung aufgelistet, die bei konventionell ausgebildeten Juristen auf beträchtliche Kritik stießen.[42] Zu diesen Forderungen gehörte ein Abschnitt, in dem das Programm entworfen wurde, das zwei Jahre später in das «Blutschutzgesetz» einfließen sollte. Diese Passage verwies auf zwei Beispiele, an denen sich die neue nationalsozialistische Ordnung orientieren könne: die mittelalterliche Vertreibung der Juden in Europa – und die Jim Crow-Gesetze im zeitgenössischen Amerika.

In diesem Abschnitt, der national wie international zu heftigen Diskussionen führen sollte, forderten die Verfasser der Denkschrift, drei neue Rassenverbrechen einzuführen: «Rassenverrat», «Verletzung der Rassenehre» und «Rassengefährdung». Einleitend beschworen die Autoren das nationalsozialistische Geschichtsbild:

> Die Geschichte lehrt, daß Rassenzersetzung zum Untergang der Völker führt. Dagegen erlebten Völker, die sich fremdrassiger Volksteile, insbesondere der Juden, entledigten, hohe Blüte (z. B. Frankreich nach Vertreibung der Juden im Jahre 1394, England nach ihrer Vertreibung

> im Jahre 1291). (...) Der Grundsatz der vergangenen Ichzeit, daß jeder, der Menschenantlitz trägt, gleich sei, zerstört die Rasse und damit die Lebenskraft des Volkes. Aufgabe des nationalsozialistischen Staates ist es deshalb, der in Deutschland im Laufe der Jahrhunderte eingetretenen Rassenvermischung Einhalt zu gebieten und dahin zu streben, daß das nordische Blut, das noch heute im deutschen Volkstum ausschlaggebend ist, unserem Leben wieder den Stempel seiner besonderen Prägung gibt.

Um diese Ziele zu erreichen, sei eine Kriminalisierung der Rassenmischehe dringend geboten. Trotzdem betonte die Denkschrift, bestehende Mischehen sollten davon unberührt bleiben:

> Erste Bedingung für diese sog. Aufnordung ist, daß fürderhin keine Juden, Neger oder sonstige Farbige in das deutsche Blut aufgenommen werden. Das *strafrechtliche Verbot der Vermischung* wird so zu fassen sein, daß die Vermischung verboten ist mit Angehörigen fremder Blutsgemeinschaften oder Rassen, deren Fernhaltung vom deutschen Blute durch Gesetz bestimmt worden ist. Daraus ergibt sich dann auch, daß die Vorschrift auf die zur Zeit bestehenden Mischehen keine Anwendung findet. *Die künftige Schließung von Mischehen wird durch Reichsgesetz zu verhindern sein.*

Bestehende Mischehen unangetastet zu lassen sollte tatsächlich NS-Politik bleiben – auch wenn die Partei alles tat, um «arische» Ehepartner zur Scheidung von ihren Partnern zu animieren.[43] Anschließend schlug die Denkschrift die Einführung eines neuen Straftatbestands, nämlich des «Rasseverrats» vor:

> Als *Rasseverrat* ist unter Strafe zu stellen jede geschlechtliche Vermischung zwischen einem Deutschen und einem Fremdrassigen, und zwar strafbar an beiden Teilen. (...) Besonders strafwürdig erscheint es, wenn der Rasseverrat unter arglistiger Verschweigung der fremden

> Rassezugehörigkeit begangen wird, und zwar beim außerehelichen Beischlaf wie Eingehung der Ehe. (...) Zivilrechtlich muß das Eingehen einer Mischehe zum Ehenichtigkeitsgrund erklärt werden.

Die Denkschrift wandte sich anschließend der «Verletzung der Rassenehre» zu. Dieser Vorschlag, der bald für heftigen Streit sorgen sollte, richtete sich gegen «farbige» Rassen, was in Ostasien, Südasien und Südamerika als diplomatische Beleidigung verstanden wurde. Dieser Vorschlag enthielt zudem die erste von vielen Berufungen auf die USA, denen wir in diesem Kapitel nachgehen werden:

> Auch die Verletzung der Rassenehre muß unter Strafe gestellt werden. Es spricht dem Volksempfinden Hohn, wenn z. B. deutsche Frauen sich in schamloser Weise mit Negern abgeben. Die Vorschrift wird indes darauf zu beschränken sein, daß der Verkehr öffentlich stattfindet und daß er unter gröblicher Verletzung des Volksempfindens und in schamloser Weise geschieht (z. B. unanständiges Tanzen im öffentlichen Lokal mit einem Neger). Auch wird die Vorschrift auf Farbige zu beschränken sein. Ein derartiger Schutz der Rassenehre wird bereits von anderen Völkern tatsächlich geübt. So ist es bekannt, daß z. B. in den Südstaaten von Nordamerika im öffentlichen und persönlichen Verkehr auf strengste Scheidung zwischen der weißen Bevölkerung und den Farbigen gehalten wird.[44]

Es gibt nur wenige Dokumente, die auf provokativere Weise zeigen, wie falsch es wäre anzunehmen, die amerikanischen Gesetze zur Rassentrennung hätten die Nationalsozialisten nicht interessiert. Die Preußische Denkschrift war die wichtigste frühe Darlegung des radikalen Programms, das in den Nürnberger Gesetzen gipfelte; die Tatsache, dass hier explizit auf die Jim Crow-Gesetze verwiesen wird, lässt sich nicht ignorieren. Auffallend ist zudem, dass die Rassengesetze der Südstaaten als radikaler gelten als das, was den Nazis selbst vorschwebte: Das NS-Programm sollte sorgsam auf Fälle beschränkt bleiben, in denen Deutsche und «Farbige» öffentlich miteinander verkehrten; wie einer der Verfasser erklärte, sei der Vorschlag der Denkschrift in dieser Hinsicht «sehr eingeschränkt».[45] Die Gesetze der Südstaaten hingegen, so die Denkschrift, richteten sich gegen «öffentlichen und persönlichen Verkehr». Das ist der erste von mehreren Fällen, in denen die amerikanischen Rassengesetze den Nazis als zu hart erschienen, als dass man sie in Deutschland eins zu eins hätte übernehmen können. (Und amerikanisches Recht wurde auch nicht zum letzten Mal erwähnt in dieser Denkschrift: Beim Thema «Rassengefährdung» beriefen sich die Verfasser auf das amerikanische wie auf das australische Einwanderungsrecht.)[46]

Konservativer juristischer Widerstand: Gürtner und Lösener

Der rechtliche Radikalismus der Nationalsozialisten, wie er in der Preußischen Denkschrift zum Ausdruck kommt, sollte in Nürnberg schließlich triumphieren,[47] doch zunächst stieß er auf beträchtlichen – und zeitweise sogar erfolgreichen – Widerstand von Seiten traditionell gesinnter Juristen. Tatsächlich gelang es juristischen Traditionalisten, die Radikalen einige Monate lang im Zaum zu halten. Es mag irritierend klingen, dass es überhaupt so etwas wie erfolgreichen Widerstand gab – war Deutschland nicht zu einer Diktatur geworden? –, aber man muss den allgemeineren politischen Kontext im Deutschland der frühen 1930er Jahre bedenken. In den ersten Monaten von Hitlers Herrschaft hisste das Reich weiterhin zwei Flaggen, die Hakenkreuzfahne der Nationalsozialisten und die schwarz-weiß-rote Fahne als Symbol des nationalistischen Konservatismus, der innerhalb der mächtigen Bürokratie, wo zahlreiche ausgebildete Juristen saßen, besonders verbreitet war. Ein Ereignis sollte schließlich den ungezügelten Radikalismus des Regimes unmissverständlich vor Augen führen: die sogenannte «Nacht der langen Messer», die Mordorgie der Nazis, die am 30. Juni 1934 begann. Nach dieser «Nacht» konnte man nicht mehr so tun, als habe Deutschland nicht sämtliche Verbindungen zu traditionellen Vorstellungen zumindest eines Minimums an Rechtsstaatlichkeit gekappt.[48] Zuvor jedoch, zumindest bis zum Frühsommer 1934, waren vergleichsweise moderate Juristen in der Lage, so etwas wie eine Stellung zu halten, und der Konflikt um die Preußische Denkschrift zeigt, dass ihnen das auch gelang.

In den juristischen Rückzugsgefechten gegen den nationalsozialistischen Radikalismus spielten zwei schillernde und widersprüchliche Persönlichkeiten eine besonders wichtige Rolle: Franz Gürtner und Bernhard Lösener. Beide unternahmen gut dokumentierte Versuche, zwei zentralen Aspekten des radikalen Programms entgegenzutreten: der Kriminalisierung von Rassenmischehen und der weit gefassten Definition, wer als «Jude» gelten sollte. Keiner von beiden war in irgendeiner Weise eine heldenhafte Gestalt. Beide standen politisch weit rechts, sie kollaborierten mit Hitler und waren durchaus bereit, an der Schaffung eines wie auch immer gearteten Systems der Verfolgung mitzuwirken. Was sie relativ gemäßigt machte, war nicht das Eintreten für liberale politische Werte (zumindest äußerten sie eine solche Haltung nicht offen).[49] Vielmehr zeigen die Quellen, dass sie die traditionellen Rechtsprinzipien verteidigten und darauf beharrten, das nationalsozialistische Verfolgungsprogramm müsse der Logik und den kritischen Grundsätzen der hoch entwickelten «Rechtswissenschaft» entsprechen, für die Deutschland berühmt war. Sie waren keine dezidierten politischen Dissidenten, sondern bürokratische Amtsträger, die den instinktiven Konservatismus gelernter Juristen an den Tag legten und denen es zumindest für eine Weile gelang, einige traditionelle Standards deutscher Rechtmäßigkeit zu verteidigen.

Justizminister Franz Gürtner gehörte zu den nationalistischen Konservativen, die mit den Nazis kollaborierten und Posten in der NS-Regierung übernahmen. Als führendes Mitglied der Deutschnationalen Volkspartei (bzw. ihres bayerischen Ablegers, der Bayerischen Mittelpartei) war er in den 1920er Jahren Justizminister in Bayern gewesen, wo er Sympathie für Hitler gezeigt und ihm möglicherweise auch geholfen hatte, ohne aber Hitlers Partei anzugehören.[50] Vom nationalkonservativen Reichskanzler Franz von Papen wurde er im Sommer 1932 zum Reichsjustizminister ernannt, und das blieb er auch unter Schleicher und dann unter Hitler. Bis zu seinem Tod im Jahr 1941 bekleidete er dieses Amt und trat 1937 auch der NSDAP bei – ein später Vertreter der nationalsozialistischen Zusammenarbeit mit den Nationalkonservativen. In der Geschichtsforschung gilt er als Mann, der aus dem aufrichtigen, aber hoffnungslosen Wunsch, die schlimmsten Übel des Nationalsozialismus so weit wie möglich zu behindern, im Amt blieb.[51]

Natürlich war sein Ansinnen aussichtslos; letztlich blieb Gürtner unter Hitler im Amt und lässt sich schwerlich als Held bezeichnen. Trotzdem wissen wir, dass er in den frühen 1930er Jahren darum bemüht war, den Radikalismus der Nazis zu bremsen,[52] und dass er insbesondere – neben anderen Juristen – eine wichtige Rolle spielte, als Zweifel an der Forderung der Preußischen Denkschrift laut wurden, Rassenmischehen unter Strafe zu stellen.

Diese Zweifel gilt es sorgsam zu beschreiben. Aus der Sicht

konventionell ausgebildeter deutscher Juristen, selbst solcher, die absolut bereit waren, die Autorität des neuen Regimes anzuerkennen, stellten sich weitreichende Fragen, ob die Maßnahmen, für die in der Preußischen Denkschrift plädiert wurde, innerhalb der bestehenden deutschen Rechtsnormen überhaupt funktionieren konnten. Das hatte zu einem Gutteil damit zu tun, dass die Vorschläge sehr weit gingen. Die Preußische Denkschrift verlangte in ein paar feurig formulierten Absätzen, Rassenmischehen sollten strafrechtlich verfolgt werden. Wie aber war eine solche Kriminalisierung möglich, wenn solche Mischehen nicht auch zivilrechtlich für ungültig erklärt wurden? Wie konnte ein Teil des Rechts eine Institution kriminalisieren, während ein anderer Bereich sie für rechtmäßig erklärte? Wenn man das Strafrecht veränderte, musste man auch das Zivilrecht ändern – ein Vorhaben, das bei konventionellen deutschen Juristen wenig Begeisterung auslöste.[53] Überdies war es gar nicht so einfach, Mischehen zivilrechtlich für ungültig zu erklären. Nicht einmal die Preußische Denkschrift schlug vor, bestehende Mischehen aufzulösen. Ihre Forderungen umzusetzen bedeutete somit, eine besondere Gesetzeslage zu schaffen, in der einige Mischehen weiter völlig legal wären, während andere hart bestraft wurden. Das konnte nur mittels komplizierter und umstrittener juristischer Verrenkungen funktionieren.[54]

Es gab jedoch noch einige weitere Schwierigkeiten. So war es in Deutschland wie in allen Teilen der westlichen Welt außerhalb der USA gängige Rechtslehre, dass die Ehe üblicherweise keine Sache des Strafrechts war. Die Bigamie war in der Geschichte als Straftat verfolgt worden, aber sie bot kein Modell, das sich so einfach auf die Rassenmischehe übertragen ließ.[55] Tatsächlich standen die Bigamie und die gewöhnliche Mischehe für konventionelle Juristen wie Gürtner in scharfem Gegensatz. Das Verbrechen der Bigamie stand im Geiste dem Betrug nahe: Die strafrechtliche Verfolgung der Bigamie betrachtete eine Seite in der Regel als unschuldiges Opfer.[56] Doppelehen beinhalteten normalerweise, dass ein Partner gegenüber dem anderen im Hinblick auf seinen oder ihren ehelichen Status log. Es gab mit Sicherheit Raum, beim Entwurf des neuen NS-Gesetzes aus dem Beispiel der Bigamie allgemeine Folgerungen abzuleiten: Die Preußische Denkschrift schlug vor, den «Rasseverrat» in Fällen «arglistiger Verschweigung» als besonders strafwürdig zu betrachten, also dann, wenn ein Ehe- oder Sexualpartner den anderen mit Blick auf seine oder ihre Rassenzugehörigkeit täuschte. Jemand, der hinsichtlich seiner Rasse log, ähnelte jemandem, der hinsichtlich seines Ehestatus log. (Man konnte sich zudem auf den Präzedenzfall eines Gesetzes von 1927 berufen, das Strafen gegen diejenigen vorsah, die nicht verrieten, dass sie an einer Geschlechtskrankheit litten; nicht offenzulegen, dass man Jude war, so die These radikaler Nazis, war genauso, als würde man eine sexuell übertragbare Krankheit verschweigen.)[57] Doch in gewöhnlichen Fällen von Mischehe gingen beide Seiten den Bund sehenden Auges ein, ohne dass dabei irgendjemand log. Justizminister Gürtner wollte allenfalls die strafrechtliche Verfolgung der «arglistigen Täuschung» befürworten – obwohl selbst in solchen Fällen traditionell gesinnte Juristen schwerwiegende logische Probleme sahen.[58]

Was Bernhard Lösener angeht, so spielte er vor allem eine Rolle, als es um die Definition von «Juden» ging. Mit Blick auf die Einstufung von «Mischlingen» waren radikale Parteigänger dafür, diesen Status so breit wie möglich zu definieren, und im Juli 1933 gelang es ihnen mit dem Gesetz über den Widerruf von Einbürgerungen und die Aberkennung der deutschen Staatsangehörigkeit, jede Person mit einem jüdischen Großelternteil zum «Juden» zu erklären.[59] Das war – gemessen an den Standards nationalsozialis-

Bernhard Lösener. Quelle: ullstein bild.

tischer Politik – eine weitgefasste Definition – allerdings natürlich nicht so weitreichend wie die «Ein-Tropfen-Regel» und andere Rassenbestimmungen, die in den amerikanischen Bundesstaaten galten.[60] Für gemäßigte Juristen im Regime war sie mit Sicherheit zu radikal; sie wünschten sich eine schonendere und gnädigere Haltung und drängten deshalb in den folgenden zwei Jahren auf weniger aggressive Definitionen.

Lösener spielte dabei eine führende Rolle. Er war in zentraler Position an den Nürnberger Gesetzen beteiligt. Als Judenreferent im Reichsinnenministerium war er einer der Hauptverfasser der Nürnberger Gesetze und hat später eine wichtige Darstellung des Entstehungsprozesses geliefert. An diesen Aufzeichnungen wurde beträchtliche, zum Teil vernichtende Kritik geübt, denn natürlich schilderte er die Ereignisse im eigenen Sinne. Trotzdem bezeichnen ihn selbst seine schärfsten Kritiker als wirklich «moderaten» Antisemiten, so seltsam dieser Ausdruck auch klingen mag.[61] 1942 verließ er auf eigenen Wunsch das Innenministerium, 1944 wurde er verhaftet, nachdem er einem Verschwörer gegen Hitler und seiner Ehefrau Unterschlupf gewährt hatte, und im Januar 1945 aus der NSDAP ausgeschlossen.[62]

Eine bemerkenswerte Entwicklung: Der Verfasser der Nürnberger Gesetze wird verhaftet und aus der Partei ausgeschlossen. Wie andere seiner Kollegen zeigte Lösener in den 1930er Jahren konservative juristische Instinkte. Obwohl Nationalsozialist – und er war, das sei an dieser Stelle noch einmal betont, ein übler Antisemit, der schon früh der Partei beigetreten war und sich später reinzuwaschen versuchte –, war Lösener auch ein vorsichtiger und methodischer Jurist, und seine Rolle bei der Abfassung der Nürnberger Gesetze zeigt ebenfalls, wie juristischer Konservatismus den Radikalismus der Nazis bremsen konnte. In den frühen 1930er Jahren kämpften Lösener und andere Juristen darum, die Einstufung als «Jude» möglichst eng zu fassen und so, wo immer möglich, Personen halbjüdischer Abstammung zu schützen.[63] Diese Bemühungen, die Historiker detailliert nachgezeichnet haben, waren nur zum Teil von Erfolg gekrönt: In der letztlich entscheidenden Ersten Verordnung zum Reichsbürgergesetz gehörten zwar nicht alle, aber doch einige Halbjuden zu den Personen mit eingeschränktem Status. Diese Verordnung, die im November 1935 erlassen wurde, unterschied zwei Klassen: diejenigen, die Juden «waren» und mindestens drei jüdische Großeltern hatten, und diejenigen, die als Juden «galten» und zwei jüdische Großeltern hatten, aber weiterhin den jüdischen Glauben praktizierten oder mit einem Juden bzw. einer Jüdin verheiratet waren.[64] Die große bürokratische Auseinandersetzung um die «Mischlinge» endete also mit einem gespannten Kompromiss – in dem aber noch im November 1935 das Gewicht der juristischen Meinung, wie unter anderem Lösener sie vertrat, spürbar war.

***

Das war der Kontext, in dem die Nürnberger Gesetze entstanden. Da es auf den Straßen immer wieder zu Gewaltausbrüchen gegen Juden kam, standen die NS-Juristen in den Behörden unter Druck, «eindeutige» Gesetze zu formulieren, die Mischehen und sexuelle Beziehungen verboten. Die NS-Führung, die auch die Auslandsbeziehungen im Auge hatte, zögerte, provokative Rassengesetze zu verabschieden. Radikale Parteimitglieder wollten alle sexuellen Vermischungen unter Strafe stellen; gemäßigte Juristen hegten dagegen jede Menge Zweifel. Die Radikalen wollten eine weit gefasste Definition der «Juden»; Moderate widersetzten sich diesem Ansinnen. In den anschließenden Debatten machte sich Deutschland auf die Suche nach ausländischen Vorbildern und stieß dabei auf die Mischehenverbote der amerikanischen Bundesstaaten.

Das Treffen der Strafrechtskommission vom 5. Juni 1934

Wie das amerikanische Einwanderungs- und Staatsbürgerschaftsrecht war auch die amerikanische Gesetzgebung in Sachen Mischehen sehr alt und reichte zurück bis zu einem frühen Gesetz in Virginia aus dem Jahr 1691.[65] Diese Tradition, Rassenmischehen zu verbieten, fand in Europa schon lange, bevor die

Nazis die politische Bühne betraten, Beachtung.[66] Die Mischehen waren ein weiterer Bereich, in dem die USA mit alten wie neuen Verboten als weltweit führend anerkannt waren. Auch Anfang des 20. Jahrhunderts erließen amerikanische Staaten weiterhin Mischehenverbote und waren auf diesem Feld der Rassengesetzgebung ausgesprochen aktiv.[67]

Und wie im Falle des Einwanderungs- und Staatsangehörigkeitsrechts hat auch das Interesse deutscher Juristen an der Mischehengesetzgebung eine lange Geschichte, die weit vor der NS-Zeit beginnt. Eine erste Welle deutscher Studien des amerikanischen Ansatzes findet sich schon zur Zeit des deutschen Imperialismus vor dem Ersten Weltkrieg. Ab 1905 ergriff die deutsche Kolonialverwaltung in Südwestafrika und anderswo Maßnahmen gegen Mischehen, welche die «Reinheit» der deutschen Siedlerbevölkerung schützen und die Vermischung mit den Einheimischen verhindern sollten. Bei anderen europäischen Kolonialmächten finden sich solche rassistischen Maßnahmen nicht, aber Amerika bot in dieser Hinsicht ein Vorbild, das deutsche Kolonialbeamte eingehend studierten. Dazu gehörten Reisen in die Südstaaten, Berichte, die bei Diplomaten in Auftrag gegeben wurden, Gespräche mit dem Historiker Archibald Cary Coolidge aus Harvard und einiges mehr; in den Kolonialarchiven finden sich detaillierte Berichte über das US-Recht.[68] Auch in diesem Fall erschien Amerika den Deutschen Ende des 19. und Anfang des 20. Jahrhunderts als Land, das im Kampf für die «bewußte Einheit der Weißen Rasse» an vorderster Front stand.[69]

Das deutsche Interesse an den amerikanischen Mischehenverboten ließ in den 1930er Jahren nicht nach. Ob die Maßnahmen gegen Mischehen, die Kolonialbeamte vor dem Krieg ergriffen, die Nürnberger Gesetze unmittelbar beeinflussten, ist unter Historikern umstritten.[70] Kein Zweifel besteht allerdings daran, dass die Verfasser der Nürnberger Gesetze das amerikanische Recht genauso eingehend unter die Lupe nahmen wie ihre kolonialen Vorgänger. Amerika war 1905 das große Vorbild, und das galt drei Jahrzehnte später noch genauso.

Es ist nun an der Zeit, dass wir uns den Details der Sitzung der Strafrechtskommission vom 5. Juni 1934 zuwenden.[71] Das stenographische Protokoll dieses Treffens, das in zwei verschiedenen Versionen in den Archiven aufbewahrt ist, wurde erstmals 1989 veröffentlicht.[72] Diese Sitzung versammelte siebzehn Juristen und Beamte unter dem Vorsitz von Justizminister Franz Gürtner. Zu den Teilnehmern gehörten der «Judenreferent» Bernhard Lösener, der spätere Präsident des Volksgerichtshofs Roland Freisler, damals Staatssekretär im Justizministerium, sowie andere Juristen und Mediziner aus den NS-Ministerien, darunter auch drei Radikale, die zusammen mit Freisler an der Abfassung der Preußischen Denkschrift beteiligt gewesen waren.[73] Das Treffen wurde als Reaktion auf die Forderungen der Denkschrift einberufen, und zur Diskussion standen – neben ein paar anderen Themen, auf die ich nicht näher eingehen will – vor allem folgende Rechtsfragen: Sollte man Mischehen unter Strafe stellen? In welcher Form sollte eine solche Kriminalisierung erfolgen? Und wie sollte man mit der anspruchsvollen Aufgabe umgehen, die «Juden» und andere Angehörige «minderer» Rassen zu definieren?

Dieses Protokoll ist ein Dokument der Meinungsverschiedenheiten – die allerdings üblicherweise in gelehrt-höflicher Form ausgetragen wurden – zwischen Radikalen, die an der Denkschrift mitgearbeitet hatten, und gemäßigten Juristen, angeführt von Justizminister Gürtner. Zu dem Zeitpunkt, als die Sitzung abgehalten wurde, hatte die «Nacht der langen Messer» noch nicht stattgefunden. Sie fiel somit in die letzten Wochen, bevor der radikale Nationalsozialismus in Deutschland endgültig die Maske fallen ließ, und das Protokoll verzeichnet einen letzten Moment, in dem die moderaten Kräfte die Oberhand behielten.[74] Gürtner und die anderen anwesenden gemäßigten Juristen hatten kein Problem damit, dass antijüdische Maßnahmen institutionalisiert werden sollten; sie waren wie gesagt keine Helden des Widerstands gegen Hitler, aber sie bemühten sich darum, extreme Formen der Kriminalisierung zu verhindern. Einige waren der Ansicht, eine öffentliche Erziehungs- und Aufklärungskampagne könne möglicherweise dafür sorgen, dass das Übel der Rassenmischung auch ohne förmliche Kriminalisierung ein Ende finde. Wenn es überhaupt eine Kriminalisierung geben solle, so beharrte Gürtner, dann dürfe sie nur auf der Grundlage des einzig geeigneten juristischen Modells erfolgen, nämlich der Strafbarkeit der Bigamie;[75] das bedeutete, dass es zu einer strafrechtlichen Verfolgung nur in den Fällen kommen sollte, in denen ein Jude einen «arischen» Partner «arglistig getäuscht» hatte.[76] Andere Teilnehmer drängten auf ein noch milderes Vorgehen: Eduard Kohlrausch, renommierter Professor für Strafrecht, argumentierte, jede wie auch immer geartete Kriminalisierung wäre höchst kontraproduktiv.[77] Lösener betonte – im Einklang mit der traditionellen Rechtslehre –, allein schon der Begriff des «Juden» sei so schwammig, dass das radikale Programm nicht praktikabel sei.[78]

Die anwesenden Radikalen argumentierten ihrerseits, oft in apodiktisch-einschüchterndem Tonfall, das Strafrecht müsse dahingehend reformiert werden, dass es den «Grundgedanken des Nationalsozialismus» widerspiegle, nämlich die rigorose rechtliche Durchsetzung des Rassismus;[79] am Ende aber waren sie gezwungen, die vollständige Umsetzung der Preußischen Denkschrift aufzugeben. Einige räumten ein, diplomatischer Druck mache es zumindest im Moment unmöglich, die notwendig erscheinenden Maßnahmen durchzuführen; die Einwände so vieler Länder, dass sich die Maßnahmen gegen «farbige Rassen» richteten, wögen zu schwer.[80] Freisler beharrte zwar mit Nachdruck darauf, man müsse der Mission des Nationalsozialismus treu bleiben, und verteidigte die Verwendung des Begriffs «farbig», doch beugte er sich den technischen Einwänden der konventionellen Juristen: Im Moment könne es nur darum gehen, den Straftatbestand der «arglistigen Täuschung» zu formulieren.[81] Doch trotz dieser Zugeständnisse waren von den Radikalen auch unverhohlen drohende Töne zu hören. So verwiesen sie auf die politischen Bestrebungen, die außerhalb des Treffens im Gange seien.[82] Freisler deutete höflich, aber mit unheilvollem Unterton an, das endgültige Urteil würde nicht von den hier anwesenden Berufsjuristen gefällt, sondern durch eine politische Entscheidung der NS-Führung.[83] Konnten die moderaten Juristen auf dieser Sitzung noch die Stellung halten, so wird im Rückblick doch deutlich, dass sich die politischen Kräfte gegen sie sammelten.

Und welche Rolle kam dabei dem amerikanischen Recht zu, das schon von der Preußischen Denkschrift zitiert wurde? Die unerfreuliche Antwort lautet: Bei diesem entscheidenden Treffen auf dem Weg zu den Nürnberger Gesetzen wurde von Beginn an wiederholt und detailliert über das Beispiel Amerika gesprochen, und es waren vor allem die Radikalen, die sich auf amerikanisches Recht beriefen.

Nach einem kurzen Eröffnungsstatement von Justizminister Gürtner kamen zwei Teilnehmer zu Wort, die von der Kommission mit vorbereitenden Berichten beauftragt worden waren. Der erste Berichterstatter war Fritz Grau, Mitglied der NSDAP und späterer Obersturmbannführer der SS.[84] Grau, der schon an der Abfassung der Preußischen Denkschrift beteiligt gewesen war, gehörte, was die Notwendigkeit einer Kriminalisierung anging, zu den Hardlinern. Doch wie andere radikale Sitzungsteilnehmer räumte er ein, dass es noch nicht möglich sei, das Programm der Denkschrift umzusetzen. So «schmerzlich» es für ihn auch sei, erklärte er, aber im Moment sei es aufgrund außenpolitischer Erwägungen nötig, den «Rassenschutz» nicht ausdrücklich ins Strafgesetzbuch aufzunehmen.[85]

Das heißt freilich nicht, dass Grau bereit war, den moderaten Kräften das Feld kampflos zu überlassen; er war nach wie vor entschlossen, für das unerbittliche nationalsozialistische Vorgehen gegen die jüdische Bedrohung einzutreten. Grau erkannte an, dass einige Juristen und Beamte glaubten, ein Programm der «Erziehung und Aufklärung» reiche als Alternative zur Kriminalisierung aus. «Erziehung und Aufklärung», so meinte er, seien jedoch nicht akzeptabel. Wie andere Nazis verband auch Grau die Frage der sexuellen Vermischung mit der Frage der Staatsbürgerschaft, so wie das dann auch in den Nürnberger Gesetzen der Fall sein sollte.

> Das Parteiprogramm [von 1920] bestimmt, daß Staatsbürger nur deutschstämmige Menschen sein können und daß die Fremdrassigen unter einem Gastrecht stehen sollen. Das Programm will also den neuen deutschen Staat auf rassischer Grundlage aufgebaut wissen. Um dieses Ziel zu erreichen, ist ja im letzten Jahre sehr viel geschehen. Man hat sich bemüht, die fremdrassigen Elemente aus dem Volkskörper auszumerzen, einmal dadurch, daß man erstrebt hat, sie einflußlos zu machen, sie aus der Leitung des Staats und der Staatsführung [und aus sonstigen einflußreichen Stellungen und Berufen] herauszudrängen. (...)
> All diese Maßnahmen haben uns zweifellos einen Schritt vorwärts gebracht; aber sie haben nicht erreicht und konnten nicht erreichen eine wirkliche Abkapselung der fremdrassigen Elemente in Deutschland von den deutschstämmigen Menschen. Ein solches Gesetz konnte aus außenpolitischen Gründen nicht ergehen, ein Gesetz, das

> jede geschlechtliche Vermischung zwischen Deutschstämmigen und Fremdrassigen gesetzlich verhinderte.
> Nun kann man vielleicht sagen – und da komme ich auf die zweite Frage, die der Herr Reichsminister gestellt hat –, daß dieses Ziel auch durch Erziehung und Aufklärung ohne ein ausdrückliches Gesetz allmählich erreicht werden könne.[86]

An dieser Stelle kam Grau auf die USA zu sprechen, das Heimatland des auf dem Prinzip der Rasse beruhenden Rechts. Er bemerkte, die Rassentrennung der Jim Crow-Gesetze, die schon von der Preußischen Denkschrift thematisiert worden war, scheine ein mögliches Modell für einen Ansatz zu bieten, der auf «Erziehung und Aufklärung» basiere. Doch in seinen Augen eignete sich die Segregation nicht für die deutschen Verhältnisse:

> Auch andere Völker, könnte man sagen, hätten ein solches Ziel im wesentlichen durch gesellschaftliche Absonderung erreicht. Dies ist aber doch nur bedingt richtig. Bei den anderen Völkern – ich denke in erster Linie an Nordamerika, das ja sogar Gesetze in dieser Richtung hat – handelt es sich um ein anderes Problem, nämlich um das Problem der Fernhaltung der Angehörigen farbiger Rassen, ein Problem, das bei uns in Deutschland so gut wie keine Rolle spielt. Bei uns ist das Problem ganz scharf abgestellt auf die Juden und die dauernde Fernhaltung der Juden, da sie ganz zweifellos einen Fremdkörper im deutschen Volke darstellen. Nur auf dem Wege gesellschaftlicher Absonderung und Abtrennung wird dieses Ziel nach meiner Überzeugung so lange nicht gelingen, solange die Juden in Deutschland noch eine ganz außerordentliche wirtschaftliche Macht darstellen. Solange die Juden noch in unserem deutschen Vaterland wirtschaftlich in dieser Weise wie jetzt mitzusprechen haben, solange sie noch die schönsten Autos, die schönsten Motorboote haben, solange sie auf allen Vergnügungs- und Erholungsplätzen [und überall] dort, wo es teuer ist, eine erhebliche Rolle spielen, so lange glaube ich nicht, [daß man sie ohne Gesetz

> wirklich vom deutschen Volkskörper absondern kann. Dies kann nur durch positive gesetzliche Maßnahmen geschehen,] die jegliche geschlechtliche Vermischung eines Juden mit einem Deutschen verhindern [und unter schwere Strafe stellen].[87]

Das also waren die Ansichten eines überzeugten Nationalsozialisten über die amerikanische Rassentrennung: Eine Segregation werde in Deutschland schlicht nicht gelingen. Anders als die Schwarzen in Amerika waren die deutschen Juden zu reich und zu selbstbewusst; die einzige Hoffnung war, sie mit «schweren Strafen» klein zu kriegen. Die Rassentrennung nach US-Vorbild – so diese bemerkenswerte nationalsozialistische Einschätzung – war eine Strategie, die nur gegenüber einer Bevölkerungsminderheit funktionieren konnte, die bereits unterdrückt wurde und verarmt war.

In diesem Zusammenhang sei betont, dass Grau sich besondere Mühe gab, die Möglichkeit einer Rassentrennung nach Art von Jim Crow zu verneinen: Die Tatsache, dass er sich zu diesen Ausführungen verpflichtet fühlte, zeigt ganz deutlich, dass es vor diesem Treffen hinter den Kulissen Diskussionen über das amerikanische Recht gegeben hatte. Jemand hatte für eine deutsche Variante der Jim Crow-Gesetze plädiert, und zwar als Fundament eines vergleichsweise sanften Ansatzes, der auf «Erziehung und Aufklärung» der Bevölkerung abzielte. Tatsächlich war Grau, wie wir gleich sehen werden, nicht der einzige Teilnehmer an dieser Sitzung, der die möglichen Vorzüge der Rassentrennung nach US-Art thematisierte.[88] Nachdem Grau seinen Bericht beendet hatte, trug der zweite Berichterstatter Kohlrausch seine deutlich moderateren Ansichten vor und sprach sich gegen eine Kriminalisierung aus.[89]

Anschließend ergriff wieder Justizminister Gürtner das Wort, um die allgemeine Diskussion zu eröffnen. Seine Auslassungen zeigen, dass das Ministerium eifrig Informationen über genau das amerikanische Beispiel zusammengetragen hatte, das Grau angesprochen hatte:

> Ich bin den Herren Berichterstattern sehr dankbar. (...). Wenn ich selber ein paar Gedanken dazu äußern darf, so wären es diese. Bei der Rassegesetzgebung war es natürlich sehr verlockend, in der Welt herumzusehen, ob und wie dieses Problem etwa von anderen Völkern angefaßt worden ist. Ich besitze hier eine überaus anschauliche synoptische Darstellung der nordamerikanischen Rassegesetzgebung und möchte gleich sagen, daß das ein ziemlich schwierig aufzufindendes Material ist. Falls jemand von den Herren ein persönliches Interesse daran hat, würde ich bereit sein, diese Aufstellung zur Verfügung zu stellen.[90]

Offenkundig zeigte Gürtner ein Dossier des Justizministeriums vor, das einen Überblick über die Gesetzeslage in amerikanischen Bundesstaaten gab. Damals wie heute war es «ziemlich schwierig», Informationen über sämtliche Staaten zu sammeln. Trotzdem war dem Ministerium gelungen, wonach deutsche Juristen immer suchen, nämlich einen «Grundgedanken» herauszudestillieren.

> Das Material gibt eine Antwort auf die Frage, wie in allen amerikanischen Bundesstaaten die Rassengesetzgebung aussieht. Das Bild ist buntfarbig wie die amerikanische Landkarte. Fast in allen amerikanischen Bundesstaaten besteht eine Rassegesetzgebung. Die abzuwehrenden Rassen werden verschieden bezeichnet. Aus der verschiedenen Bezeichnung ergibt sich aber der Grundgedanke sehr leicht. Es werden da aufgeführt die Nigros oder Mulatten oder die Chinesen oder die Mongolen und die Neger und die Mulatten in bunter Abwechslung. Manchmal ist auch die Rede von den Deszendenten der Afrikaner, um

die Sache historisch darzustellen, womit die Neger gemeint sind, und in ein paar Paragraphen ist positiv die Rede von der kaukasischen Rasse. Das ist nicht uninteressant; denn auch über die Frage, ob die Juden zur kaukasischen Rasse gehören, ist eine Rechtsprechung da, glaube ich.[91]

An dieser Stelle wandte sich Gürtner offenbar an seinen persönlichen Referenten Hans von Dohnanyi, die vielleicht faszinierendste und heldenhafteste Persönlichkeit unter den anwesenden moderaten Juristen. Der Sohn des ungarischen Komponisten Ernő von Dohnanyi und Schwager des Theologen Dietrich Bonhoeffer war im Juni 1933 ins Reichsjustizministerium eingetreten. Doch schon wenige Wochen nach der Sitzung vom 5. Juni 1934 wurde er zum heimlichen Regimegegner und machte sich an das gefährliche Unterfangen, Dokumente zu sammeln und auszuwerten, die, so hoffte er, eines Tages zur strafrechtlichen Verfolgung der NS-Führung verwendet werden konnten.[92] Schließlich wurde er wegen Beteiligung am Widerstand gegen Hitler hingerichtet.[93]

Anfang Juni 1934 jedoch war der Jurist Dohnanyi noch Regierungsbeamter, der an der Ausgestaltung antijüdischer Gesetze beteiligt war. Offensichtlich war er zumindest teilweise für die Nachforschungen des Ministeriums zuständig, denn er erklärte, was die amerikanische Rassengesetzgebung mit Blick auf die Juden bedeutete:

Staatsanwalt *Dr. von Dohnanyi*: Ja, in der Richtung, daß die kaukasische Rasse schlechthin das Gegenteil aller farbigen Rassen ist, also die weiße Rasse, und da die Juden zur weißen Rasse gehören, werden sie zur kaukasischen Rasse gerechnet.
Reichsminister *Dr. Gürtner*: Das ist oberstrichterliche Rechtsprechung? (Staatsanwalt *Dr. von Dohanyi*: Ja!) Man sieht hieraus, und

> aus der Karte, wie richtig die Bemerkung des Herrn Vizepräsidenten Dr. Grau war, daß diese Rassegesetzgebung sich nicht gegen die Juden richtet, sondern daß die Juden geschützt werden. Damit ist nichts anzufangen; denn es würden konträre Wirkungen damit erzielt.[94]

Wäre das alles gewesen, was die Sitzungsteilnehmer über das amerikanische Recht zu sagen hatten, müssten wir zu dem Schluss kommen, dass sich das amerikanische Modell nach sorgfältiger Überprüfung durch das Reichsjustizministerium für das NS-Regime als wertlos erwies. Doch Gürtner begnügte sich nicht mit der Feststellung, dass sich die amerikanischen Gesetze nicht gegen Juden richteten, und er sollte nicht der Letzte sein, der dieses Thema aufgriff. Er fuhr mit seiner Darstellung der US-Gesetzgebung fort und wandte sich dem zu, was daran «interessant» war. Die Nachforschungen des Ministeriums hatten zahlreiche Fakten über die amerikanischen Mischehenverbote erbracht: «Dann ist interessant», so referierte Gürtner, «welche Rechtswirkungen an die Geschlechtsverbindung geknüpft werden. Auch das ist verschieden. Es kommen allerhand Ausdrücke vor: illegal und void, absolutely void, utterly null and void. Prohibited kommt manchmal auch vor. Es zeigt sich aus diesen wechselnden und juristisch gerade nicht sehr scharfen Worten, daß hier eine zivilrechtliche Folge in allen Fällen angeknüpft ist, und eine strafrechtliche Folge in einer großen Anzahl von Fällen.»[95] Das war der entscheidende Punkt: In Amerika gab es «strafrechtliche Folge[n]». Das amerikanische Exempel antwortete unmittelbar auf die große Frage, welche die Sitzungsteilnehmer entzweite. Es zeigte, dass die strafrechtliche Verfolgung von Rassenmischehen selbst jenseits des Falles der Bigamie nicht beispiellos war. Gürtner dürfte diese Tatsache nicht gerade gefallen haben, denn er war gegen eine weitreichende Kriminalisierung, und er bemühte sich deshalb sogleich darum, das amerikanische Beispiel zu entschärfen. Was auch immer die amerikanischen Gesetze sagen mochten, so fügte der Minister eilends hinzu, sei doch fraglich, ob die Amerikaner das auch in der Praxis konsequent so handhabten: «Eine Frage, die auf Grund unserer Forschung nicht beantwortet werden kann, ist die, wie der Strafrechtsschutz der Rasse praktisch gehandhabt wird. Da scheint mir das, was hier photographiert ist, in der Praxis nicht immer mit der Wirklichkeit übereinzustimmen.»[96] Gürtner weigerte sich schlicht anzunehmen, dass die Amerikaner tatsächlich so weit gingen und solche «Geschlechtsverbindungen» strafrechtlich verfolgten. Für diese Behauptung gab es zwar keinerlei Beleg,[97] aber es ging ihm ja auch in erster Linie darum, den Einfluss des amerikanischen Präzedenzfalls so gering wie möglich zu halten.

Dann kam Gürtner wieder auf die antijüdische Gesetzgebung zu sprechen. Die USA, so wusste er zu berichten, seien nicht die einzigen, die sich einer formalen rechtlichen Verfolgung der Juden verweigerten: «Eine Rassegesetzgebung mit der Front gegen die Juden haben wir in den geltenden ausländischen Rechten, die wir zum Gegenstand der Untersuchungen gemacht haben, nicht finden können. Ich glaube, man müßte da zurückgehen auf die mittelalterlichen deutschen Stadtrechte.»[98] Richtig war: In den USA gab es keine antijüdischen Gesetze; aber es gab in keinem zeitgenössischen System eine solche Judengesetzgebung. Was gleichwohl «interessant» war, auch wenn Gürtner das herunterzuspielen versuchte, war die Tatsache, dass Amerika genau die Art von Gesetzen geschaffen hatte, über die die versammelten NS-Juristen debattieren wollten; es hatte den Schritt unternommen und die Rassenmischung «in einer großen Anzahl von Fällen» strafrechtlich verfolgt.

Nach Gürtners Präsentation des Dossiers aus seinem Ministerium wandten sich die Teilnehmer einer Reihe von technischen Fragen bei der Konzeption strafrechtlicher Maßnahmen zu; dabei ging es sicherlich nicht nur um Amerika, auch wenn zunächst darüber diskutiert wurde. Trotzdem geriet das Thema nicht in Vergessenheit. Immer wieder würzten Verweise auf amerikanisches Recht die Sitzung.[99] Vor allem aber zeigt das Protokoll, dass das Beispiel Amerika im Verlaufe des Vormittags von zwei der aggressivsten Rassisten aufgegriffen wurde, nämlich von Freisler und von Karl Klee, dem Senatspräsidenten am Berliner Kammergericht und Professor für Straf- und Strafprozessrecht an der Universität Berlin, der ebenfalls an der Abfassung der Preußischen Denkschrift beteiligt gewesen war.[100] Es hat den Anschein, als hätten die USA auf die kompromissloseren Rassisten besondere Anziehungskraft ausgeübt.

Und so kam Klee, nachdem rund zwei Drittel der Sitzung vorbei waren, erneut auf die amerikanischen Gesetze zur Rassentrennung und ihren Wert für Deutschland zu sprechen. Ihn beschäftigte dabei vor allem die Frage, ob das neue nationalsozialistische Strafrecht *auf dem Prinzip der Rasse basieren*, also schlicht die Trennung der unterschiedlichen Rassen erklären sollte, oder ob es *rassistisch* sein, sprich: die Überlegenheit bestimmter Rassen und die Minderwertigkeit anderer Rassen propagieren sollte. Einige Nazis hatten vorgeschlagen, das neue Strafrecht solle rein rassenbasiert sein: Der Verzicht auf jeden Hinweis, dass Juden minderwertig seien, so meinten sie, werde das internationale Ansehen Deutschlands verbessern.[101] Klee lehnte diesen Ansatz ab. In Wahrheit sei das deutsche Volk davon überzeugt, dass es sich bei den Juden um eine minderwertige Rasse handle, und das deutsche Recht solle das ganz offen aussprechen. Dabei konnte Amerika nach Ansicht Klees ein brauchbares Modell darstellen. Die amerikanischen Rassengesetze, so seine Argumentation, gründeten fraglos auf dem

Glauben an die Minderwertigkeit der anderen Rassen. Wie der Supreme Court im Verfahren *Brown v. Board of Education* hegte Klee keinerlei Zweifel daran, dass die Jim Crow-Gesetze die Minderwertigkeit der schwarzen Bevölkerung auf drastische Weise deutlich machen sollten.[102] Klee betrachtete die Segregation als «Rassenschutz», wie er auch den Nazis vorschwebte und der dazu gedacht war, die weiße Bevölkerung auf die Gefahr aufmerksam zu machen, die ihr von Seiten der Schwarzen drohte. Jim Crow, so behauptete er, sei das amerikanische Pendant zu einer der wichtigsten Strategien des «Rassenschutzes», welche die Nazis 1933/34 auf den Straßen verfolgten, nämlich dem Boykott. Den SA-Truppen der Nazis ging es darum, die Bevölkerung «zu erziehen und aufzuklären», indem sie vor jüdischen Geschäften einschüchternde Boykottmaßnahmen inszenierten.[103] Unter Jim Crow, so Klee, täten die Amerikaner das Gleiche, nur in größeren gesellschaftlichen Dimensionen: «Auch die amerikanische Rassegesetzgebung stützt sich sicher nicht auf den Gedanken der Andersartigkeit, sondern, soweit sich diese Gesetzgebung gegen Neger und andere richtet, ganz sicher auf den Gedanken der Minderwertigkeit der anderen Rasse, vor der eben die amerikanische Rasse geschützt werden soll. Das spricht sich ja auch in dem gesellschaftlichen Boykott aus, der gegenüber Negern ganz allseitig in Amerika getrieben wird.»[104] Das ist erneut eine sehr bemerkenswerte Interpretation: die Rassentrennung als amerikanische Spielart des Nazi-Boykotts. Die amerikanischen Rassisten wendeten die Rassengesetze «ganz allseitig» an, um das Rassenbewusstsein der Amerikaner zu steigern, so wie sich die Nazi-Schläger vor jüdischen Geschäften postierten und Plakate an die Schaufenster klebten, auf denen stand: «Deutsche! Wehrt euch! Kauft nicht bei Juden!» Das war ein weiterer Fall amerikanischer Selbstverteidigung gegen eine «fremde Rasse», welche die «Oberhand» zu gewinnen suche und «Einfluss» auszuüben drohe. Und das amerikanische Beispiel zeigte auch, dass ein wirklich rassenbasiertes Strafrecht ein unverhohlen rassistisches Recht sein sollte.

Doch die bei Weitem drastischste Berufung auf das US-Exempel erfolgte ein paar Minuten später durch Freisler, den «Hinrichter» und «Mörder im Dienste Hitlers». Seine Wortmeldung ließ darauf schließen, dass auch er, wie Gürtner, zu dem Treffen gekommen war, um explizit über Amerika zu diskutieren, und detailliert über die amerikanischen Rechtsverhältnisse Bescheid wusste.

Freisler nutzte das amerikanische Beispiel, um eine nationalsozialistische Antwort auf die Einwände traditionell gesinnter Juristen wie Lösener zu geben. Ein Grundprinzip des herkömmlichen deutschen Rechts war es, dass das Strafrecht klare und eindeutige Begriffe benötigte: Wenn Richter auf der Basis vager Begriffe urteilen durften, dann verstieß das gegen die Grundvoraussetzungen der Rechtsstaatlichkeit.[105] Doch den politisch verantwortlichen Nationalsozialisten – so hatte Lösener auf der Sitzung behauptet – sei es nicht gelungen, einen klaren und eindeutigen Begriff des «Juden» zu definieren. Es gebe schlicht keine anerkannten wissenschaftlichen Methoden, um zu bestimmen, wer «jüdisch» sei: «Ein wirksames Mittel, aus einem vorhandenen Menschen nach dem Habitus oder nach seinem Blut oder dergleichen festzustellen, ob er jüdischen Einschlag hat, gibt es nicht, ist wenigstens zur Zeit noch nicht gefunden.»[106] Dieser Mangel stellte ein Hindernis für die Kriminalisierung dar. Es sei nicht tragbar, so Lösener, dass jeder einzelne Richter Entscheidungen auf der Grundlage eines bloßen «Gefühlsantisemitismus» treffen dürfe.[107] Unverzichtbare Voraussetzung für eine angemessene Kriminalisierung sei deshalb eine klar abgegrenzte und wissenschaftlich akzeptable Definition, wer als «Jude» bzw. «fremdrassiger Mensch» zu gelten habe.[108] Jedenfalls, so fügte

Lösener hinzu, müssten Richter im Rahmen der Unschuldsvermutung operieren.[109] Das waren Grundvoraussetzungen der Rechtmäßigkeit, und sie standen der Umsetzung des radikalen NS-Programms im Weg.

An dieser Stelle demonstrierte Freisler die für radikale Nazis typische unverhohlene Verachtung für technisch-doktrinäre Belange und konterte, indem er auf die Vereinigten Staaten verwies. Das Problem, so behauptete Freisler zusammen mit einem anderen radikalen Kollegen, sei überhaupt kein «wissenschaftliches» oder «theoretisches». Das Problem verlange eine völlig «rohe» und «politische» Antwort[110] – und Freislers Vorbild in Sachen «roh» und «politisch» waren die USA. Das amerikanische Recht, so Freisler, zeige, dass man problemlos über eine Rassengesetzgebung verfügen konnte, selbst wenn man über keine wissenschaftlich befriedigende Definition von Rasse verfügte. Freisler sprach kenntnisreich und detailliert über die Gesetze der amerikanischen Bundesstaaten und über den Charakter der amerikanischen Rechtsprechung:

> Was nun die Art der Umreißung des Rassenbegriffs betrifft, so ist es doch interessant, sich diese Liste der Vereinigten Staaten anzusehen. 30 der Unionsstaaten haben eine Rassengesetzgebung, und auch eine solche, die, wie mir klar zu sein scheint, unter dem Gesichtspunkt des Rassenschutzes steht. (Ministerialdirektor *Schäfer*: Und politisch!)[111] Das vielleicht nur bezüglich der Japaner, aber sonst unter dem Gesichtspunkt der Rasse. Beweis: Nordkarolina hat Ehen zwischen Indianern und Negern auch verboten. Das ist doch ganz sicher aus dem Gesichtspunkt des Rassenschutzes geschehen. (...) Ich glaube, daß mit Ausnahme des Wunsches, einen womöglich übermächtig werdenden fremden politischen Einfluß auszuschalten, den ich mir etwa bezüglich der Japaner denken könnte, noch aus einem anderen Grunde, daß der Gesichtspunkt des Rassenschutzes ausschlaggebend war.[112]

Die amerikanische Form des «Rassenschutzes», so fuhr Freisler fort, schere sich nicht um die korrekte wissenschaftliche Begrifflichkeit von Rasse:

> Es ist nämlich so, daß nicht alle Staaten, die überhaupt mit der Möglichkeit einer Japanischen Einwanderung rechnen, von Japanern gesprochen haben, sondern einige haben von Mongolen gesprochen, obgleich doch ganz zweifellos die Japaner und die Chinesen nicht zu den Mongolen zählen, sondern zu einer ganz anderen Völkerblutsgruppe. Warum haben diese Staaten das getan? Ich kann mir nicht denken, daß sie es nur getan haben, um einen Begriff zu umschreiben, sondern glaube, daß sie es getan haben, weil sie damit irgendein Rassebild verfolgt haben, nur irrigerweise die Japaner mit unter die Mongolen gerechnet haben. Die Zusammenstellung erweist das auch. Ein Staat spricht von Mongolen, Negern oder Mulatten. Das ergibt schon, daß man Rassegesichtspunkte in den Vordergrund gestellt hat (...). Das Ergebnis ist also, daß die Amerikaner in Wirklichkeit in erster Linie eine Rassengesetzgebung treiben wollen, wenn sie es auch vielleicht heute nicht wahr haben wollen.[113]

Das Schöne am amerikanischen Beispiel jedenfalls sei, dass es zeige, dass man auch ohne die klaren Begriffe, auf die deutsche Juristen immer so viel Wert legten, über ein funktionierendes Rechtssystem verfügen könne:

> Wie haben sie das nun gemacht? Sie haben verschiedene Mittel angewandt, mehrere Staaten haben einfach geographische Begriffe genommen. Ein Staat spricht von afrikanischer Abstammung, ein anderer von Personen aus Afrika, Korea oder Malaien. Andere wieder haben das gemischt, haben die örtliche Herkunft mit ihrer Vorstellung von einem besonderen Blutkreis. Zum Beispiel steht in dem letzten von mir angeführten Beispiel hinterher noch: oder von mongolischer Rasse. Ein anderer Staat hat beides nebeneinander erwähnt. Nevada spricht von Äthiopiern oder von schwarzer Rasse, Malaien

oder von brauner Rasse, Mongolen oder von gelber Rasse. Das bedeutet eine merkwürdige Mischung des Systems des örtlichen Sitzes und der Vorstellung von der Blutzusammengehörigkeit.[114]

Dieser ganze Begriffswirrwarr habe Amerika jedoch nicht davon abgehalten, sich eine rassistische Ordnung zu geben. Die amerikanische Gesetzgebung, so argumentierte Freisler, komme wunderbar zurecht mit dem, was man als «politische Konstruktion von Rasse»[115] bezeichnen könnte: Sie demonstriere die ideologische Entschlossenheit, trotz des Fehlens einer sinnvollen wissenschaftlichen Definition von Rasse eine rassistische Ordnung zu schaffen, und in dieser Hinsicht konnte Deutschland nach Ansicht Freislers einiges von amerikanischen Gesetzgebungsverfahren lernen.

Doch nicht nur die amerikanische Gesetzgebung hatte Lehren zu bieten. Freisler behauptete des Weiteren, auch von den amerikanischen Rechtsprechungsverfahren könne man einiges lernen. So hätten amerikanische Richter keinerlei Problem damit, rassistische Gesetze trotz der verwirrenden Begrifflichkeit anzuwenden. Mehr noch: Würde den Amerikanern nicht der Sinn für die Judenfrage fehlen, würde die amerikanische Form der Rechtsprechung, so Freisler in einer denkwürdigen Formulierung, «für uns vollkommen passen»:

Diese Staaten haben doch nun offenbar alle eine absolut eindeutige Rechtsprechung, und diese Rechtsprechung würde für uns vollkommen passen, mit einer einzigen Ausnahme. Dort werden nämlich, praktisch gesprochen, überall nur Farbige und Halbfarbige gemeint, worunter die Mestizen und die Mulatten erscheinen; lediglich sind die Juden, die außerdem uns interessieren, nicht unter die Farbigen gerechnet. Ich habe nicht gesehen, daß irgendein Staat von einer fremden Rasse spricht [wie es die gängige NS-Sprachverwendung

> vorschreiben würde], sondern die Rassen sind in irgendeiner primitiven Weise benannt.[116]

Das Fehlen einer antijüdischen Gesetzgebung bedeutete jedoch keineswegs, dass Deutschland von den USA nichts lernen konnte. Das amerikanische Beispiel zeige, dass deutsche Richter Juden auch ohne eine Gesetzgebung, die auf eindeutigen und wissenschaftlich befriedigenden Definitionen beruhte, strafrechtlich verfolgen könnten. «Primitive» Begriffsbildung reiche völlig aus. Tatsächlich würde es, so Freislers Auffassung, wunderbar funktionieren, wenn auch die deutsche Rassengesetzgebung – dem amerikanischen Beispiel folgend – einfach nur von «farbigen Leuten» sprechen würde:

> Mir erscheint es heute geradezu zweifelhaft, ob man die jüdische Rasse neben den Farbigen überhaupt erwähnen müßte. Ich glaube, jeder Richter würde die Juden, obgleich sie äußerlich weiß aussehen, genauso dazu rechnen wie die Tataren, die nicht gelb sind. Ich bin deshalb der Meinung, daß wir mit derselben Primitivität verfahren könnten, wie es diese amerikanischen Staaten tun. Ein Staat sagt sogar einfach: farbige Leute. Ein solches Verfahren würde zwar roh sein, aber genügen.[117]

Darin also bestand die Attraktivität des amerikanischen Common-Law-Modells für diese Schreckensgestalt, für diese Inkarnation des modernen Schlächters auf dem Richterstuhl, für diesen Menschen, der sich einer «Pervertierung der Rechtsformen» schuldig gemacht hatte, «die selbst nach den Maßstäben des Dritten Reiches extrem war»:[118] Amerikanische Gerichte ließen sich nicht durch irgendein pedantisches Beharren auf klaren und juristisch oder wissenschaftlich haltbaren Rassekonzepten behindern. Sie machten sich einfach an die Arbeit. Auch wenn Amerika die Juden nicht ins Visier nahm, so besaß dieser amerikanische Rechts-Rassismus mit seiner unbeschwerten, ergebnisoffenen Haltung des «mal sehen» gegenüber dem Gesetz eine «Primitivität», die für NS-Richter «vollkommen passen» würde.

Das war zu viel für Gürtner, der auf Freislers Ausführungen damit reagierte, dass er die «Brauchbarkeit» amerikanischer «Vorbilder» in Frage stellte: «Also der Gedanke, aus diesen amerikanischen Vorbildern etwas zu gewinnen, ist deswegen praktisch nicht verwertbar, weil es sich da, wie Herr Staatssekretär Dr. Freisler schon sagte, nur um Varianten, um verschiedene Nuancen des Ausdrucks für den Begriff ‹Farbige› handelt, bald so, bald so, am deutlichsten vielleicht bei Virginia, wo es ‹coloured persons› heißt, worunter Mulatten, Mestizen usw. fallen.»[119] Ein solch vager Verweis auf «Farbige» sei in Deutschland nutzlos, so Gürtner, und er sei auch sinnlos, weil es keine allgemeine Kriminalisierung von Rassenmischehen geben sollte. Einzig mögliches Ziel der neuen Gesetzgebung könne es sein, eine «arglistige Täuschung» in Sachen Rassenzugehörigkeit bei der Eheschließung unter Strafe zu stellen, und es liege nun einmal in der Natur der Sache, dass «farbige Personen» andere über ihre Rassenzugehörigkeit nicht täuschen könnten: «Wenn wir den Rassenschutz im Strafrecht auf den Fall der arglistigen Täuschung abstellen, fällt die ganze Frage der Farbigen ipso facto aus, denn eine arglistige Täuschung bei Farbigen kommt mir nicht sehr wahrscheinlich vor.»[120] Die amerikanische Frage war somit Teil des Konflikts zwischen Hardlinern und Gemäßigten. Freisler, der Verfechter einer gnadenlosen Kriminalisierung und einer «primitiven» statt juristischen Entscheidungsfindung, erklärte, der amerikanische Ansatz würde «für uns vollkommen passen». Gürtner, der moderate Jurist, der Anfang Juni 1934 noch einigermaßen fest im Sattel saß, aber in den politischen

Sitzung der Strafrechtskommission 1936. In der Mitte, mit der Hakenkreuzarmbinde, ist Roland Freisler zu sehen. Neben ihm, mit Zigarre, sitzt Justizminister Franz Gürtner. Quelle: ullstein bild.

Auseinandersetzungen des folgenden Jahres als Verlierer dastehen sollte, beharrte darauf, dass in dem von ihm befürworteten gemäßigteren und juristisch konventionelleren Ansatz kein Platz für «amerikanische Vorbilder» sei.

Im Verlauf der Sitzung wurde noch des Öfteren auf amerikanisches Recht verwiesen. Besonders interessant ist dabei ein Wortwechsel gegen Ende des Tages. Erich Möbius, ein Arzt, der als Oberregierungs- und Medizinalrat im Innenministerium tätig war,[121] verwies noch einmal mit Bedauern auf die Schwierigkeiten, die ausländische Einwände gegen die Kriminalisierung des Verkehrs mit «farbigen Rassen» mit sich brächten – und berichtete bemerkenswerterweise von einem Gespräch mit einem Amerikaner, worauf Freisler eine ebenso bemerkenswerte Antwort gab. Der amerikanische Bekannte von Möbius hatte darauf hingewiesen, die diplomatischen Schwierigkeiten der Nazis rührten von dem expliziten Rassismus ihres Programms her, und gefragt, ob man das unbedingt so offen propagieren müsse:

> Ministerialrat *Dr. Möbius*: Und da muß ich noch an etwas denken, was uns letztens ein Amerikaner gesagt hat: Er erklärte: wir machen doch auch das, was ihr macht, aber warum schreibt ihr das alles so deutlich in eure Gesetze?
> Staatssekretär *Dr. Freisler*: Die Amerikaner schreiben es doch noch viel deutlicher hinein![122]

In der Tat.

***

Soweit also das Protokoll dieser entscheidenden Sitzung, auf der die späteren Nürnberger Gesetze vorbereitet wurden. Dieses Protokoll ist auch für die Rechtsvergleichung etwas Besonderes, denn nur selten verfügen wir über so unmittelbare und detaillierte Aufzeichnungen darüber, wie der Prozess der Beeinflussung verläuft.

Und natürlich ist das Protokoll der Sitzung vom 5. Juni 1934 alles andere als ein Beleg für die «erstaunliche Bedeutungslosigkeit» amerikanischer Gesetze. Amerikanisches Recht war erstes Diskussionsthema des Treffens, und es wurde von den Teilnehmern bemerkenswert sachkundig und detailliert erörtert, was sich unter anderem daran ablesen lässt, dass mehrfach wörtlich aus gesetzlichen Mischehenverboten in den USA zitiert wurde. Überdies war das Beispiel Amerika, auf das schon im September 1933 in der Preußischen Denkschrift näher eingegangen worden war, bereits vor der Sitzung Gegenstand der Diskussion gewesen, und zwar so intensiv, dass das Justizministerium sich sogar die Mühe gemacht hatte, ein Dossier zum Thema zu erstellen. Vor allem gab es eindeutig Debatten darüber, ob der Import amerikanischer Maßnahmen der Rassentrennung nicht dazu dienen könnte, die deutsche Bevölkerung zu «erziehen und aufzuklären». Einige gemäßigte Kräfte hatten eine solche «Aufklärung» als Alternative zur Kriminalisierung vorgeschlagen, während ein Hardliner wie Klee der Ansicht war, die Jim Crow-Gesetze könne man als breiter angelegte Variante des drohenden NS-Boykotts betrachten. Justizminister Gürtner behagten die «amerikanischen Vorbilder» spürbar nicht, aber er verwies trotzdem, mitunter sehr detailliert, auf sie, nicht anders als Freisler.[123] Außerdem fühlte sich Gürtner gezwungen, die allgemeine Diskussion auf dieser Sitzung mit der Präsentation des ministeriellen Dossiers zu eröffnen. Insbesondere wollte er unbedingt darauf hinweisen, dass die US-Bundesstaaten sich der ansonsten seltenen Praxis der Kriminalisierung von Rassenmischehen bedienten. Natürlich widmete sich das Treffen nicht ausschließlich dem Thema Amerika, doch die Teilnehmer waren eindeutig ernsthaft an der Frage interessiert, was sie von den Gesetzen der US-Bundesstaaten lernen konnten, und diskutierten wiederholt darüber. Unzweifelhaft ist auch, dass sich dabei vor allem die radikale Fraktion auf Amerika berief, die Hardliner, die zwar für den Moment den Kürzeren zogen, aber fünfzehn Monate später in Nürnberg dann doch noch triumphieren sollten.

Das Protokoll jedenfalls verzeichnet keinerlei Bemühen, mit dem Verweis auf das amerikanische Beispiel internationale Propaganda zu betreiben. Fraglos spielten für die Teilnehmer «außenpolitische» Erwägungen eine Rolle, aber es handelte sich um eine Kommission zur Strafrechtsreform, und Zweck der Sitzung hinter verschlossenen Türen – und insbesondere des «ziemlich schwierigen» Unterfangens, Einzelheiten über das US-Recht zusammenzutragen – war es, «Material» für die eigene nationalsozialistische Gesetzgebung zu finden.

Das bedeutet sicherlich nicht, dass das «Blutschutzgesetz» mechanisch vom Gesetz irgendeines amerikanischen Bundesstaates abgekupfert wurde, aber völlig abtun lässt sich das nicht. Man muss allerdings feststellen, dass Amerika für radikale NS-Juristen im Sommer 1934 – so wie für Hitler in den 1920er Jahren – das offenkundig hervorstechende Beispiel eines «Rassenstaates» darstellte, auch wenn sich dessen Lehren nicht problemlos auf Deutschland übertragen ließen. Entscheidend ist: Als sich die führenden NS-Juristen Anfang Juni 1934 trafen, um darüber zu diskutieren, wie sich der Rassismus im neuen Dritten Reich institutionalisieren ließ, fragten sie zunächst danach, wie die Amerikaner das gemacht hatten.

Woher wussten die Nationalsozialisten über amerikanische Gesetze Bescheid?

Eine quälende Frage mit Blick auf das Treffen der Kommission bleibt. Woher hatten die Teilnehmer ihre Informationen? Was ist aus der «überaus anschaulichen synoptischen Darstellung der nordamerikanischen Rassegesetzgebung» geworden, die Gürtner auf der Sitzung präsentierte? Woher stammte die «Liste» mit den Gesetzen der 30 Staaten, die Freisler erwähnte? Die Originale der in Rede stehenden Dokumente sind vermutlich verloren gegangen, aber sie lassen sich einigermaßen zuverlässig rekonstruieren und verraten uns interessante Dinge darüber, wie sich rassistische Vorstellungen aus Amerika Mitte des 20. Jahrhunderts verbreiteten.

Wahrscheinlich stützten sich Gürtner und Freisler zumindest teilweise auf eine tabellarische Auflistung der Gesetze der amerikanischen Bundesstaaten, die ein paar Monate später im *Nationalsozialistischen Handbuch für Recht und Gesetzgebung* veröffentlicht wurde (ich werde gleich noch näher darauf zu sprechen kommen).[124] Was das Dossier des Ministeriums angeht, so profitierte es eindeutig von den Forschungen eines Mannes, den ich bereits mehrfach erwähnt habe, nämlich Heinrich Krieger. Ein Verweis auf ihn wurde später in die redigierte Fassung der stenographischen Mitschrift aufgenommen,[125] und wir müssen uns für einen Augenblick Kriegers Biographie zuwenden, denn wer etwas über die nationalsozialistische Beschäftigung mit amerikanischem Recht Anfang der 1930er Jahre wissen will, der muss sich mit Heinrich Krieger befassen.

Krieger war ein junger NS-Jurist, der soeben aus Arkansas nach Deutschland zurückgekehrt war, wo er 1933/34 als Austauschstudent zwei Semester an der University of Arkansas Law School verbracht hatte.[126] Er war bestens vertraut mit dem amerikanischen Recht und veröffentlichte 1935 sogar einen klugen, englischsprachigen Aufsatz in der *George Washington Law Review* mit dem Titel «Principles of the Indian Law».[127] Als er inmitten der «nationalen Revolution» nach Deutschland zurückkam, profitierte er unter anderem von der Förderung durch Otto Koellreutter und wurde Stipendiat einer akademischen Einrichtung in Düsseldorf, die Fricks Innenministerium unterstand.[128] Während dieser Zeit in Düsseldorf wurde Gürtners Justizministerium auf Kriegers Arbeit aufmerksam. 1936 veröffentlichte er sein *opus magnum* zum amerikanischen Recht, *Das Rassenrecht in den Vereinigten Staaten*, und verließ Deutschland dann erneut, um seine Forschungen zu ausländischen Rassenregimen fortzusetzen. Als Mitarbeiter des Rassenpolitischen Amtes der NSDAP reiste er zunächst nach Südwestafrika, wo deutsche Kolonialverwalter dreißig Jahre zuvor erstmals das Modell der amerikanischen Rassengesetze untersucht hatten.[129] Krieger verbrachte zwei produktive Jahre in Afrika: Er veröffentlichte Studien zu lokalen Rassengesetzen sowie zum Umgang mit einheimischen Rechtstraditionen, während er gleichzeitig Material für eine umfassende Monographie über Südafrika sammelte, einen «nordischen» Staat, wie er schrieb, der sich auf dem Weg zur Großmacht befinde.[130] 1939 kehrte er nach Deutschland zurück, gerade rechtzeitig zum Ausbruch des Zweiten Weltkriegs, und diente als Soldat in einem Krieg, den er als «wichtigsten Wendepunkt in der gesamten Entwicklung» der Rassenfrage bezeichnete.[131] Nach dem verlorenen Krieg gab Krieger seinem Leben eine neue Richtung. In den 1950er Jahren war er als beliebter Lehrer tätig und hatte sein Profil grundlegend geändert: Er war nun ein lautstarker Verfechter von internationaler Verständigung und Frieden, er plädierte für die europäische Einigung, während er gleichzeitig einen Studentenaustausch und Hilfe für Entwicklungsländer in Afrika und Asien organisierte.[132] Was der internationalistisch gesinnte Krieger der 1950er Jahre über seine NS-Vergangenheit zu sagen hatte, wissen wir leider nicht.

Die Schriften aus seinen jungen Jahren zeigten jedenfalls eine tiefe Verbundenheit mit nationalsozialistischen Werten. Sie zeigten aber auch, dass Krieger über die ausgefeiltesten Techniken fortschrittlicher deutscher Gelehrsamkeit verfügte. Das NS-Recht zeichnete sich durch ein ausgeprägtes Bemühen um das aus, was man als «Rechtsrealismus» bezeichnet, als die Art von Rechtswissenschaft, die im Amerika des New Deal vorherrschend war. (Ich werde im Schlusskapitel auf den Vergleich zwischen diesen beiden Formen von Rechtsrealismus zurückkommen.) In den 1930er Jahren war der Rechtsrealismus ein Ansatz, der über die allgemeinen, formalen Rechtsprinzipien hinausblickte und auch allgemeinere gesellschaftliche und kulturelle Faktoren berücksichtigte. Der junge Krieger war einer der herausragendsten Vertreter der realistischen Strömung im Nationalsozialismus. Tatsächlich gehört seine Interpretation Amerikas zu den eindrucksvollsten Beispielen eines nationalsozialistischen Rechtsrealismus.

Erstmals befasste sich Krieger mit amerikanischem Recht in seinem Artikel über die Indianergesetze, der in der *George Washington Law Review* erschien. Es handelte sich dabei um eine rechtsrealistische Untersuchung, die nach den zugrunde liegenden gesellschaftlichen Werten fragte, um damit eine auf den ersten Blick inkohärente allgemeine Rechtslehre zu erklären. Der junge NS-Jurist, der von seinen Forschungssemestern an der University of Arkansas in Fayetteville profitierte, gab einen gründlichen und klugen Überblick über die Geschichte der amerikanischen Indianergesetze, der vor allem die Inkohärenz formalen Rechts deutlich machen sollte. Die eklatanten Widersprüche in den amerikanischen Indianerrechten, so Krieger, könne man nur sinnvoll erklären, wenn man sie als eine Form von Rassengesetzgebung betrachte, die in der unausgesprochenen Überzeugung gründete, dass Indianer eine andere Rasse und deshalb zwangsläufig einem anderen Rechtsregime unterworfen seien.[133] Im Lichte der NS-Geschichte wirkt dieser Artikel wie eine unheilvolle Prophezeiung: Die Kernidee der Nürnberger Gesetze war es natürlich, ein eigenes Rechts- bzw. Rassenregime für die Juden zu schaffen, und der amerikanische Umgang mit den Indianern wurde denn auch später als beispielgebend für die deutschen Eroberungen im Osten beschworen. So bezeichnete Hans Frank die ukrainischen Juden 1942 tatsächlich als «Indianer».[134] Kriegers Interpretation mochte vielleicht unheilvoll sein, aber dumm war sie nicht: Es ist keineswegs töricht, wenn man feststellt, bei den amerikanischen Indianergesetzen sei Rassismus im Spiel.

Auch seine Arbeit über *Das Rassenrecht in den Vereinigten Staaten* war alles andere als dumm. Mag dieses Werk auch voller übler nationalsozialistischer Urteile sein, so zeichnet es sich doch durch echte Gelehrtheit und zahlreiche kluge Einsichten aus. Heinrich Krieger war so etwas wie der nationalsozialistische Gunnar Myrdal. In seinem Buch lieferte er eine Darstellung der amerikanischen Rechtsgeschichte vor dem Hintergrund umfassend beschriebener sozioökonomischer Verhältnisse. Es heute zu lesen sorgt für gehörige Irritation – nicht zuletzt deshalb, weil Kriegers Helden Thomas Jefferson und Abraham Lincoln waren. *Das Rassenrecht in den Vereinigten Staaten* war das juristische Pendant zu den nationalsozialistischen Weltgeschichten, welche die Gründung der USA als «die stärkste Stütze» beim «Trachten der Westarier nach der Weltherrschaft» sahen; die amerikanische Geschichte erfuhr eine heroische Deutung als langwieriger, von enormen Schwierigkeiten geprägter Kampf gegen die Rassenmischung, an dessen Spitze die bedeutendsten US-Präsidenten standen.

Jefferson spielte schon in Kriegers Aufsatz von 1934 eine zentrale Rolle, wo dessen Erklärung von 1821 zitiert wurde, nach der die Koexistenz verschiedener Rassen unmöglich sei: «it is certain that the two races, equally free, cannot live in the same government».[135] Die beiden Rassen könnten, gleichermaßen frei, nicht in einem Gemeinwesen zusammenleben. *Das Rassenrecht in den Vereinigten Staaten* fügte dem eine Darstellung der Bürgerkriegszeit hinzu, in der auch Lincolns Erklärungen vor 1863 exakt und ausführlich zitiert wurden, denen zufolge die einzig wirkliche Hoffnung für die USA die Umsiedlung der schwarzen Bevölkerung an einen anderen Ort sei.[136] Im Deutschland der Nürnberger Gesetze war das vielsagend: Denn die NS-Politik gegenüber den Juden zielte genauso darauf ab, sie aus dem Reich zu vertreiben. Für Krieger war Lincoln ein vorbildlicher Staatsmann, über den er nur in ehrfürchtigen Tönen sprach: Er behauptete, Amerika hätte eine wirklich gesunde rassenbasierte Ordnung bekommen können, wenn der weise Lincoln, der genau wusste, dass die unterschiedlichen Rassen nicht dasselbe Land bewohnen konnten, nicht ermordet worden wäre.[137] Die Schurkenrolle bei Krieger kam den Radikalen Republikanern zu, und seine abschließende Diagnose über das Amerika der 1930er Jahre war ebenfalls ein Paradebeispiel für den Rechtsrealismus der Nazis. Die Radikalen Republikaner hätten Amerika die hochgradig formalistische Rechtsprechung des 14. Zusatzartikels beschert, die auf einem abstrakten Gleichheitsbegriff gründe, welcher menschlicher Erfahrung ebenso fremd sei wie der im Grunde rassistischen Weltsicht der amerikanischen Bevölkerung. Infolgedessen sei das amerikanische Recht zwischen zwei «Gestaltungskräften» hin- und hergerissen: einem formalistischen liberalen Egalitarismus und einem realistischen Rassismus.[138] Es sei zu hoffen, so Krieger, dass der realistische Rassismus letztlich die Oberhand behalten werde.

Das war zweifellos eine reichlich geschmacklose Interpretation der amerikanischen Rechtsgeschichte, aber damals gab es, im Norden wie im Süden, jede Menge Amerikaner, die etwas Ähnliches glaubten.[139] Kriegers Buch stützte sich zudem auf 350 Seiten detaillierter Ausführungen zum amerikanischen Gesetzes- und Weisungsrecht, unterfüttert mit statistischen und qualitativen Untersuchungen zur amerikanischen Gesellschaft, und es enthielt theoretisch kluge Ausführungen und scharfsinnige Beobachtungen zur Funktionsweise des Rechtsrassismus in den USA. Es mag etwas seltsam klingen, hier von «erstklassiger NS-Wissenschaft» zu sprechen, aber genau das war Kriegers *Rassenrecht in den Vereinigten Staaten*. Krieger war nur einer von vielen ausgezeichneten Rechtsgelehrten, deren Begabung sie nicht gegen die Verlockungen des Nationalsozialismus immun machte.

Das Protokoll des Planungstreffens im Juni 1934 belegt den Einfluss des jungen Krieger. Das «Material», auf das Gürtner sich berief, stammte höchstwahrscheinlich aus Forschungserkenntnissen, die Krieger Mitte 1934 in einem Aufsatz mit dem gleichen Titel («Das Rassenrecht in den Vereinigten Staaten») in der Zeitschrift *Verwaltungsarchiv* veröffentlichte und die später von politisch verantwortlichen Nationalsozialisten regelmäßig zitiert wurden.[140] Dieser Aufsatz ist eine Kurzfassung dessen, was man in Deutschland im Sommer 1934 zu diesem Thema wusste. Krieger gab seinen Lesern einen Überblick über den rigiden Ton der amerikanischen Mischehenverbote in den frühen 1930er Jahren:

> Der Versuch der gesetzwidrigen Mischheirat zieht fast durchweg die Folge der Nichtigkeit und Strafbarkeit nach sich. Für die erste Wirkung benutzen die Gesetze die folgenden Bezeichnungen, einzeln oder in Verbindung miteinander: *void, unlawful, null, illegal, absolutely void*. Der Umfang der Nichtigkeit ist nicht einheitlich definiert, Unehelichkeit und Erbunfähigkeit der Kinder sind indessen regelmäßig die Folgen.
>
> Zuwiderhandlungen gegen diese Heiratsverbote sind mit Geld- und Freiheitsstrafen bedroht. Gesetze, die beide Strafarten vorsehen, ermöglichen teils gleichzeitige, teils alternative Anwendung. Eine entsprechende Vielfalt weisen die Klassifizierungen der Tat [in der Fußnote: z. B. Vergehen (*misdemeanor*) in Nevada, Verbrechen (*felony*) in Tennessee, Verbrechen (*infamous crime*) in Maryland] und die Strafmaße auf. In mehreren Staaten kann Gefängnishaft bis zu zehn Jahren verhängt werden, in anderen sind sechs Monate die Höchstgrenze. In einigen Staaten (Missouri, Indiana) ist der Begriff der wissentlichen Gesetzesverletzung als Strafbarkeitsvoraussetzung aus-

drücklich ins Gesetz aufgenommen, eine Bestimmung, die auf die weitverbreitete Abstammungsunkenntnis Rücksicht nimmt.[141]

Es war vermutlich diese Passage – oder irgendeine Version davon –, die Gürtner auf der Sitzung am 5. Juni vor sich hatte.

Des Weiteren betonte Krieger den ergebnisoffenen und «juristisch gerade nicht sehr scharfen» Ansatz des amerikanischen Rechts und machte das an der Tatsache fest, dass sich das amerikanische Recht damit zufrieden gab, die Bevölkerung in zwei im Grunde willkürliche Kategorien zu unterteilen, nämlich «Weiße» und «Farbige». Wie Freisler betonte auch Krieger, dass diesen Begriffen jede wissenschaftliche Begründung fehlte: Die beiden Kategorien waren das Ergebnis einer «künstlichen Grenzziehung», nicht der Wirklichkeit. Trotzdem hatte das amerikanische Recht für das gleiche wichtige «Problem», mit dem auch Deutschland zu kämpfen hatte, eine Lösung gefunden, nämlich für den Umgang mit den «Mischlingen»: «Das Problem der rechtlichen Behandlung der *Mischlinge* hat, wenigstens auf seiten des Gesetzgebers, eine einfache Lösung dadurch gefunden, daß grundsätzlich nur *zwei* Bevölkerungsgruppen unterschieden werden: *Weiße* und *Farbige*. Es handelt sich bei jeder Begriffsbestimmung daher nur noch um eine künstliche Grenzziehung. Sie wird entweder von den Gesetzen selbst vorgenommen oder den Gerichten überlassen.» Damit war implizit auch der Aspekt berührt, auf den Dohnanyi auf der Sitzung am 5. Juni hinwies: Die Tatsache, dass es lediglich zwei Kategorien gab, bedeutete, dass die Juden im US-Recht der «kaukasischen Rasse» zugeordnet wurden. Wie Krieger später in *Das Rassenrecht in den Vereinigten Staaten* erläutern sollte, hatte das damit zu tun, dass die USA «bisher» noch mit keinem Judenproblem konfrontiert seien.[142] In seinem Aufsatz von 1934 jedoch hielt sich Krieger nicht lange mit der Judenfrage auf. Wie Gürtner und Freisler wandte er sich einfach dem zu, was an den zahlreichen Techniken, mit denen die USA die Herausforderung durch die «Unmasse» an Mischlingen zu bewältigen suchten, «interessant» war. In den meisten Fällen, so erläuterte Krieger, orientierten sich die Bundesstaaten dabei an der Abstammung, die sich nach Blutanteilen definierte, doch mitunter stützten sie sich auch auf andere Merkmale:

> Staaten, welche eine gesetzliche Grenzziehung vornehmen, bestimmen die Zugehörigkeit der Gruppe der Farbigen entweder nach dem Grad der Abstammung von einem farbigen Aszendenten oder nach dem Bruchteil an Farbigenblut. Hiernach definieren die Gesetze von vier Staaten Farbige als «Personen, die bis zur dritten Generation von einem Neger abstammen, obwohl ein Vorfahre in jeder Generation weiß ist.» Fünf Staaten bestimmen einfacher: «Farbige sind Personen, die 1/8 oder mehr Negerblut haben.» In zwei Staaten findet man die Verhältniszahl 1/4. Gelegentlich genügt die geringste Untermischung «afrikanischen Blutes» zur Auslösung der Rechtseigenschaft als Farbiger. Andere Staaten lassen äußere Merkmale für die rechtliche Zugehörigkeit zu dieser oder jener Bevölkerungsgruppe entscheidend sein, z. B. das ehemalige Sklavenverhältnis (North Carolina), die Tatsache des gewöhnlichen Umgangs mit einer der beiden Gruppen (ditto) oder, im Falle einer zweiten Heirat, die Zugehörigkeit des ersten Ehepartners (Texas).

Wie Freisler betonte auch Krieger die Ergebnisoffenheit des amerikanischen Fallrechts:

> Die Begriffsbestimmung durch die *Gerichte* wechselt noch stärker. Als seltener Extremfall einer gerichtlichen Definition ist eine Entscheidung aus Ohio anzusehen, in der es heißt, daß weiß ist, wer mehr als zur Hälfte weißer Abstammung ist.[143] Es wird in wachsendem Maße zur gerichtlichen Übung, eine Person der Farbigengruppe zuzurechnen, wenn auch nur eine Spur eines physikalischen Neger-

> merkmals sichtbar zu erkennen ist, darüber hinaus dann, wenn die Abstammung von einem Neger anderweit bekannt ist, ohne Rücksicht darauf, in welchen Grad sie zurückreicht.[144]

Auch in diesem Fall bezog sich das Dossier, das Gürtner auf der Sitzung vom 5. Juni dabei hatte, vermutlich auf diese oder eine ähnliche Passage.

Richtig ist, dass in Kriegers Darstellung von 1934 von Juden als solchen nicht die Rede war; tatsächlich wurden sie nicht einmal erwähnt. Aber man müsste schon reichlich begriffsstutzig sein, wollte man leugnen, dass die politischen Diskussionen der Nazis damit angeregt werden sollten. Besonders bemerkenswert ist, dass Kriegers Aufsatz Futter für die Debatte um die «wechselnde Begriffsbestimmung» von Rasse im amerikanischen Recht lieferte, die Freisler so lobend erwähnte. In dieser Hinsicht war Kriegers Aufsatz typisch: Wie wir gleich sehen werden, gab es zahlreiche nationalsozialistische Beobachter, die der Ansicht waren, man könne vom amerikanischen Umgang mit «Mischlingen» etwas lernen, selbst wenn die USA «bisher» noch nicht erkannt hatten, wie wichtig es war, die eigenen Juden herabzustufen.

In den folgenden Monaten bis zur formellen Verkündigung der Nürnberger Gesetze im September 1935 beschäftigten sich die Nationalsozialisten weiter mit dem amerikanischen Modell. Fast so bemerkenswert wie die Sitzung der Strafrechtskommission im Sommer 1934 ist Herbert Kiers Artikel über «Volk, Rasse und Staat» im *Nationalsozialistischen Handbuch für Recht und Gesetzgebung* (dessen Beschäftigung mit dem amerikanischen Einwanderungsrecht bereits in Kapitel 1 zitiert wurde). Kier begann mit einer Anspielung auf das ausländische Unverständnis gegenüber den Zielen der Nazis:

> Die hier dargelegte nationalsozialistische Ideologie und die daraus zu ziehende Folgerung haben vielfach eine vollkommene Mißdeutung erfahren und dem Nationalsozialismus und dem deutschen Volke die schweren Angriffe von den verschiedensten Seiten eingetragen. Dies ist um so unverständlicher, als insbesondere in den Vereinigten Staaten von Nordamerika auf vielen Gebieten gesetzliche Regelungen getroffen wurden, die rassischen Gesichtspunkten entspringen. Dabei ist aber in Betracht zu ziehen, daß die herrschende politische Ideologie in USA. als vollkommen liberal und demokratisch bezeichnet werden muß. Bei einer derartigen politischen Ideologie, die grundsätzlich von der Gleichheit all dessen ausgeht, was Menschenantlitz trägt, ist es um so erstaunlicher, wie umfangreich die rassische Gesetzgebung in USA. ist. Es seien hier einige Beispiele angeführt. So verbieten die Gesetze folgender nordamerikanischer Teilstaaten Mischehen zwischen Weißen und farbigen Rassen.[145]

Es folgte eine zwei Seiten umfassende, alphabetisch geordnete Tabelle mit einer exakten Beschreibung der Mischehenverbote in allen dreißig US-Bundesstaaten.[146] Diese Tabelle entspricht der Beschreibung amerikanischer Gesetze, wie Gürtner und Freisler sie im Juni des Vorjahres präsentiert hatten, und man darf mit einigem Recht davon ausgehen, dass das eine der Quellen ihrer detaillierten Informationen über US-Gesetze war, wahrscheinlich die «Liste», auf die Freisler in der Sitzung vom 5. Juni verwies. Die gleiche Tabelle sollte auch in späteren Jahren zirkulieren und auch in einem Standardkommentar zum «Blutschutzgesetz» wieder auftauchen.[147] Im Anschluss an diese tabellarische Auflistung fuhr Kier fort:

> Die hier aufgezählten 30 Staaten haben also alle Mischehenverbote, die mit einer einzigen Ausnahme alle den Zweck verfolgen, die amerikanische Bevölkerung mit ursprünglich europäischer Abkunft vor

der Vermischung mit Rassen außereuropäischer Abkunft zu bewahren. Nur in North Carolina besteht außerdem noch das Verbot der Mischehe zwischen Indianern und Negern. Aber auch der außereheliche Geschlechtsverkehr zwischen Angehörigen verschiedener Rassen ist in einzelnen Staaten verboten oder gar unter Strafe gestellt, so z. B. in Alabama und Arkansas.[148]

Auch hier wieder: detaillierte Befassung der Nationalsozialisten mit amerikanischem Recht. Nächstes Thema für Kier war die Rassentrennung. Mit einigem Erstaunen konstatierte er, welche Ausmaße die Segregation in den USA mitunter annahm:

> In den meisten Südstaaten der Union werden weiße und farbige Kinder auf Grund gesetzlicher Bestimmungen verschiedenen Schulen zugewiesen. Die meisten amerikanischen Staaten fordern ferner bei Geburts-, Trau- und Todesscheinen die Angabe der Rasse. Ja viele amerikanische Teilstaaten gehen so weit, daß sie gesetzlich eine nach Farbigen und Weißen gesonderte Zuweisung der Abteile in Warteräumen, Eisenbahnwagen, Schlafwagen, Straßenbahnwagen, Omnibussen, Dampfschiffen, ja sogar in Gefängnissen und bei Einkerkerungen festlegen. In einzelnen Staaten, wie in Florida, können nur Weiße Mitglieder der Zivilgarde sein, in anderen wieder, wie in Arkansas, werden die Wählerlisten nach Rassen getrennt angelegt und in demselben Staate erfolgt auch eine Trennung zwischen Farbigen und Weißen bei der Steuerveranlagung.[149]

Kier fand das eindeutig seltsam und etwas übertrieben; wie wir gleich sehen werden, gab es noch mehr NS-Autoren, die fanden, das amerikanische Recht gehe zu weit. Auf jeden Fall aber, so Kier, zeige das US-Recht, wie natürlich und unvermeidlich eine rassistische Gesetzgebung sei:

Diese bunte Fülle rassengesetzlicher Bestimmungen in den Einzelstaaten der Union beweist, daß sich die Notwendigkeit der Sonderung der Menschen nach ihrer rassischen Abstammung selbst dort elementar durchsetzt, wo dieser Erkenntnis eine politische Ideologie im Wege steht, die eine Verschiedenwertigkeit der Menschen auf Grund ihrer Abstammung leugnet. Einen ganz knappen Überblick über das amerikanische Rassenrecht hat *H. Krieger* im Bd. 39, Heft II, des Verwaltungsarchives gegeben.[150]

Abschließend bezeichnete Kier Amerika trotz seiner «liberalen und demokratischen» Ideologie als Vorläufer des nationalsozialistischen Deutschlands – als das Land, das die Übel der Rassenmischung «grundsätzlich» erkannt habe, eine Erkenntnis, die nun im Dritten Reich ihre logische Erfüllung finde.

Auch in diesem Fall müssen wir uns von der Vorstellung verabschieden, das sei bloße Propaganda gewesen, die sich an ausländische Leser richtete. Zwar verwies Kier auf die internationale «Mißdeutung» des Regimes, aber sein Handbuchartikel konnte sich gar nicht an ein fremdes Publikum richten. Er war in Fraktur gedruckt und fand im Ausland vermutlich kaum Verbreitung.[151] Sein Ziel war es, Orientierung und Inspiration für heimische, nationalsozialistische Erwägungen zu liefern. Kiers Hinweis auf das Ausland war also kein Propagandaversuch, sondern eine Art aufrichtiges Befremden angesichts der ausländischen «Mißdeutung» eines Vorhabens, das dem in den USA tatsächlich recht nahe kam. Und es sei daran erinnert, dass das NS-Regime zum damaligen Zeitpunkt nicht die Vernichtung der Juden predigte. Was es damals propagierte, stellte vermutlich tatsächlich, so hart es klingen mag, eine logische Fortsetzung der amerikanischen Rassengesetzgebung dar.

Wie lässt sich der amerikanische Einfluss bewerten?

Wie das amerikanische Einwanderungs- und Staatsbürgerschaftsrecht waren somit auch die amerikanischen Mischehenverbote in den Jahren, als die Nürnberger Gesetze entstanden, regelmäßiger Bezugspunkt. Die Frage bleibt, ob wir davon sprechen können, die Nazis seien auf irgendwie bedeutsame Weise unmittelbar durch die amerikanische Mischehenpraxis «beeinflusst» worden. Die Antwort auf diese Frage ist ein (unvermeidlich streitbares) Ja.

Zunächst einmal gilt es ein für allemal die Annahme zu verwerfen, amerikanisches Recht könne allein schon deshalb für die Nazis nicht von Interesse gewesen sein, weil es sich nicht ausdrücklich gegen Juden richtete. Dass in den amerikanischen Verbotsregelungen von Juden nicht die Rede war, hielt NS-Juristen nicht im Mindesten davon ab, sich mit US-Gesetzen zu beschäftigen. Richtig ist, dass die gesetzlichen Mischehenverbote in den USA in erster Linie von «Negern» und «Mongolen» sprachen. Das aber bedeutete keineswegs, dass das amerikanische Recht nichts zu bieten gehabt hätte. Helmut Nicolai, der Rassenfanatiker, von dem zu Beginn dieses Kapitels die Rede war, erklärte 1933 in einem Vortrag, «Neger» und «Mongolen» seien für die Rassenreinheit genauso gefährlich wie die Juden,[152] und die Preußische Denkschrift sprach im gleichen Tonfall nicht nur von Juden, sondern von «Juden, *Negern oder anderen Farbigen*».[153] In den frühen 1930er Jahren wussten radikale Nationalsozialisten sehr wohl, dass es ein amerikanisches Modell gab, das man für eigene Zwecke nutzen konnte, und sie waren durchaus bereit, sich bei der Planung «eines der Grundgesetze des nationalsozialistischen Staates» zur Rassenmischung und zum Geschlechtsverkehr zwischen den Rassen auf amerikanisches Recht zu stützen. Es ist schlicht Unsinn zu behaupten, NS-Juristen hätten amerikanische Präzedenzfälle nicht nutzen können, weil es an formellen Maßnahmen gegen amerikanische Juden fehlte. Es handelte sich um kluge Juristen, die durchaus in der Lage waren, aus Gesetzen, deren Ziele sich von den eigenen unterschieden, juristische Verfahren abzuleiten.

Haben wir uns von dieser zweifelhaften Behauptung verabschiedet, können und müssen wir tatsächlich davon sprechen, dass es begründetermaßen so etwas wie «Einfluss» gab, so fragwürdig dieser Begriff auch immer erscheinen mag. In erster Linie finden wir bei der Kriminalisierung der Rassenmischehen etwas, das sich völlig zu Recht als «Einfluss» betrachten lässt. Das «Blutschutzgesetz» verfügte sowohl die zivilrechtliche Ungültigkeit als auch die Strafbarkeit von Mischehen:

> *Gesetz zum Schutze des deutschen Blutes*
> *und der deutschen Ehre.*
>
> § 1
> (1) Eheschließungen zwischen Juden und Staatsangehörigen deutschen oder artverwandten Blutes sind verboten. Trotzdem geschlossene Ehen sind nichtig, auch wenn sie zur Umgehung dieses Gesetzes im Ausland geschlossen sind.
>
> § 5
> (1) Wer dem Verbot des § 1 zuwiderhandelt, wird mit Zuchthaus bestraft.

Die Sprache dieses Gesetzes war mit Sicherheit nicht unmittelbar aus irgendeinem amerikanischen Gesetz kopiert, aber darum geht es nicht. Rechtlicher Einfluss auf Juristen, die so gut ausgebildet sind wie die deutschen Rechtswissenschaftler Mitte des 20. Jahrhunderts, erfolgt nicht in Form wörtlicher Übernahme.

Juristen machen sich umfassendere begriffliche Rahmenkonzepte zunutze, bedienen sich dabei aber einer Sprache, die ihren spezifischen Umständen entspricht, und in diesem Fall war für die führenden deutschen Juristen der frühen NS-Zeit die Frage, ob die Ehe – abgesehen von Fällen der Bigamie und «arglistiger Täuschung» – überhaupt Gegenstand des Strafrechts sein konnte. Das amerikanische Recht bot das bedeutsame Beispiel eines westlichen Systems, das Mischehen unter Strafe stellte. Deutsche Juristen wussten das seit dem frühen 20. Jahrhundert, sie wussten das auch noch Anfang der 1930er Jahre und sie erörterten detailliert die amerikanischen Quellen, sowohl in schriftlichen Veröffentlichungen als auch auf dem entscheidenden Treffen hinter verschlossenen Türen, über dessen Protokoll wir verfügen. Insbesondere der radikale Nationalsozialist Freisler, der seit der Preußischen Denkschrift auf eine umfassende Kriminalisierung drängte, erscheint in diesem Protokoll als lautstarker Verfechter amerikanischer Gesetzgebung und Jurisprudenz.

Skeptiker mögen einwenden, radikale Nationalsozialisten hätten die Rassenmischehen auch dann unter Strafe gestellt, wenn sie sich nicht auf das Beispiel Amerika hätten berufen können. Das ist durchaus möglich; wir werden das nie genau sagen können. Trotzdem gibt es keinerlei Rechtfertigung dafür, die in den Quellen reichlich belegte Tatsache, dass sich die Nationalsozialisten mit amerikanischen Modellen beschäftigten, einfach zu ignorieren. Auch wenn die Radikalen am Ende den Sieg davontrugen, bedeutet das nicht, dass es in den politischen Auseinandersetzungen der frühen 1930er Jahre egal gewesen wäre, ob es ein amerikanisches Modell gab oder nicht; es bedeutet ebenso wenig, dass die Radikalen, die immer wieder auf amerikanisches Recht verwiesen, nicht auf irgendeine Weise von dem, was sie darin entdeckten, inspiriert waren. Nur ein naives und schematisches Rechtsverständnis – nur die hartnäckige Weigerung, sich den Tatsachen zu stellen – würde das amerikanische Exempel in diesem Umfeld als unwichtig abtun. Würden wir in einem weniger belasteten Fall des vergleichenden Rechts über derartige Belege verfügen, würden wir nicht einen Augenblick zögern, von «Einfluss» zu sprechen. Von Konrad Zweigert und Hein Kötz, den deutschen Nachkriegsexperten in Sachen Rechtsvergleichung, stammt eine gängige Definition, wie ausländisches Recht gesetzgeberische Neuerungen beeinflusst:

> Das von der rechtsvergleichenden Wissenschaft generell erarbeitete oder ad hoc in Gutachten bereitgestellte Material ist heute auf vielen Sachgebieten und in vielen Ländern für einen nach Qualität strebenden *Gesetzgeber* ein unentbehrliches Arbeitsinstrument geworden. In Deutschland hat sich der Gesetzgeber schon in der zweiten Hälfte des 19. Jahrhunderts auf umfangreiche rechtsvergleichende Vorarbeiten gestützt (...).[154]

Wie andere deutsche Wissenschaftler nach dem Krieg übergehen auch Zweigert und Kötz die NS-Zeit mit Stillschweigen, aber ihre Beschreibung dessen, wie Gesetze entstehen, lässt sich gleichermaßen auf Deutschland in der Zeit zwischen 1933 und 1935 anwenden. Sie gilt für die Erarbeitung schlechter Gesetze genauso wie für die Formulierung guter Gesetze, und die «umfangreichen rechtsvergleichenden Vorarbeiten«, die Anfang der 1930er Jahre von NS-Juristen vorgenommen wurden, verbanden Amerika unvermeidlich mit der Ausarbeitung der Nürnberger Gesetze.

Die Definition von «Mischlingen»: Die Ein-Tropfen-Regel und die Grenzen amerikanischen Einflusses

Am deutlichsten zeigt sich Amerikas Rolle im Fall der Kriminalisierung von Rassenmischehen, doch auch in den nationalsozialistischen Diskussionen um die Klassifizierung rassisch minderwertiger «Mischlinge» war das amerikanische Beispiel von Bedeutung. Dem US-Recht ging es darum, «Neger» zu definieren, so wie das deutsche Recht darum bemüht war, «Juden» zu definieren, und NS-Beobachter wussten nur zu gut, dass die USA ein mögliches Modell zu bieten hatten. Und es waren keineswegs nur deutsche Juristen, die von den amerikanischen Verfahren der Rassenbestimmung fasziniert waren. So findet sich zum Beispiel in einem Buch von 1934, das als Leitfaden für Lehrer gedacht war, welche ihren Schülern die NS-Rassenpolitik nahebringen sollten, die folgende Passage. Der Verfasser bemerkte, die Amerikaner würden die Notwendigkeit der Rassenreinheit so ernst nehmen, dass sie bereit seien, Klassifikationsmaßnahmen zu ergreifen, die selbst Nationalsozialisten als übermäßig rigide empfänden: «Aus diesem Grunde hat sich in den Vereinigten Staaten von Amerika die scharfe soziale Rassentrennung zwischen Weißen und Negern als notwendig erwiesen, auch wenn sie in einzelnen Fällen zu menschlichen Härten führt, etwa wenn ein Mischling von vorwiegend weißer Beschaffenheit doch mit zu den Niggern gerechnet wird.»[155] Das war die Welt der amerikanischen Ein-Tropfen-Regel, die selbst NS-Kommentatoren irritierte und ob der damit verbundenen «menschlichen Härten» erschaudern ließ. Ein anderer NS-Autor fand ähnliche Worte, dieses Mal in einem Aufsatz, der 1936 für Englischlehrer verfasst wurde. Er pries das amerikanische Bemühen, die Rassenreinheit gesetzlich zu regeln, erschrak jedoch ebenfalls ob der «unerbittlich harten gesellschaftlichen Gepflogenheiten, wonach jeder Amerikaner oder jede Amerikanerin, die nur einen Tropfen Negerblut in ihren Adern aufweisen», zu den Schwarzen zählten.[156]

Die Ein-Tropfen-Regel war den Nationalsozialisten (oder zumindest den meisten – der fanatische Achim Gercke favorisierte etwas Ähnliches) zu streng,[157] und allein aus diesem Grund war der Einfluss der amerikanischen Klassifikationsschemata zwangsläufig begrenzt. Wissenschaftler, die Parallelen zwischen amerikanischen und nationalsozialistischen Mustern der Rassenbestimmung erkennen, liegen insofern falsch – aber nur deshalb, weil sie die relative Strenge amerikanischer Gesetze übersehen.[158] Die NS-Literatur erkannte auch andere Hindernisse. Deutsche Juden waren schlicht keine amerikanischen Schwarzen. Wie ein anonymer Verfasser 1935 erklärte, seien amerikanische Schwarze im Allgemeinen physisch als solche erkennbar, und das bedeutete, dass Amerika auf die «meist klar hervortretende Farbenschranke» bauen konnte.[159] Juden zu erkennen, war weitaus schwieriger. Anders als Schwarze bewahrten sich Juden ihre Identität als Gemeinschaft mittels ihrer Kultur, nicht ihrer Hautfarbe. Amerikanische Schwarze hingegen hatten nach Jahrhunderten der Unterdrückung ihre spezifische Kultur völlig verloren: «Die Neger sind durch ihre Körpermerkmale (…) negativ zusammengehalten. (…) Das gemeinsame bei Juden und U. S. A.-Negern ist aber der Wille zum äußeren Assimiliertwerden. Hier sind die Aussichten der Juden scheinbar besser, weil die körperlichen Unterschiede nicht so stark in die Augen springen und daher erfolgreicher verheimlicht werden können.»[160] Das deutsche «Judenproblem» sei weitaus tückischer als Amerikas «Negerproblem»: Für die deutschen Juden, so die Sorge dieses Autors, sei es allzu leicht, sich in die Gemeinschaft einzuschmuggeln, indem sie so taten, als seien ihnen die deutschen Charaktermerkmale «Fleiß, Ordnungsliebe, Sparsamkeit» zu eigen.[161]

Amerika war anders. Dem möglichen Ausmaß amerikanischen Einflusses auf nationalsozialistische Rassendefinitionen waren Grenzen gesetzt, und NS-Autoren wussten das sehr genau. Trotzdem waren die amerikanischen Rassenbestimmungen natürlich von juristischem Interesse; gerade dieser Aspekt machte die gesetzlichen Mischehenverbote in Amerika ja großteils so interessant. Das zeigt sich am Bericht von Justizminister Gürtner darüber, wie das amerikanische Recht Rassen definierte. Das zeigt sich im Handbuchartikel zu *Volk, Rasse und Staat*, der für die nationalsozialistische Leserschaft sorgfältig auflistete, welche amerikanischen Staaten Schwarze anhand welches Anteils an schwarzem Blut als solche definierten. Es zeigt sich in Johann von Leers' Überblick über die Gesetze amerikanischer Bundesstaaten aus dem Jahr 1936.[162] Es zeigt sich in Kriegers Aufsatz von 1934 und später in seinem Buch von 1936.

Und zumindest ein Aspekt amerikanischen Rechts dürfte in den deutschen Debatten einiges Gewicht gehabt haben: Amerikanische Bundesstaaten definierten «Mischlinge» nicht strikt auf Abstammungsbasis. Wie Krieger erklärte, konnten Rassenklassifikationen in den USA auch andere Faktoren einbeziehen: Die Gerichte einiger amerikanischer Bundesstaaten, insbesondere in North Carolina und Texas, berücksichtigten auch andere «äußere Merkmale». Besonders in Texas spielte auch die Ehehistorie eine Rolle: «Andere Staaten lassen äußere Merkmale für die rechtliche Zugehörigkeit zu dieser oder jener Bevölkerungsgruppe entscheidend sein, z. B. das ehemalige Sklavenverhältnis (North Carolina), die Tatsache des gewöhnlichen Umgangs mit einer der beiden Gruppen (ditto) oder, im Falle einer zweiten Heirat, die Zugehörigkeit des ersten Ehepartners (Texas).»[163]

Die Vorstellung, Rassendefinitionen könnten auch etwas anderes als die Abstammung und insbesondere die Ehehistorie berücksichtigen, verdient vor allem deshalb Beachtung, weil sie von entscheidender Bedeutung dafür war, wie die Nationalsozialisten letztlich «Juden» definierten. Wie wir gesehen haben, wollten Radikale schon diejenigen als Juden definieren, die nur über einen jüdischen Großelternteil verfügten – das Pendant zu dem, was amerikanische Bundesstaaten als «viertelfarbig» bezeichnen würden. Doch bereits im April 1933 lag ein Gegenvorschlag auf dem Tisch. Diese alternative Klassifizierung schlug vor, Halbjuden zu verschonen – abgesehen von denjenigen Halbjuden, die entweder den jüdischen Glauben praktizierten oder eine Ehe mit einem jüdischen Partner schlossen.[164] Dieser Gegenvorschlag schaffte es letztlich in die entscheidende Durchführungsverordnung zu den Nürnberger Gesetzen:[165]

Erste Verordnung zum Reichsbürgergesetz
vom 14. November 1935

§ 5

(1) Jude ist, wer von mindestens drei der Rasse nach volljüdischen Großeltern abstammt. § 2 Abs. 2 Satz 2 findet Anwendung.
(2) Als Jude gilt auch der von zwei volljüdischen Großeltern abstammende staatsangehörige jüdische Mischling,

a) der beim Erlaß des Gesetzes der jüdischen Religionsgemeinschaft angehört hat oder danach in sie aufgenommen wird,
b) der beim Erlaß des Gesetzes mit einem Juden verheiratet war oder sich danach mit einem solchen verheiratet [es folgen noch ein paar weitere, weniger bedeutsame Bestimmungen].[166]

Insofern gelang es den moderaten Kräften, einige Halbjuden zu schützen, aber eben nur einige. Lösener rechtfertigte diesen Kompromiss damit, dass Lebensentscheidungen eine Rolle spielten, weil sie die «Hinneigungen» der in Rede stehenden Mischlinge erkennen ließen. Die Halbjuden, die als «Juden» galten, waren diejenigen, die sich nicht deutschen kulturellen Werten unterwarfen: «Ferner werden den Juden zugezählt einige Gruppen von Halbjuden (Personen mit zwei volljüdischen und zwei nichtjüdischen oder nicht volljüdischen Großeltern), die auf Grund bestimmter Umstände als stärker zum Judentum hinneigend angesehen werden müssen.»[167] Spielte das amerikanische Beispiel dafür eine Rolle? Kriegers Aufsatz war nicht die einzige mögliche Quelle für die Vorstellung, dass sich eine juristische Lösung für das Problem der Bestimmung von Juden teilweise auf die Ehehistorie richten sollte. Wie wir gesehen haben, pries die NS-Literatur zum amerikanischen Einwanderungsrecht die Regelung des amerikanischen Cable Act, wonach Frauen, die sich herabließen, asiatische Männer zu heiraten, die Staatsbürgerschaft zu entziehen sei.[168] In den aufgeladenen Debatten in den Wochen nach der Verkündigung der Nürnberger Gesetze mag es eine Rolle gespielt haben, dass Amerika, das Vorbild eines Landes mit gesetzlichen Mischeheverboten, auch für die Vorstellung, die Ehehistorie solle bei der Einstufung von Personen in eine Rassenkategorie eine Rolle spielen, einige Unterstützung bot.

Letztlich aber wissen wir es nicht. Wir können nicht sagen, welche Rolle dieser Aspekt des amerikanischen Modells, wenn überhaupt, im deutschen Denken spielte. Festzuhalten ist, dass die Nationalsozialisten die amerikanischen Klassifikationsschemata als zu streng und das amerikanische Rassenproblem als zu andersartig betrachteten, als dass es zu irgendeiner unveränten Übernahme hätte kommen können. Entscheidend aber ist letztendlich: Sie wussten, dass es ein amerikanisches Vorbild gab, und tatsächlich wandten sie sich diesem Vorbild immer und immer wieder als Erstes zu.

SCHLUSS

Amerika in den Augen der Nazis

Am 23. September 1935, acht Tage nachdem der «Führer» auf dem «Parteitag der Freiheit» die Nürnberger Gesetze verkündet hatte, versammelte sich eine Delegation von 45 NS-Juristen an Bord des Luxusdampfers «SS Europa», um eine «Studienfahrt» in die USA anzutreten, die vom Bund nationalsozialistischer deutscher Juristen veranstaltet wurde. Angeführt wurde die Gruppe von Dr. Ludwig Fischer, damals hochrangiger Beamter im Reichsrechtsamt der NSDAP. Vier Jahre später sollte Fischer zum Verwaltungschef (ab 1941 Gouverneur) des Distrikts Warschau in den besetzten polnischen Gebieten ernannt werden. Dort sollte er als einer der obersten Funktionäre des Regimes fungieren, und in diese Zeit fielen die brutale Zusammentreibung von Hunderttausenden polnischen Juden; die Einrichtung des Warschauer Ghettos (dort, so versprach er, würden die Juden «vor Hunger und Elend krepieren. Dann bleibt vom ganzen Judenproblem nur noch der Friedhof übrig»);[1] die grausame Niederschlagung des Ghettoaufstands; und die Deportation von rund 300 000 Juden in die Vernichtungslager.[2]

Doch im September 1935 lag all das noch in ferner Zukunft. Die 45 NS-Juristen, die unter Fischers Leitung an Bord des Ozeandampfers gingen – 38 Männer und sieben Frauen –, reisten stilgemäß; wie die NS-Presse bemerkte, war der Wechselkurs des US-Dollars aufgrund der Geldpolitik des New Deal für die Deutschen ausgesprochen günstig, und so hofften sie auf ein opulentes Erlebnis.[3] Beginnen sollte die «Studienfahrt» in New York, wo die New York City Bar Association zu Ehren der deutschen Gäste ein Fest veranstalten wollte.[4] Danach sollten sie in den Genuss eines Bildungsprogramms kommen, um «sowohl einen besonderen Einblick in die Verhältnisse des amerikanischen Rechts- und Wirtschaftslebens als auch einen umfassenden Überblick über das Leben in der neuen Welt im allgemeinen» zu bekommen. (Mitglieder der Reichskammer der Wirtschaftstreuhänder waren ebenfalls eingeladen, aber nichts deutet darauf hin, dass irgendwelche Wirtschaftsprüfer an der Reise teilgenommen haben.)[5]

Bevor das Schiff in See stach, wurde den 45 Teilnehmern feierlich ein «Grußwort» von Hans Frank, dem obersten Juristen des Dritten Reiches, übermittelt; verlesen wurde es von Wilhelm Heuber, dem Reichsgeschäftsführer des Juristenbundes. Dieses Grußwort war getragen von einem Triumphgefühl unter NS-Juristen nach dem Nürnberger Parteitag, bei dem das Hakenkreuz zum nationalen Symbol erhoben und das judenfeindliche Programm der Partei nach fast drei Jahren harter Arbeit endlich formal umgesetzt worden war. Die Teilnehmer waren, im Jargon des Bundes, «deutsche Rechtswahrer», und Heuber bezeichnete diese Reise als Belohnung für ein Jahr der Auseinandersetzungen um eine neue Ordnung, bei denen man über die Gegner dieser Ordnung gesiegt habe. «Wie Dr. Heuber ausführte, hat die Reise den Zweck, den Teilnehmern einen besonderen Einblick in die Verhältnisse des amerikanischen Rechts- und Wirtschaftslebens zu verschaffen. Der deutsche Rechtswahrer soll durch die Studienfahrt den erforderlichen Ausgleich gegenüber der Arbeit eines ganzen Jahres finden, um auf diese Weise der Neigung eines vergangenen Juristentyps, am wirklichen Leben vorbeizugehen, wirksam zu begegnen.»[6] Selbst aus der Distanz von acht Jahrzehnten kann man noch immer förmlich hören, wie die 45 Nationalsozialisten zufrieden über die Siege dieses Jahres plauderten, die Gläser erhoben und die Hacken zusammenschlugen.

Doch die Reise verlief nicht ganz reibungslos. Am 26. September traf die Gruppe in New York ein – auf den Tag genau zwei Monate, nachdem rund tausend Nazigegner die «SS Bremen», das Schwesterschiff der «SS Europa», gestürmt hatten, und drei Wochen, nachdem der Manhattaner Richter Louis Brodsky in einem feurigen Plädoyer die Hakenkreuzfahne als «schwarze Piratenflagge» bezeichnet und den Nationalsozialismus als «atavistischen Rückfall in vormittelalterliche, wenn nicht gar barbarische gesellschaftliche und politische Verhältnisse» gegeißelt hatte.[7] Kurz: New York war ein Hort der Nazigegner, Heimat zahlreicher «jüdischer Elemente», und die Besucher trafen auf Protest. Als man mitbekommen hatte, dass sie sich in ihrem Hotel im Textilviertel mit «Heil Hitler!» und ausgestrecktem rechtem Arm begrüßten, organisierten jüdische Pelzhändler eine lautstarke Demonstration, die sechs Stunden dauerte und eine beträchtliche Polizeipräsenz erforderlich machte.[8]

Ludwig Fischer, der Leiter der Reisegruppe, reagierte auf diese Störung mit bemerkenswerter Empörung. Juden, so schnaubte Fischer, der 1947 als Kriegsverbrecher gehängt werden sollte, würden in Deutschland «freundlich und anständig» behandelt:

> Wir haben eine Studienfahrt unternommen, um uns aus erster Hand einen Eindruck von Amerika zu verschaffen, und unser erster Eindruck ist schlecht. (…) Die Stadt New York machte großen Eindruck auf uns, doch die anderen Eindrücke waren schlimm. Ich weiß, dass anständige Amerikaner diese Demonstration nicht billigen, dass sie sehr nett und gastfreundlich sind. Ich selbst habe auf der Demonstration nur Juden gesehen.
>
> Deutschland behandelt seine Gäste gut, und selbst jüdische Gäste sind willkommen. In diesem Sommer fanden in Deutschland meh-

> rere internationale Konferenzen statt, an denen auch Juden teilnahmen, und sie wurden freundlich und anständig behandelt.[9]

Nachdem er seinem Ärger Luft gemacht hatte, betonte Fischer allerdings, welch überwältigenden Eindruck New York als Stadt bei ihnen hinterlassen habe, und fügte hinzu, «besonders zufrieden» sei er über den herzlichen Empfang, den die City Bar Association ihm und seinen Reisegefährten bereitet habe.[10]

Leider wissen wir nichts darüber, wie es Fischer und seiner Gruppe auf ihrer Studienfahrt weiter erging (auch wenn Neugierige im Netz auf einen Film stoßen werden, der Fischers Hinrichtung zeigt).[11] Aber wie wir gesehen haben, wissen wir jede Menge über das nationalsozialistische Interesse am amerikanischen Recht bei der «Arbeit eines ganzen Jahres (...), um auf diese Weise der Neigung eines vergangenen Juristentyps, am wirklichen Leben vorbeizugehen, wirksam zu begegnen». An Amerika gab es vieles, was NS-Juristen in den frühen 1930er Jahren ablehnten – insbesondere am liberalen Amerika des Louis Brodsky, der jüdischen Pelzhändler und derjenigen, die mit diesen einer Meinung waren. Es gab jedoch auch vieles, was den Nazis gefiel. Fischer war nicht der erste NS-Jurist, der zwischen den Juden und den «anständigen Amerikanern» unterschied; Hitler und Göring hatten Gleiches elf Tage zuvor auf dem Nürnberger Parteitag getan, und Fischers Reisegruppe war nicht die erste NS-Delegation, die sich mit Amerika beschäftigte und dabei nachhaltige Eindrücke gewann.

Seit *Mein Kampf* hegten nationalsozialistische Juristen und Politiker nachhaltiges Interesse an den amerikanischen Rassengesetzen. Insbesondere in den frühen 1930er Jahren, zu der Zeit, als die Nürnberger Gesetze entstanden, beschäftigten sich die Nazis eingehend mit dem amerikanischen Einwanderungsrecht, den amerikanischen Gesetzen für eine Zweiklassenstaatsbürgerschaft, den amerikanischen Mischehenverboten sowie der Mischlingsgesetzgebung. Einige erwärmten sich für die Rassentrennung der Jim Crow-Gesetze. Insbesondere die Preußische Denkschrift, der Text von 1933, der die Basis für das radikale Gesetzesprogramm der Nazis legte, berief sich dezidiert auf Jim Crow – wenngleich sie für das Dritte Reich eine «eingeschränkte» Variante vorschlug. Einige Aspekte der amerikanischen Rassengesetze erschienen den NS-Beobachtern besonders reizvoll: So stand hinter dem «Blutschutzgesetz» die außergewöhnliche Praxis Amerikas, die Rassenmischehe streng zu bestrafen. Andere Gesichtspunkte wie die Ein-Tropfen-Regel erschienen den Nazis hingegen übermäßig streng. Einige der schlimmsten Nationalsozialisten, allen voran Roland Freisler, verwiesen mit besonderem Nachdruck auf die Lehren, die man aus amerikanischer Gesetzgebung und Rechtslehre ziehen könne, während gemäßigte Kräfte wie Justizminister Gürtner bemüht waren, die Brauchbarkeit amerikanischer Präzedenzfälle kleinzureden. Niemand plädierte für eine vollständige Übernahme amerikanischer Praktiken; alle wussten, dass die Vereinigten Staaten über liberale Traditionen verfügten, die den Rassismus bekämpften, aber viele betonten zustimmend Amerikas «grundsätzliche Erkenntnis», wie es im *Nationalsozialistischen Handbuch für Recht und Gesetzgebung* hieß, dass die Schaffung einer gesetzlich begründeten Rassenordnung notwendig war – wobei NS-Autoren stets hinzufügten, die Vollendung der Aufgabe, einen voll ausgebildeten Rassenstaat zu errichten, bleibe dem nationalsozialistischen Deutschland überlassen.

Was sollen wir von all dem halten?

Zunächst sei betont, was uns die Geschichte, die in diesem Buch geschildert wird, nicht erzählt: Sie erklärt nicht die Entstehung des Nationalsozialismus. Kein vernünftiger Mensch würde je behaupten, die Verbrechen der Nazis seien von Amerika inspiriert gewesen. Es ist aberwitzig, wenn, besonders von Links- und Rechtsextremen, die USA für alle Übel dieser Welt verantwortlich gemacht werden, und es wäre geradezu irrsinnig, die USA für das in die Verantwortung zu nehmen, was zwischen 1933 und 1945 in Deutschland und in den von Deutschen besetzten Gebieten geschah. Zum Nationalsozialismus kam es aus zahllosen Gründen, und die meisten sind in Deutschland selbst zu suchen; die Verantwortung für die NS-Verbrechen tragen allein die Deutschen und ihre unmittelbaren Helfershelfer. Schließlich spielten die USA beim Sieg über Hitler eine entscheidende Rolle, und Amerika hat sich oft genug als Kraft erwiesen, die das Gute in der Welt will.

Die in diesem Buch erzählte Geschichte verlangt, dass wir uns Fragen nicht zur Genese des Nationalsozialismus, sondern zum Wesen Amerikas stellen. Die Nationalsozialisten – darin dürften wir uns einig sein – hätten ihre ungeheuren Verbrechen begangen, ganz gleich, wie interessant und attraktiv sie amerikanisches Recht fanden. Aber wie konnte es geschehen, dass Amerika Gesetze schuf, die den Nazis interessant und attraktiv erschienen?

Diese Frage ist in mancherlei Hinsicht nicht schwer zu beantworten. Wir alle wissen, dass es in den USA Rassismus gab und dass dieser Rassismus tief verwurzelt war. Es ist nichts Neues, dass Amerika im frühen 20. Jahrhundert üble Rassengesetze hatte. Wir alle wussten bereits, dass es Parallelen zwischen dem Amerika der Jim Crow-Gesetze und dem Dritten Reich gab; sie liegen schließlich offen zutage.[12] Wir wussten bereits, dass sich die Nazis für die amerikanischen Eugeniker interessierten. Die Bewunderung der Nazis für die Westexpansion Amerikas ist von den Historikern umfassend dokumentiert. Mag die Beliebtheit Franklin Roosevelts bei den Nazis auch weitgehend unbekannt sein, so wurde sie dennoch bereits erforscht. Wenn wir nicht wüssten, wie tiefgreifend das NS-Interesse an den amerikanischen Rassengesetzen war, so dürfte es uns gleichwohl nicht weiter erstaunen. Das Bild, das die Nazis in den frühen 1930er Jahren von Amerika hatten, ist ein anderes als das Bild, das uns vorschwebt, aber es ist keineswegs so, dass Amerika darin nicht wiederzuerkennen wäre.

Wenn wir Amerika mit den Augen der Nazis betrachten, erzählt uns das gleichwohl Dinge, die wir nicht wussten oder mit denen wir nicht wirklich rechneten – Dinge über Charakter und Ausmaß des amerikanischen Rassismus und Dinge über Amerikas Ort in der allgemeineren Weltgeschichte des Rassismus. Nicht zuletzt erfahren wir dabei auch einige unangenehme Dinge über die Verfasstheit der amerikanischen Rechtskultur.

Amerikas Ort in der Globalgeschichte des Rassismus

Betrachtet man Amerika mit den Augen der Nazis, so macht das zunächst einmal eine Wahrheit deutlich, die kluge Wissenschaftler erkannt haben, die Allgemeinheit aber bislang erst sehr langsam verstanden hat. Die Geschichte des amerikanischen Rassismus ist nicht nur eine Geschichte des Jim Crow-Südens.[13] Wir müssen davon wegkommen, die Rassengesetze in Amerika mit den Segregationsgesetzen gleichzusetzen. Wir müssen über die «Spiegelbilder» Nazi-Deutschlands und der Südstaaten hinausblicken. Wenn wir die Geschichte der Rasse in Amerika nur als die Geschichte von *Plessy v. Ferguson* und *Brown v. Board of Education*, von Rassentrennung und den Helden der Bürgerrechtsbewegung betrachten, dann machen wir uns in einem ungeheuren Ausmaße blind für das, was tatsächlich geschehen ist.

Europäische Beobachter der 1930er Jahre erkannten allesamt, dass der Konflikt zwischen Schwarzen und Weißen nur ein Aspekt der Geschichte des amerikanischen Rassismus war.[14] Tatsächlich erwähnten die Nazis den amerikanischen Umgang mit den Schwarzen nie, ohne gleichzeitig auch den amerikanischen Umgang mit anderen Gruppen, insbesondere Asiaten und Ureinwohnern, zu thematisieren: Für sie stand das «nordische» Amerika nicht nur vor einem «Negerproblem», sondern vor Problemen mit «Mongolen», Indianern, Filipinos und zahllosen anderen nicht-«nordischen» Gruppen und deren «andrängende[m] Bewerben».[15] Aus genau diesem Grund hat Amerikas einflussreiche Stellung innerhalb des weltweiten Rassismus des 20. Jahrhunderts mit allgemeineren amerikanischen Kampagnen und anderen amerikanischen Gesetzesformen als nur der Segregation im Süden zu tun. Insbesondere hat es zu tun mit nationalen und landesweiten Programmen einer rassenbasierten Zuwanderung, einer rassenbedingten Staatsbürgerschaft zweiter Klasse und gesetzlichen Mischehenverboten auf Rassenbasis. Diese Aspekte amerikanischen Rechts waren für das nationalsozialistische Deutschland am interessantesten, nicht die Jim Crow-Segregation im engeren Sinne.

Und wie wir gesehen haben, waren diese Aspekte amerikanischen Rechts für die Nazis von besonderem Interesse. Das ist die unerfreuliche Seite an der ganzen Sache, und sie konfrontiert uns, was Amerikas Position in der Weltgeschichte des Rassismus anbelangt, mit einem unangenehmen historischen Faktum: Im frühen 20. Jahrhundert waren die Vereinigten Staaten nicht nur ein Land, in dem es Rassismus gab. Sie verfügten über *das* führende rassistische Rechtssystem – sodass selbst das Dritte Reich in Amerika nach Anregungen suchte. Was David Fitzgerald und David Cook-Martin über die Zuwanderung sagen – dass «die Vereinigten Staaten bei der Entwicklung einer explizit rassistischen Staatsbürgerschafts- und Zuwanderungspolitik führend waren»[16] –, gilt auch für andere Rechtsbereiche, die in diesem Buch Thema waren. Im frühen 20. Jahrhundert standen die USA mit ihrer tief verwurzelten weißen Vorherrschaft und ihrer dynamischen und innovativen Rechtskultur bei der Entwicklung rassistischer Gesetze an vorderster Front. So sahen die Nazis die Sache, und sie waren nicht die Einzigen. Das Gleiche galt für Brasilien,[17] für Australien und Südafrika,[18] und es galt genauso für die deutschen Kolonialverwalter, die für ihre gesetzlichen Mischehenverbote nach einem Vorbild suchten.[19] Zwar erwähnten die Nazis Südafrika gerne als einen Mitstreiter, doch in der Praxis fanden sie Anfang der 1930er Jahre kaum ein südafrikanisches Gesetz, auf das sie sich hätten berufen können.[20] Ihr weit überwiegendes Interesse galt dem «klassischen Beispiel», den Vereinigten Staaten von Amerika.

Die Behauptung, die USA seien in Sachen rassistischer Gesetzgebung führend gewesen, impliziert keineswegs, dass sie das einzige Land gewesen wären, dem man Rassismus vorwerfen kann. Das waren sie mit Sicherheit nicht. Europa verfügte über seine eigene, jahrhundertealte Geschichte der Verfolgung, die in vielerlei Hinsicht dezidiert auf die NS-Politik vorauswies: Die Nazis der frühen 1930er Jahre waren nicht die ersten Europäer, die ihre Juden vertreiben wollten, und das wussten sie selbst nur zu gut.[21] Zudem findet man überall in der Welt der kolonialen und imperialen Expansion Europas irgendwelche Formen von Rassengesetzen. Die iberischen Länder und Lateinamerika verfügten über eine Tradition, in der einige Historiker die Wurzeln der modernen Rassengesetzgebung sehen, eine Tradition, die bis ins 16. Jahrhundert zurückreichte.[22] Ende des 19. Jahrhunderts gab es eine explizit rassenbasierte, exkludierende Zuwanderungsgesetzgebung in Brasilien,[23] und jemand wie Johann von Leers, Verfasser des Buches *Blut und Rasse in der Gesetzgebung. Ein Gang durch die Völkergeschichte*, verwies gerne darauf, dass sich einige rassistische Gesetzesmaßnahmen quer durch die Jahrhunderte fänden.[24]

Insbesondere gab es bei den anderen Töchternationen des britischen Imperialismus jede Menge Rassismus. Wir müssen hellhörig sein, wenn ein führender NS-Jurist wie Otto Koellreutter von den «interessanten Ergebnissen» spricht, die man in der «Gesetzgebung der Vereinigten Staaten und der britischen Dominions» finde. Passagen wie diese werfen eine ausgesprochen unangenehme Frage hinsichtlich der angloamerikanischen Welt des Common Law auf. Der Hintergrund für den Nationalsozialismus ist zum Teil in britischen Traditionen zu suchen: Er ist zu suchen in den Demokratien der englischsprachigen «freien weißen Männer» nicht nur in Amerika, sondern auch in Australien, in Südafrika und in geringerem Maße anderswo auf dem britischen Globus. Das alles waren Orte, an denen Siedler ein egalitäres Selbstbestimmungsrecht auf Kosten der benachteiligten (und nicht selten bekämpften) Minderheiten für sich in Anspruch nahmen,[25] und die Nazis betrachteten sie alle mit Interesse.

Doch innerhalb dieser Welt war Amerika zur Zeit von Hitlers Aufstieg führend. Das ist die Wahrheit, und an ihr kommen wir nicht vorbei. Es waren amerikanische Gesetze zur Zuwanderung, zur Staatsbürgerschaft und zu den Mischehen, die Nationalsozialisten immer wieder zitierten. Es war das Amerika der Jim Crow-Gesetze, das in der Preußischen Denkschrift eine herausgehobene Rolle spielte. Es war ein Dossier zum amerikanischen Recht, welches das Justizministerium für die Diskussion auf dem Planungstreffen vom 5. Juni 1934 vorbereitete. Es waren amerikanische Gesetze, denen sich die Radikalen auf dieser Sitzung zuwandten. Es war die amerikanische Kriminalisierung von Rassenmischehen, die einen Vorläufer des «Blutschutzgesetzes» darstellte. Es war die amerikanische Eroberung des Westens, auf die sich die Nazis während ihrer mörderischen Feldzüge der 1940er Jahre beriefen, so wie Hitler das schon in den 1920er Jahren getan hatte.[26] Natürlich war der Nationalsozialismus kein Produkt, das in Amerika entstanden und dann nach Deutschland importiert worden wäre, aber Tatsache bleibt: Als sich die Nazis daranmachten, eine rassistische Ordnung zu errichten, wandten sie sich auf der Suche nach möglichen Vorbildern zuerst Amerika zu.

***

Das klingt heute natürlich ausgesprochen befremdlich, ja geradezu pervers. Für uns ist Amerika heute die Heimat von Freiheit und Gleichheit und ein treuer Verbündeter im herkulischen Kampf gegen die Nazis im Zweiten Weltkrieg. Überdies betrachten wir die Traditionen des britischen Common Law als wichtige, vielleicht sogar wichtigste historische Quelle der modernen Rechtskultur. Doch dieses Befremden schwindet ein wenig, sobald wir die Ansprüche des Nationalsozialismus begreifen. Auch der Nationalsozialismus strebte nach Gleichheit, wenn auch nicht nach Freiheit: Wie ich an anderer Stelle gezeigt habe, war das nationalsozialistische Versprechen der «nationalen Revolution» an die deutsche Bevölkerung ein Versprechen der Angleichung – das Versprechen, dass alle reinrassigen Deutschen, wie die Nazis sie definierten, als hochstehende Mitglieder der deutschen Gesellschaft gelten würden. Die Gesellschaft sollte nicht länger in edle und gemeine Deutsche, in deutsche Herren und deutsche Diener geteilt sein. Nun sollte jeder Deutsche als gleichberechtigtes Mitglied der herrschenden Klasse gelten, und zwar allein aufgrund seiner Zugehörigkeit zur Herrenrasse.[27] Die «nationale Revolution» der Nazis war insofern eine durch und durch egalitäre gesellschaftliche Revolution.

Die Ähnlichkeiten mit der englischsprachigen und insbesondere amerikanischen Welt lagen weit weniger fern, als wir heute vermuten würden. Auch die weiße Vorherrschaft in Amerika gründete in einem «resoluten Egalitarismus unter weißen Männern»;[28] diese Bewegung betonte die Gleichheit aller Angehörigen der begünstigten Rasse, während sie zugleich die Statusungleichheiten der aristokratischen Vergangenheit mit Nachdruck ablehnte. Das galt insbesondere für die jacksonianische Demokratie. Insofern bestand eine tiefreichende Verbindung zwischen dem amerikanischen Egalitarismus und dem amerikanischen Rassismus. Als Hitler Amerika in *Mein Kampf* lobend erwähnte, dann zum Teil deshalb, weil er glaubte, Amerika erlaube genau die Art von Gleichmacherei, die er auch in Deutschland für nötig hielt: «Wenn in den letzten Jahrzehnten der Reichtum an bedeutenden Erfindungen besonders in Nordamerika außerordentlich zunahm, dann nicht zuletzt deshalb, weil dort wesentlich mehr Talente aus untersten Schichten die Möglichkeit einer höheren Ausbildung finden, als dies in Europa der Fall ist.»[29] Auch Hitler versprach, die deutsche Gesellschaft grundlegend zu verändern, indem er «Talente aus untersten Schichten» nach oben brachte. Natürlich ließ sich dieses egalitäre Versprechen nur auf Kosten der «Nichtarier» verwirklichen, aber das war in weiten Bereichen der englischsprachigen Welt genauso. In dieser Hinsicht ist es interessant, dass die deutschen Wörter «Herr» und «Vorherrschaft» oder «Oberherrschaft» etymologisch eng miteinander verwandt sind: Die deutsche «Herrenrasse» ist der sprachliche Cousin der englischen «white supremacy», und deutsche Autoren der NS-Zeit verstanden den Begriff in genau diesem Sinne.

Insofern ist das nationalsozialistische Interesse an Amerika Ende 1930er Jahren nicht so befremdlich, wie es heute erscheinen mag. Natürlich muss man dabei die Geopolitik der damaligen

Zeit bedenken. Die Nationalsozialisten hatten es mit einer Welt zu tun, die überwiegend von englischsprachigen Ländern beherrscht wurde. Die Briten hatten schon lange vor Hitler nach der Weltherrschaft gestrebt.[30] Überdies erklärten und verteidigten angloamerikanische Politiker und Intellektuelle, allen voran Theodore Roosevelt und James Bryce, ihre Kontrolle über einen Großteil der Erde selbst mit offen rassistischen Argumenten. Diese Männer glaubten tatsächlich, mit den Worten von Teddy Roosevelt, die «gemäßigten Zonen der neuen und neuesten Welt» seien «ein Erbe der weißen Rasse».[31] Und unter den «nordischen» Mächten war Amerika das natürliche geopolitische Vorbild für Nazideutschland, worauf Wissenschaftler zu Recht hingewiesen haben. Es waren die «angelsächsischen» Vereinigten Staaten, die ein imposantes Kontinentalreich errichtet hatten und die deshalb ein besonderes expansionistisches Modell für das Reich darstellten, welches entschlossen war, die Gebiete im Osten zu erobern. Es waren die «angelsächsischen» Vereinigten Staaten, die eine Völkerrechtslehre erfunden hatten, welche die Stellung als Hegemon in der eigenen Hemisphäre rechtfertigte, zunächst in Gestalt der Monroe-Doktrin und dann mit der noch selbstbewussteren Roosevelt Corollary von 1904.[32] Tatsächlich spekulierten deutsche Rassisten der Zwischenkriegszeit oftmals darüber, die Vereinigten Staaten würden der Rassenmischung zum Opfer fallen und deshalb einen Niedergang erleben – auch wenn Adolf Hitler selbst anderer Meinung war, zumindest bis zum Ausbruch des Zweiten Weltkriegs.[33] Doch selbst wenn einige von ihnen glaubten, Amerika könnte ins Trudeln geraten, so war das für sie noch lange kein Grund, keine Lehren aus dem amerikanischen Rassismus ziehen zu wollen. Ein möglicher geopolitischer Abstieg Amerikas machte nur umso deutlicher, dass das nationalsozialistische Deutschland amerikanische Maßnahmen mit einer Rigorosität umsetzen musste, an der es den Amerikanern offenkundig gefehlt hatte.

***

Doch so attraktiv das «nordische» Amerika für die Nationalsozialisten auch gewesen sein mag: Gab es nicht ganz offenkundig auch bedeutsame und letztlich grundlegende Unterschiede?

Natürlich gab es sie, und die Nazis selbst haben ausdrücklich darauf hingewiesen. Zuallererst standen die amerikanischen Rassengesetze neben einer Verfassungstradition, welche die amerikanische Rechtskultur in hohem Maße prägte, insbesondere in Gestalt der sogenannten Reconstruction Amendments. Diese Prägekraft reichte zugegebenermaßen nicht aus, um zu verhindern, dass die Vereinigten Staaten bei der Schaffung rassistischer Institutionen führend waren. Die amerikanische Rechtsgeschichte der Jahrzehnte nach 1877 ist eine überwiegend schmerzliche Geschichte des beschämenden Abrückens vom Gleichheitsprinzip, das die Verfassungszusätze der Reconstruction Era eigentlich festschreiben sollten[34] – das Prinzip, wie die Nationalsozialisten es verächtlich formulierten, «daß jeder, der Menschenantlitz trägt, gleich sei». Trotzdem gab es die Reconstruction Amendments, und amerikanische Juristen mussten sie stets berücksichtigen, selbst wenn sie nach Umgehungsmöglichkeiten suchten. Desmond King und Rogers Smith zufolge herrschte in Amerika ein stetes Spannungsverhältnis zwischen zwei Rassenordnungen, einer «weißen suprematistischen Ordnung» und einer «egalitären transformativen Ordnung».[35] Im Dritten Reich gab es sicherlich nichts Vergleichbares, und NS-Beobachter blickten mit einer Mischung aus Verwirrung und Verachtung auf die amerikanische Verfassungstradition.

Und nicht nur aufgrund der Verfassungstradition unterschied sich Amerika vom nationalsozialistischen Deutschland. Es gab auch noch einen anderen, vermutlich weit wichtigeren Unterschied: NS-Rassisten nutzten staatliche Macht ganz anders und viel gnadenloser als amerikanische Rassisten. Bei diesem Thema wendet man sich am besten Gunnar Myrdal zu, dem schwedischen Sozialwissenschaftler, dessen 1944 erschienenes Buch *An American Dilemma: The Negro Problem and Modern Democracy* die amerikanischen Rassenbeziehungen ziemlich in Aufruhr versetzte und die Bühne für die Bürgerrechtsbewegung nach dem Zweiten Weltkrieg bereitete. Myrdal beantwortete die in den 1930er und 1940er Jahren häufig gestellte Frage, ob die Südstaaten der Jim Crow-Gesetze als «faschistisch» zu gelten hatten, folgendermaßen:

> *Ist der Süden faschistisch?*
>
> Aufgrund seines Einparteiensystems und des prekären Zustands der bürgerlichen Freiheiten wird der Süden mitunter als faschistisch bezeichnet. Das aber ist falsch. (...) Im Süden fehlt es völlig an der zentralisierten Organisation eines faschistischen Staates. Die Politik im Süden ist im Gegenteil dezentralisiert und oft sogar chaotisch. Die demokratische Partei ist das genaue Gegenteil einer «Staatspartei» in einem modernen faschistischen Sinne. Sie verfügt über keine bewusste politische Ideologie, keine straffe regionale oder bundesstaatliche Organisation und keine zentralisierte und effiziente Bürokratie. Die «Reglementierung», die in den Südstaaten für politisch stabile Verhältnisse sorgt, ist keine Organisation *für* irgendetwas – am allerwenigsten für eine allgemeine Politik –, sondern eine Reglementierung *gegen* den Neger. Der Süden ist statisch und defensiv, nicht dynamisch und aggressiv.[36]

Gegen diese Analyse lässt sich einiges einwenden. Vermutlich verfolgte die Demokratische Partei des Südens in den frühen

1930er Jahren durchaus so etwas wie eine allgemeine Politik, als sie, wie Katznelson zeigt, wichtige politische Unterstützung für den New Deal und insbesondere für die staatlichen Armutsbekämpfungsprogramme für ihre verarmte Region lieferte.[37] Und die nationalsozialistische Spielart des Faschismus richtete sich zweifellos ganz direkt *gegen* die Juden und verfolgte nicht nur irgendeine positive Vision. Die Ähnlichkeit zwischen den Vereinigten Staaten und dem nationalsozialistischen Deutschland Anfang der 1930er Jahre ist größer, als Myrdal eingestehen will.

Doch letztlich verwies Myrdal auf den vermutlich wichtigsten Unterschied zwischen dem Rassismus nach Nazi-Art und dem Rassismus unter den «stammverwandten» Amerikanern. Hintergrund der NS-Bewegung war ein amerikanischer und, allgemeiner, anglophoner Rassismus, doch die Nazis fügten dem noch etwas anderes hinzu: die «Organisation eines faschistischen Staates». Tatsächlich war (und ist) Amerika «dezentralisiert und (...) chaotisch», wenn man es mit den Zuständen in Hitlers Mitteleuropa vergleicht; Amerika fehlte (und fehlt) es in der Tat an einer «zentralisierten und effizienten Bürokratie». Dieser Gegensatz wurde in diesem Buch wiederholt deutlich. Wie wir gesehen haben, sollten die Nürnberger Gesetze eine offizielle staatliche Verfolgung begründen, um die Lynchmorde und die Gewalt auf den Straßen zu beenden; die USA hingegen vertrauten weiter auf die Lynchjustiz. (Tatsächlich stieg die Zahl der Lynchmorde zwischen 1933 und 1935 merklich an.)[38] Wie wir gesehen haben, verzichteten die USA in ihrem Einwanderungs- und Staatsbürgerschaftsrecht auf einen offenen, staatlich verordneten Rassismus und vertrauten stattdessen auf die juristischen Tricks und verdeckten Maßnahmen, mit denen sich der Anschein wahren ließ, man halte sich an den 14. Zusatzartikel. Die Nazis dagegen dekretierten ihren Rassismus ganz offen. Die Nationalsozialisten wussten es durchaus zu schätzen, dass Amerika die Notwendigkeit einer rassisch bestimmten Ordnung «grundsätzlich» anerkannte, aber sie machten sich daran, ihre eigene rassenbasierte Ordnung mit Hilfe eines effizienten Staatsapparats zu schaffen, wie ihn die Amerikaner immer abgelehnt hatten.

Es gab also Unterschiede, und sie waren ganz real; niemand sollte auf die Idee kommen, der Nationalsozialismus sei in irgendeiner Form eine mechanische Verpflanzung des amerikanischen Rassismus auf mitteleuropäischen Boden. Aber es gab eben auch Ähnlichkeiten, und wir können sie nicht einfach vom Tisch wischen. Es gab Gründe, warum NS-Beobachter zu erschreckenden Einschätzungen kommen konnten wie der, das «Trachten der Westarier nach der Weltherrschaft» habe durch die Gründung der USA «die stärkste Stütze» erhalten.[39] Es gab Gründe, warum die *Nationalsozialistischen Monatshefte* im November 1933 so warmherzig verkünden konnten: «diesen Kreisen stammverwandten Amerikanertums strecken wir unsere Hand entgegen.»[40] Die Vorherrschaft der Weißen hatte in Amerika tatsächlich eine vielfältige Geschichte, und rechtshistorisch datierte sie mindestens zurück bis zum Jahr 1691, als Virginia Amerikas erstes Mischehenverbot auf Rassenbasis erließ, und zum Jahr 1790, als der erste Kongress entschied, die Einbürgerung für «jeden Ausländer» zu öffnen, «sofern er ein freier Weißer ist». Anfang der 1930er Jahre hatte die «white supremacy» in Amerika zudem einen Höhepunkt erreicht, weil das Funktionieren des New Deal von der Unterstützung der im Süden herrschenden Demokratischen Partei abhängig war.

Alles in allem betrachtet lautet die richtige Schlussfolgerung: Die amerikanische – und in gewissem Maße allgemeiner die anglophone – Vorherrschaft der Weißen lieferte zu unserer kollektiven Beschämung einiges Material, das der Nationalsozialismus in den 1930er Jahren für sich nutzen konnte. Insofern wäre die Geschichte des Nationalsozialismus nicht vollständig ohne ein Kapitel zu den «interessanten Ergebnissen», die Otto Koellreutter in der «Gesetzgebung der Vereinigten Staaten und der britischen Dominions» entdeckte. Doch im Dritten Reich erfuhren die rassistischen Traditionen und Praktiken die Unterstützung eines weitaus mächtigeren Staatsapparats, als man ihn bei den Töchtern des britischen Imperialismus findet, und eines viel brutaleren Staatsapparats, als er im Europa westlich der Elbe je existierte.

Der Nationalsozialismus und die amerikanische Rechtskultur

Die Fragen, um die es geht, betreffen freilich nicht nur die amerikanische und anglophone Vorherrschaft der Weißen. Es geht dabei auch um Fragen nach dem pragmatischen amerikanischen Stil der Common-Law-Rechtslehre, die Freisler seinen NS-Kollegen als eine, die «für uns vollkommen passen» würde, empfahl. Der Reiz der amerikanischen Rassengesetzgebung bestand nicht nur im Reiz eines «nordischen» Kontinentalimperiums, das sich der Vorherrschaft der Weißen verschrieben hatte. Es war auch der Reiz eines ergebnisoffenen, flexiblen Common-Law-Ansatzes. Es war der Reiz des amerikanischen «Realismus», eines Rechtsverständnisses, das unter führenden NS-Juristen genauso vorherrschte wie unter führenden Juristen des New Deal. Und es war nicht zuletzt der Reiz der amerikanischen Innovationsbereitschaft, welche die USA heute in vielen Rechtsbereichen noch immer zur globalen Führungsmacht macht, so wie sie unser Land vor einem Jahrhundert in der Eugenik und der Rassengesetzgebung zum Vorreiter machte. Die NS-Juristen fanden nicht nur den amerikanischen Rassismus reizvoll, sondern die amerikanische Rechtskultur, und das bedeutet, dass wir uns ein paar unangenehme Fragen stellen müssen dazu, wie die amerikanische Art, Dinge zu erledigen, zu bewerten ist.

Einige der aufschlussreichsten und drängendsten Fragen betreffen die Common-Law-Tradition. Was Freisler am amerikanischen Recht bewunderte, war genau das, was wir heute an der Common-Law-Tradition häufig loben: die Flexibilität und Ergebnisoffenheit des Common Law sowie die Anpassungsfähigkeit an «sich verändernde gesellschaftliche Erfordernisse», die sein richterzentrierter, auf Präzedenzfällen basierender Ansatz angeblich erlaubt.[41] Auch andere Nazis bewunderten das von Richtern gesetzte amerikanische Common Law, das, so erklärten sie, die Schaffung eines gesunden Rechts erleichtert habe, eines Rechts, das «aus dem Volk gewachsen» und nicht das Produkt eines sterilen Rechtsformalismus sei.[42] Was sollen wir davon halten?

Die Frage ist besonders drängend, denn in Amerika ist es heute gang und gäbe, das Common Law als überlegen zu preisen – und zwar gerade weil man glaubt, es verkörpere das, was Friedrich Hayek, der berühmte österreichische Verfechter freier Märkte, der selbst durch den Nationalsozialismus aus seinem Heimatland ausgeschlossen war, als die «Verfassung der Freiheit» bezeichnet hat. Amerikanische Autoren stellen heute häufig die freiheitsorientierten Vorzüge des Common Law den Defiziten der auf kodifizierten Gesetzen beruhenden Civil-Law-Tradition Kontinentaleuropas gegenüber, die sie als übermäßig rigide betrachten – als ein System, in dem Recht auf die vergleichsweise unflexiblen Anordnungen eines mächtigen Staates reduziert ist. Ein führender amerikanischer Rechtsprofessor erklärt die Tatsache, dass das

Common Law von vielen heute als Verkörperung überlegener Werte betrachtet wird, so:

> Bei Hayek findet sich die prominenteste Erörterung (...) der Unterschiede zwischen Rechtsfamilien. Er behauptet mit Nachdruck, die englische Rechtstradition (das Common Law) sei der französischen Tradition (dem Civil Law oder Zivilrecht) nicht aufgrund substantieller Unterschiede bei den gesetzlichen Regelungen, sondern aufgrund unterschiedlicher Annahmen über die Rolle von Individuum und Staat überlegen. Generell war Hayek der Überzeugung, dass das Common Law mit weniger staatlichen Beschränkungen wirtschaftlicher und anderer Freiheiten einhergeht. (...) Was die Rechtsgeschichte angeht, so sind diese Ansichten zutreffend.[43]

Die verhältnismäßige Freiheit des Common-Law-Richters ist dieser Darstellung zufolge institutioneller Ausdruck einer umfassenderen Kultur der Common-Law-Freiheit, und zwar im Gegensatz zur vergleichsweise starken Unterworfenheit der Bürger Kontinentaleuropas und zur vergleichsweise großen Unfreiheit des Zivilrechtsrichters, der sich an die positiven Vorgaben des Staates, wie sie sich im Gesetzbuch manifestieren, halten muss.[44] Die richterliche Autorität im Common Law ist ein Bollwerk gegen übermäßige staatliche Macht. Dieses Verständnis des Common Law wird nicht immer ganz klar artikuliert, aber man kann durchaus davon sprechen, dass es heute in Amerika allgemein (wenn auch vage) so gilt. Ja, es gehört geradezu zum Kern unseres Verständnisses vom Wesen amerikanischer Freiheit. Insofern kann man sich durchaus fragen, warum irgendein Nazi je etwas Positives über das amerikanische Common Law zu sagen wusste.

Gleichzeitig herrscht die verbreitete Überzeugung, der Nationalsozialismus sei genau durch die Art von staatslastigem Positivismus, wie Hayek ihn fürchtete und kritisierte, befördert worden. Ein Nazi zu sein, so nimmt man an, hieß, sich bedingungslos dem Willen des «Führers» zu unterwerfen, womit alle unabhängig urteilenden Instanzen ausgeschaltet waren; es bedeutete, Recht ohne Freiheit zu haben. Die nationalsozialistische Rechtsphilosophie war dieser Sichtweise zufolge eine krude Version dessen, was Philosophen als «Rechtspositivismus» bezeichnen: eine Denkrichtung, die Recht auf den bloßen Befehl des Souveräns/Diktators reduziert; eine Philosophie der «Unterwürfigkeit»[45] und des Gehorsams;[46] und die Lehre aus den Verbrechen des Nationalsozialismus ist die Warnung vor den Gefahren staatslastiger positivistischer Ansätze, die im Extremfall die gesamte Gesellschaft zur Knechtschaft verdammen.

Doch die Geschichte, die ich in diesem Buch erzählt habe, zeigt ganz deutlich, dass die ganze Sache ein wenig komplizierter war. Tatsächlich haben sorgfältige Untersuchungen des Nationalsozialismus gezeigt, dass die unter Hitler vorherrschende Rechtsphilosophie keineswegs eine Philosophie des kruden Rechtspositivismus war.[47] Was die Nazis verfochten, stand dem, wofür Freisler kämpfte, deutlich näher: Es stand dem Pragmatismus des Common Law keineswegs fern, und wenn sich für die Rechtsprechung Lehren aus den nationalsozialistischen Verbrechen ziehen lassen, dann kann es sich dabei nicht um schlichte Warnungen vor den Gefahren eines kruden Rechtspositivismus oder zivilrechtlicher Einstellungen handeln.

Denn die verblüffende Wahrheit ist, dass NS-Juristen gegen jede Rechtstheorie waren, die Recht auf bloßen Gehorsam reduzierte. Ja, es stimmt, dass Deutschland nach dem «Führerprinzip» regiert wurde. Doch während gewöhnliche Bürger blinden Gehorsam leisten mussten, erwartete man von Beamten des NS-Staates eine andere Einstellung. Diesbezügliche NS-Lehren finden sich beispielsweise in einer frühen Version des Eides auf

Adolf Hitler von 1934, die von Hitlers rechter Hand Rudolf Hess stammt. Während normale Deutsche dem Eid gemäß bedingungslosen Gehorsam gegenüber den Befehlen des «Führers» schwören sollten, erinnerte Hess «Politische Leiter» vor ihrer Vereidigung daran: «Seid treu im Geiste Hitlers! Fragt in allem, was Ihr tut: Wie würde der Führer handeln, gemäß dem Bilde, das Ihr von ihm habt – und Ihr werdet nicht fehlgehen!»[48] Diese Formel bedeutete einen ganz realen Ermessensspielraum, wenn es um die Verfolgung nationalsozialistischer Ziele ging. Wie Ian Kershaw es formuliert hat, sollten Beamte «dem Führer entgegen arbeiten».[49] Ja, es stimmt, dass die Nazis der «zentralisierten Organisation eines faschistischen Staates» unbegrenzte Macht verliehen. Doch sie lehnten die Vorstellung ab, dass die Beamten, die diese Macht ausübten, bloße Fußsoldaten waren, die jeder individuellen Initiative beraubt waren. Während die Nazis dem gewöhnlichen deutschen Bürger die Freiheit versagten, beharrten sie häufig auf einer Form von Freiheit für den einzelnen NS-Beamten, damit er unabhängig «im Geiste Hitlers» agieren konnte. Das ist mit ein Grund, warum der Nationalsozialismus so schrecklich wütete.

Und ja, es stimmt: Der Nationalsozialismus entstand in Kontinentaleuropa mit seiner zivilrechtlichen Tradition, die auf Gesetzestexten beruhte. Aber es wäre eine vollkommen falsche Vorstellung, die Nationalsozialisten hätten diese Zivilrechtstradition aufgegriffen oder verkörpert. Im Gegenteil. Die rechtshistorische Wahrheit ist, dass die Nationalsozialisten sich daran machten, die traditionellen juristischen Einstellungen des Zivilrechtsjuristen zu zerschlagen. Die Nazis repräsentierten keineswegs die Traditionen des legalistischen Staates, sondern pflegten eine Kultur der Verachtung für die Art und Weise, wie Juristen auf dem Kontinent zu arbeiten gelernt hatten. Radikale Nationalsozialisten verstanden sich selbst – um noch einmal Hans Franks «Grußwort» an die 45 Juristen aufzugreifen, die sich im September 1935 auf der «SS Europa» versammelten – als Bewegung, die gegen die «Neigung eines vergangenen Juristentyps, am wirklichen Leben vorbeizugehen», gerichtet war, und das hieß, dass sie kategorisch die zivilrechtlichen Traditionen bekämpften, wie sie in Deutschland vor der nationalsozialistischen Machtübernahme bestanden hatten.

Der daraus resultierende Konflikt manifestierte sich auch auf dem Treffen am 5. Juni 1934. Franz Gürtner, Bernhard Lösener, Hans von Dohnanyi und die anderen Vertreter einer relativ gemäßigten Haltung mit Blick auf die Verfolgung der Juden repräsentierten genau den «vergangenen Juristentyp», den Radikale wie Freisler unbedingt beiseite drängen wollten, und wenn wir begreifen wollen, wie es bei diesem Treffen zu dieser dramatischen juristischen Auseinandersetzung kam und warum das amerikanische Common-Law-Verständnis für jemanden wie Freisler so attraktiv war, müssen wir ihre Einstellungen sorgfältiger und einfühlsamer beschreiben, als ein Friedrich Hayek das tun konnte. Wie wir gesehen haben, waren diese Zivilrechtsjuristen Männer, die das Recht als Wissenschaft betrachteten. Diese Wissenschaft hatte ein Gefüge von Grundregeln etabliert, die dem, was Juristen oder auch Gesetzgeber tun konnten, reale Grenzen setzten; Gesetzgeber konnten die logischen Vorgaben der Rechtswissenschaft ebenso wenig ignorieren wie die Gesetze der Schwerkraft oder der Mathematik. Das radikale NS-Programm insbesondere der Preußischen Denkschrift ließ sich nicht stimmig in das Strafrechtsgebäude integrieren, und aus diesem Grund musste man es ablehnen oder zumindest grundlegend modifizieren.

Diese erklärtermaßen «wissenschaftliche» Einstellung ist das eigentliche Markenzeichen des gut ausgebildeten Juristen in der

Zivilrechtstradition. Sie unterscheidet sich zweifellos von der Haltung des Common-Law-Richters, aber es ist keine Haltung, die sich dem Staat widerstandslos unterwirft. Im Gegenteil, diese juristische Verpflichtung auf die «Wissenschaft» vom Recht setzt jedem radikalen Gesetzgebungsvorhaben quasi-konstitutionelle Grenzen. Die Traditionen der Rechtswissenschaft bildeten sozusagen den Code, in dem Gesetzgebung abgefasst werden musste. Die Folge war, dass die «wissenschaftlich» geprägte Rechtsprofession noch im Frühsommer 1934 in der Lage war, den Forderungen der radikalen Nationalsozialisten Einhalt zu gebieten, so sehr diese Radikalen auf «politische» oder «primitive» statt «wissenschaftliche» Entscheidungen drängen mochten. Ja, der Staat in der Welt des Zivilrechts war im Prinzip vergleichsweise mächtig, aber die Traditionen der Rechtswissenschaft sorgten dafür, dass diese Macht in Schach gehalten wurde.

Ein Mann wie Freisler fühlte sich gerade deshalb zur amerikanischen Rechtslehre hingezogen, weil sie nicht durch diese Art von «vergangenem» Respekt gegenüber der Rechtswissenschaft und der juristischen Tradition behindert wurde; und allein das sollte genügen, um bei uns Zweifel zu wecken, ob die Freiheit des Common Law wirklich den besten Schutz gegen eine Tyrannei nach Art der Nationalsozialisten bietet. Das Amerika des Common Law war für Roland Freisler deshalb interessant, weil dieses Land in seinen Augen den Segen der Freiheit von der Zwangsjacke formalistischer Rechtswissenschaft genoss, und nach deutschen Maßstäben hatte er recht: Amerika war und ist ein Land, wo die Überzeugung, «wissenschaftliche» Rechtsprinzipien würden dem, was die Politik tun kann, Grenzen setzen, schon immer vergleichsweise schwach ausgeprägt war. Ausgebildete «Rechtswissenschaftler» haben in Amerika nie über derartige Macht verfügt, wie Gürtner und Lösener sie noch Anfang Juni 1934 besaßen.

Zweifellos haben die Amerikaner mitunter so etwas wie eine «Rechtswissenschaft» kultiviert,[50] und die amerikanische Spielart dieser Rechtswissenschaft hat dem Gesetzgebungsprozess mitunter sicherlich Grenzen gesetzt. Insbesondere im späten 19. und frühen 20. Jahrhundert beherrschten selbsternannte amerikanische «Rechtswissenschaftler» Institutionen wie die Harvard Law School. Im gleichen Zeitraum entwickelte der Oberste Gerichtshof der USA seine eigene «Rechtswissenschaft», die in der Rechtsstaatsgarantie (*Due Process Clause*) des 14. Verfassungszusatzes gründete. Mit ihrer Hilfe verwarf er eine fortschrittliche Wirtschaftsgesetzgebung, am berühmtesten im Fall *Lochner v. New York* 1905.[51] In gewisser Weise strebten amerikanische Juristen der sogenannten «Lochner-Ära» nach der gleichen Macht, die deutsche «Rechtswissenschaftler» wie Gürtner und Lösener für sich beanspruchten.

Doch auch wenn Amerikaner mitunter gerne von ihrer «Rechtswissenschaft» sprechen, war diese amerikanische Rechtswissenschaft in Wirklichkeit immer weitaus schwächer als die deutsche Rechtswissenschaft. Die dogmatische «Rechtswissenschaft» amerikanischer Law Schools erreichte nie die Ausgefeiltheit und systematische Tiefe ihres deutschen Pendants. Was die Gerichte der Lochner-Ära angeht, so verwarfen sie mitunter Wirtschaftsgesetze, ließen aber einen Großteil der fortschrittlichen Gesetzgebung unangetastet. Vor allem aber ließen sie die rassistische Gesetzgebung fast völlig unbehelligt. Wenn es um Rasse ging, ließ die amerikanische «Rechtswissenschaft» der amerikanischen Politik im Allgemeinen kurzerhand den Vortritt.[52] Anders als deutsche «Rechtswissenschaftler» wie Lösener machten sich amerikanische Common-Law-Richter keine großen Gedanken über die begriffliche Inkohärenz ihrer rassistischen Entscheidungen. Während Lösener darauf beharrte, eine Kriminalisierung sei angesichts des Fehlens einer wissenschaftlich haltbaren Definition des «Juden» zumindest problematisch, agierten amerikanische Richter, wie Freisler zustimmend bemerkte, im Zuge ihrer Arbeit einfach mit improvisierten Konzeptionen von «Farbigen».

Das war das rassistische Amerika, das den radikalen NS-Juristen Respekt abnötigte: Es war ein Amerika, wo die Politik durch das Recht vergleichsweise wenig behelligt wurde. Der große juristische Konflikt im Dritten Reich spielte sich nicht zwischen der Freiheit des Common Law und der staatlichen Macht des Civil Law ab. Der eigentliche Konflikt war der zwischen Rechtmäßigkeit, wie sie in einer zivilrechtlichen Vorstellung von Rechtswissenschaft begründet war, und Rechtlosigkeit, für die sich ein Mann wie Freisler unter Berufung auf das amerikanische Common Law stark machen konnte.[53] Das NS-Recht, wie Freisler und Konsorten es sich vorstellten, war keine grobe Form von Rechtspositivismus, die das Recht auf eine Gehorsamspflicht gegenüber den Befehlen der Vorgesetzten reduzierte. NS-Recht sollte ein Recht sein, das von der juristischen Vergangenheit befreit war – ein Recht, das die Richter, Gesetzgeber und Parteioberen im Dritten Reich von den Fesseln überkommener Rechtsvorstellungen befreien und in die Lage versetzen sollte, der Verwirklichung der rassistischen Ziele des Regimes «entgegen zu arbeiten», wobei sie es als ihre Pflicht ansahen, ihren Ermessensspielraum «im Geiste Adolf Hitlers» zu nutzen.[54] Insbesondere Richter sollten über ein hohes Maß an Unabhängigkeit verfügen, die sie im Einklang mit den Zielen des Führers ausüben sollten.[55] Auf diese Weise sollte das Recht eine primitive Form von «nationaler Revolution» institutionalisieren und perpetuieren, indem es den primitiven Instinkten zahlloser kleiner Hitlers in zahllosen staatlichen Ämtern einen Ermessensspielraum verschaffte. Es sollte eine nationalsozialistische Hydra schaffen. Genauso verhielt sich Freisler in seinem Amt als Präsident des Volksgerichtshofs. Und genau deshalb fand er die Rechtsphilosophie des Common Law mit ihrem «Pragmatismus», ihrer «Unmittelbarkeit» und der Tatsache, dass sie die Gesetzgebungsbefugnis den Richtern überließ, so reizvoll.

***

Im Lichte dieser Fragen sollten wir uns abschließend Gedanken über das Wesen des «Realismus» der 1930er Jahre machen.

Ein nicht unwichtiger Teil der Geschichte nämlich ist der, dass sich führende Juristen der 1930er Jahre im Dritten Reich wie im Amerika des New Deal selbst als «Realisten» bezeichneten – die in beiden Ländern gleichermaßen darauf aus waren, die «Neigung eines vergangenen Juristentyps, am wirklichen Leben vorbeizugehen», zu bekämpfen. Auf amerikanischer Seite war das die Hochzeit der Bewegung, die man als «American Legal Realism» bezeichnet. Dieser amerikanische Rechtsrealismus galt lange als eines der bedeutsamen Produkte eines amerikanischen Pragmatismus, der bereit war, gesellschaftliche Probleme in einem zupackenden Geiste anzugehen und eine gesunde Widerstandskraft gegen jeglichen Dogmatismus an den Tag legte. Für seine amerikanischen Anhänger stand dieser Realismus in deutlichem Gegensatz zum «Formalismus», einem Stil, der eine rigide Form pseudowissenschaftlichen Rechts hervorbrachte, das nicht in der Lage war, sich den modernen gesellschaftlichen Bedürfnissen anzupassen.[56] Die Verbindung zwischen diesem amerikanischen Rechtsrealismus und dem New Deal ist in der Tat eng,[57] und amerikanische Juristen sprechen häufig mit beträchtlichem Stolz von ihrer realistischen Tradition, der «wichtigsten einheimischen Rechtsschule der USA im 20. Jahrhundert».[58]

Die Wirtschaftsprogramme des New Deal wurden derweil in einem ähnlich pragmatischen Geist in Angriff genommen. In einer berühmten Rede beschrieb Franklin Roosevelt die amerikanische Stimmung so: «Das Land braucht mutige, beharrliche Experimente.»[59] Das epische Rechtsdrama der frühen 1930er Jahre, das in jeder Geschichte des New Deal erzählt wird, war der dramatische Konflikt zwischen den mutigen Experimentatoren der Regierung und einem feindlich gesinnten Supreme Court. Jack Balkin schildert, wie die Juristen der 1930er Jahre diese Auseinandersetzung sahen. Auf der einen Seite stand demnach ein konservatives Oberstes Gericht mit seiner Tradition, zumindest einige fortschrittliche Wirtschaftsgesetze aus «formalistischen» Gründen abzulehnen. Auf der anderen Seite stand der «Pragmatismus» des New Deal, der sich an den «gesellschaftlichen Realitäten» orientierte: «[W]ährend der ‹Lochner-Ära› betrieben die Gerichte einen rigiden Formalismus, der die gesellschaftlichen Realitäten vernachlässigte, während der New Deal einen kraftvollen Pragmatismus an den Tag legte, der leidenschaftlich auf gesellschaftlichen und wirtschaftlichen Wandel ausgerichtet war. Der Supreme Court der Lochner-Ära verfügte durch seine Interpretationen nationaler Macht und den Due Process Clause konservative Werte des *laissez-faire*, während der New Deal flexible und pragmatische Vorstellungen nationaler Macht vertrat, die nötig seien, um das Gemeinwohl zu schützen.»[60] Der konservative Supreme Court blockierte bekanntermaßen die Schlüsselreformen des New Deal bis zur folgenschweren «Kapitulation im letzten Moment» von 1937, mit der sich das Gericht letztlich hinter das Regierungsprogramm stellte. Dieser epische Kampf zwischen Exekutive und Judikative wurde, wie andere Aspekte des New Deal auch, in der NS-Literatur mit Interesse verfolgt, und nationalsozialistische Autoren schilderten ihn in der gleichen Begrifflichkeit wie amerikanische Realisten: Die Auseinandersetzung galt als Test, ob die «kühnen Experimente» der Politik des New Deal die «vergangenen» legalistischen Vorstellungen von den Verfassungsvorschriften zugunsten eines angesichts der Wirtschaftskrise notwendigen realistischen Handelns überwinden konnten. Ein NS-Beobachter formulierte es so: Die Entscheidungen des Obersten Gerichts, mit denen es die Programme des frühen New Deal verworfen habe, seien «unbegreiflich formalistisch und lebensfremd».[61]

Auf deutscher Seite dominierten in dieser Zeit in nationalsozialistischen Schriften ähnlich anti-formalistische Ansätze, auch wenn die Nazis den Begriff «Realismus» nicht so häufig oder durchgängig verwendeten wie die Amerikaner. Die beteiligten NS-Juristen sollten zu den einflussreichsten deutschen Rechtswissenschaftlern des 20. Jahrhunderts gehören – auch wenn sie alle nach dem Krieg entschieden darum bemüht waren, ihre NS-Aktivitäten zu verheimlichen; heute ist man in Deutschland nicht wirklich stolz auf diesen nationalsozialistischen Realismus der 1930er Jahre.[62] Trotzdem gab es etwas, das man mit gutem Grund als nationalsozialistischen Realismus bezeichnen kann, und diese Bewegung war durchaus einflussreich. Bemerkenswert dabei ist: Wenn sich Wissenschaftler daranmachen, die Rechtslehre der USA und des Dritten Reiches zu beschreiben, kommen sie zu fast identischen Formeln. Die amerikanischen Rechtsrealisten, so lesen wir, seien getrieben «von der Vorstellung, dass Recht und Leben nicht im Gleichklang seien»;[63] ähnlich lesen wir, das große Ziel der Nazis sei «die Überwindung der ‹Entfremdung› von Leben und Recht» gewesen.[64] «‹Lebensrecht vor Formalrecht› ist die Grundtendenz des nationalsozialistischen Rechtslebens.»[65] Das Recht wieder in Einklang mit dem «Leben» und den «gesellschaftlichen Realitäten» zu bringen war in diesen unruhigen Jahren auf beiden Seiten des Atlantiks die zentrale Parole.

Worin genau besteht nun die Verbindung zwischen den beiden Realismen, dem des Dritten Reiches und dem des New Deal? In den 1930er Jahren gab es zweifellos jede Menge Beobachter, die hier eine enge Verwandtschaft sahen. Wie G. Edward White schreibt, hatten die amerikanischen Rechtsrealisten das ganze Jahrzehnt hindurch mit dem «angeblichen Zusammenhang zwischen ihrem moralischen Relativismus und dem Aufstieg amoralischer totalitärer Regierungen» zu kämpfen.[66] So erklärte man beispielsweise Karl Llewellyn, dem führenden Vertreter des American Legal Realism, im April 1934, er sei «als echter Nazi akzeptiert und geeignet, im Lebensblut des neuen Reiches aufzugehen». Llewellyn, ein überzeugter Liberaler, reagierte mit deutlicher Verärgerung,[67] aber er war nicht der Einzige, der sich mit den hässlichen Assoziationen des Realismus in den 1930er Jahren herumschlagen musste. Ein anderes bemerkenswertes Beispiel ist Hans Morgenthau, der Pionier des «Realismus» in der internationalen Politik. Morgenthau hatte seine Laufbahn als junger Jurist in Deutschland begonnen, wo er das fortschrittlichste deutsche Rechtsdenken der Weimarer Republik in sich aufgesogen hatte. Doch nach der Machtübernahme Hitlers floh er ins Ausland, und als frisch eingetroffener Exilant in Amerika beschloss er, den Begriff «Realismus» zu vermeiden, denn, wie sein Biograf schreibt, «er war in Sorge, das könnte amerikanische Leser dazu veranlassen, ihn dem Lager des amerikanischen Rechtsrealismus zuzuschlagen oder, schlimmer noch, eine Verbindung zu NS-Ideologen herzustellen, die ebenfalls eine ‹realistische› Sicht des Rechts vertraten».[68] Erst nach dem Zweiten Weltkrieg war Morgenthau wieder bereit, für einen «Realismus» einzutreten.

Unserer «wichtigsten einheimischen Rechtsschule» haftete in den frühen 1930er Jahren ein Hauch von Nationalsozialismus an.

Das bedeutet natürlich nicht, dass die amerikanischen Rechtsrealisten mit den Nationalsozialisten sympathisiert hätten. Die meisten von ihnen taten das fraglos nicht. Die Realisten waren in der Realität keine Faschisten, genauso wenig wie Franklin Roosevelt in Wirklichkeit ein Diktator war.[69] Die Tatsache, dass es eine nationalsozialistische Spielart des Realismus gab, impliziert nicht, dass wir vor jedem Realismus in unserer eigenen Tradition zurückschrecken müssen. Der rechtsrealistischen Bewegung in Amerika verdanken wir einige großartige Erkenntnisse, von denen wir noch immer viel lernen können.[70] Überdies sei darauf hingewiesen, dass es der amerikanische Legal Realism aus der Zeit des New Deal war, der dem Verfahren *Brown v. Board of Education* in den 1950er Jahren den Weg bereitete.[71] Ohnehin bleibt bei allen Ähnlichkeiten die Tatsache bestehen, dass sich die NS-Gerichte in schreckliche Niederungen der Gesetzlosigkeit begaben. Im Vergleich dazu waren noch die schlimmsten amerikanischen Gerichte besser.[72] Trotzdem *gab* es zweifelsfrei Ähnlichkeiten zwischen dem Realismus des New Deal und dem Realismus des Nationalsozialismus, und das nationalsozialistische Interesse an amerikanischen Rassengesetzen sowie das nationalsozialistische Gefühl in der Frühzeit des Hitler-Regimes, es bestehe eine Verwandtschaft mit den Vereinigten Staaten, lassen sich nicht angemessen verstehen, wenn wir uns nicht mit diesen Ähnlichkeiten befassen.

Der «Realismus» im Amerika des New Deal und im Dritten Reich umfasste noch viele weitere Aspekte, denen ich hier nicht nachgehen kann; das Thema würde ein eigenes Buch erfordern. An dieser Stelle möchte ich lediglich den offensichtlichen Punkt betonen: Die «Realisten» beider Länder waren gleichermaßen eifrig darauf bedacht, die Hindernisse zu beseitigen, die eine «formalistische» Rechtswissenschaft dem «Leben» und der Politik in den Weg legte – und zum «Leben» gehörten im Amerika des New Deal wie im Dritten Reich nicht nur Wirtschaftsprogramme, welche die beiden Länder aus der Krise hieven sollten. Zum «Leben» gehörte auch der Rassismus.

Und hier sollten uns die Affinitäten zwischen den beiden Realismen tatsächlich ein wenig unruhig werden lassen. Der American Legal Realism gehörte nicht nur Liberalen wie Karl Llewellyn; es gab in den 1930er Jahren auch viele prominente amerikanische Rassisten, die ihm anhingen.[73] Zur «realistischen» Haltung im amerikanischen Recht gehörte es nicht nur, sich den politischen Entscheidungsträgern zu fügen, wenn es um Wirtschaftsgesetze ging; man sollte sich ihnen auch fügen, wenn es um rassistische Gesetze ging. Zwar wandten sich einige prominente Realisten gegen den amerikanischen Rassismus, doch in den 1930er Jahren übergingen die meisten die Rassenfrage mit Stillschweigen.[74] Insofern passte der amerikanische Rechtsrealismus der frühen 1930er Jahre wunderbar zum frühen New Deal, der wie gesehen auf dem teuflischen Pakt zwischen Wirtschaftsreformen und Rassisten in den Südstaaten gründete. Mit der gleichen «realistischen» Rechtsphilosophie, mit der sich die «kühnen [Wirtschafts-] Experimente» von Franklin Roosevelt verteidigen ließen, ließ sich auch der Rassismus der Demokratischen Partei im Süden rechtfertigen.

Das also war die Situation in Amerika in den ersten Jahren von Hitlers Herrschaft, wie sie sich den deutschen Juristen darstellte. Amerika war ein Land, das Wirtschaftsreformen angesichts der Großen Depression mit Rassismus vereinte. Seine rassistische Seite hat auf scharfsinnige Weise Heinrich Krieger beschrieben, der ehemalige Austauschstudent an der Law School der University of Arkansas, dessen Arbeiten es bis ins Justizministerium schafften, wo man das «Blutschutzgesetz» plante, der deutsche Jurist, dessen Forschungen das nationalsozialistische Verständnis

Amerikas am deutlichsten prägten. Krieger erkannte, dass sich die tiefgreifenden Spannungen in den amerikanischen Rassengesetzen nicht von den tiefsitzenden Spannungen in amerikanischen Wirtschaftsgesetzen unterschieden: Wie er es formulierte, waren die USA ein Land, das zwischen den beiden «Gestaltungskräften» des Formalismus und des Realismus hin- und hergerissen war. Wenn es im Speziellen um die Rasse ging, gab es einerseits die formalistische Rechtslehre des 14. Zusatzartikels mit ihrer «lebensfremden» Berufung auf die Gleichheit aller Menschen, und auf der anderen Seite den realistischen Rassismus eines Rechts, das in den «im amerikanischen Volke lebendigen Rechtsanschauungen» wurzelte und das neben dem offenen Rassismus der Mischehenverbote die heimischen «Umwege» einer Staatsbürgerschaft zweiter Klasse hervorgebracht hatte.[75] Krieger war nicht der Ansicht, dass dieser Zustand Amerika zuträglich war. Er glaubte, Amerika kämpfe darum, seinen rechtlichen Rassismus offen zu vertreten, wie es eigentlich sein sollte, doch das sei dem Land noch nicht gelungen. Gleichwohl blieb er hoffnungsvoll, dass die Vereinigten Staaten vollständig gesunden würden, sobald sie ihren Formalismus zugunsten des Realismus aufgaben. 1938 veröffentlichte ein Rassist aus den Südstaaten eine Besprechung von Kriegers Buch, die seine Hoffnungen für Amerika wunderbar zum Ausdruck brachte. *Das Rassenrecht in den Vereinigten Staaten*, so der Rezensent, sei eine «gelehrte und wertvolle Studie», die von Kriegers «Realismus» zeuge. Der Nationalsozialist Krieger sei ein «offener» Mensch, der die Probleme direkt angehe, und er plädiere mit Nachdruck für eine Wiederbelebung des rassischen Exklusionismus seiner Helden Jefferson und Lincoln: «Krieger ist aufgrund seiner Studien überzeugt – und er wird jeden ernsthaften Leser ebenfalls überzeugen –, dass sich unsere Rassenprobleme nur lösen lassen, wenn wir wieder zu den

Ansichten zurückkehren, die unsere bedeutendsten Staatsmänner vertreten haben. Das war ein realistischer Standpunkt, und einzig und allein ein solcher kann zu einer gesunden und fairen Lösung für alle betroffenen Rassen führen.»[76] Diesen «realistischen Standpunkt» hatte Krieger aus Fayetteville nach Deutschland mitgebracht.

***

Das alles sollte uns ganz selbstverständlich zu denken geben, wenn es um die amerikanische Rechtskultur mit ihren pragmatischen Traditionen und der viel gepriesenen Offenheit und Anpassungsfähigkeit ihres Common Law geht. Mitunter mag das amerikanische Common Law mit seiner vergleichsweise unterentwickelten Bindung an die «Rechtswissenschaft», seiner Experimentierfreudigkeit und seiner liberalen Machtübertragung an die Richter tatsächlich überlegene Ergebnisse zeitigen. So ist beispielsweise in meinen Augen das amerikanische Vertragsrecht mit seiner Innovationsfreude beispielhaft. Mitunter produziert der demokratische politische Prozess in Amerika bewundernswerte Gesetze. Doch wenn man ein Common-Law-System wie in Amerika hat, dann verfügt man über ein System, in dem die Rechtstraditionen tatsächlich wenig Macht haben, sich den Forderungen der Politik zu entziehen; wenn die Politik schlecht ist, können auch die Gesetze tatsächlich sehr schlecht sein.

Die daraus resultierenden Gefahren sind nicht verschwunden, und es wäre falsch, dieses Buch zu beschließen, ohne zumindest auf einen heutigen Bereich amerikanischen Rechts zu verweisen, in dem sich diese Gefahren weiterhin bemerkbar machen. Dieser Bereich ist die amerikanische Strafjustiz. Das amerikanische Strafrecht ist nach internationalen Standards auf spektakuläre und beängstigende Weise streng. Es umfasst Praktiken, die mitunter unangenehm an die Maßnahmen erinnern, die von den Nazis eingeführt wurden – etwa die sogenannten «Drei-Verstöße-Gesetze», eine Bestrafungsform für notorische Straftäter. Auch die Nazis verfügten über besondere Strafen für Gewohnheitstäter.[77] Was macht das heutige Amerika so außergewöhnlich rigide? Das hat zum Teil damit zu tun, dass das heutige amerikanische Strafrecht in der fortgeschrittenen Wirtschaftswelt einzigartig ist, insofern es in hohem Maße durch den politischen Prozess geprägt wird, entweder durch eine Gesetzgebung, die Härte gegen Kriminalität beweisen will, oder durch die Wahl von Richtern und Staatsanwälten, eine Praxis, die es in der übrigen Welt so nicht gibt.[78] Umgekehrt hat sich die amerikanische «Rechtswissenschaft» als bemerkenswert unfähig erwiesen, im Verlauf der vergangenen Generation die Gefahren einer Politisierung des Strafrechts zu bannen. Amerikanische Juristen verfügen nicht über den Einfluss, um Vorhaben von Politikern, die sich als Hardliner im Kampf gegen die Kriminalität profilieren wollen, zu bremsen; in Kontinentaleuropa, wo sich die Traditionen der Rechtswissenschaft nach 1945 nachdrücklich wieder Geltung verschafft haben, verhält es sich in dieser Hinsicht anders. Dort gelingt es dem juristischen Berufsstand heute im Allgemeinen, das System der Strafjustiz fest unter Kontrolle zu behalten.[79] Anders in den Vereinigten Staaten: Was Roland Freisler vor achtzig Jahren an den amerikanischen Rassengesetzen erkannte und bewunderte, begleitet uns bis heute in der Politik der amerikanischen Strafjustiz – genauso wie nicht zuletzt das amerikanische Rassenproblem, das gerade in diesem Bereich eine große Rolle spielt. Insofern ist die in diesem Buch erzählte Geschichte noch nicht vorbei.

***

«Es gibt zur Zeit einen Staat», schrieb Adolf Hitler in *Mein Kampf*, «in dem wenigstens schwache Ansätze für eine bessere Auffassung bemerkbar sind.» Denke man heute an Rassengesetze, sagte der NS-Jurist und spätere SS-Obersturmbannführer Fritz Grau, denke man an Nordamerika. «Bei der Rassengesetzgebung war es natürlich sehr verlockend, in der Welt herumzusehen, ob und wie dieses Problem etwa von anderen Völkern angefaßt worden ist», erklärte Reichsjustizminister Franz Gürtner, und wie andere vor ihnen fanden auch die Juristen des Ministeriums Vorbilder in Amerika. Sicher, Amerika hatte die Juden «bisher» nicht ins Visier genommen, wie Heinrich Krieger erkannte, doch abgesehen von dieser «Ausnahme», so erklärte Roland Freisler, könne Deutschland von Amerika einiges lernen: Die Vereinigten Staaten hätten eine bewundernswert uneingeschränkte rassistische Rechtslehre geschaffen, die sich nicht mit juristischen Feinheiten abgebe und die deshalb «für uns vollkommen passen» würde. In den Augen dieser Nationalsozialisten waren die Vereinigten Staaten tatsächlich das «klassische Beispiel». Sie waren das Land, das die wirklich «interessanten» Innovationen hervorbrachte, der quasi natürliche Ort, dem sich jemand als Erstes zuwandte, wenn er einen «Rassenstaat» plante. Aus diesem Grund konnte das *Nationalsozialistische Handbuch für Recht und Gesetzgebung* das Kapitel darüber, wie man einen Rassenstaat aufbaut, damit beschließen, dass es Amerika als das Land beschrieb, das die «grundsätzliche Erkenntnis» der Wahrheiten über den Rassismus erlangt und die ersten notwendigen Schritte unternommen habe, die nun vom nationalsozialistischen Deutschland vollendet werden müssten.

Natürlich ist auch richtig, dass die Vereinigten Staaten bei vielen großartigen Rechtsinstitutionen eine Vorreiterrolle spielten und spielen. Natürlich gab es auch viele Aspekte der liberalen demokratischen Tradition in Amerika, die den Nazis verachtenswert erschienen. Natürlich erwies sich Amerika als großzügiger Zufluchtsort zumindest für einige Opfer des Nationalsozialismus. Trotzdem: Wenn es um die Rassengesetze ging, betrachteten zahlreiche NS-Juristen Amerika als das wichtigste Vorbild; und so gerne wir die Augen davor verschließen würden, war es keineswegs abwegig, dass sie ihr Programm der frühen 1930er Jahre als eine gründlichere und rigorosere Verwirklichung amerikanischer Haltungen gegenüber Schwarzen, Asiaten, Indianern, Filipinos, Puerto-Ricanern und anderen betrachteten – auch wenn das Regime sich einem neuen Ziel in Gestalt der Juden zugewandt hatte, auch wenn es später die rassistische Ausübung moderner staatlicher Macht in eine unvorstellbar schreckliche neue Richtung lenken sollte.

Auch das muss Teil unseres nationalen Narrativs sein.

Danksagung

Mit der Arbeit an diesem Buch begann ich in Princeton, wo ich den Luxus genoss, 2014/15 Fellow des Program on Law and Public Affairs zu sein. Seither wurde mir die Unterstützung des Oscar M. Ruebhausen Fund an der Yale Law School zuteil. Mehrere Freunde und Kollegen haben mich mit Ratschlägen in Forschungsfragen und Kommentaren unterstützt: Danken möchte ich insbesondere Ariela Gross, Daniel Sharfstein, Samuel Moyn, Patrick Weil, Vivian Curran, Kenneth Ledford, David Eng, Van Gosse, Dirk Hartog, Jacqueline Ross, David Schleicher, Bruce Ackerman und Lawrence Friedman. Daniel Rodgers unterzog eine frühe Fassung des Buches einer gründlichen und kritischen Lektüre. Ich hoffe, die hier vorliegende Fassung überzeugt ihn. Mein besonderer Dank gilt Christoph Paulus, der meine Ausführungen nicht nur kommentierte, sondern sich auch die Zeit nahm, meine Übersetzungen zu überprüfen. Mark Pinkert lieferte großartige Unterstützung bei meinen Forschungen zur amerikanischen Rechtsgeschichte, und Jenny Wolkowicki war eine sehr hilfreiche Lektorin, deren scharfen Augen nichts entging. Ich profitierte von den Kommentaren zahlreicher Workshop-Teilnehmer an der Columbia Law School, der Harvard Law School, der Yale Law School und der Buchmann Faculty of Law an der Tel Aviv University. Ihnen allen bin ich zu Dank verpflichtet.

Das Buch profitierte enorm von den Kommentaren dreier

anonymer Gutachter für Princeton University Press. Ihre aufmerksamen, kenntnisreichen und mitunter zu Recht verärgerten Reaktionen bestärkten mich in meiner Entscheidung, dieses Projekt bei einem akademischen Verlagshaus vorzulegen.

Sara McDougall war dabei und in allen anderen Angelegenheiten meine Partnerin.

Anmerkungen

Einleitung

1 Johnpeter Horst Grill und Robert L. Jenkins, The Nazis and the American South in the 1930s: A Mirror Image?, in: *Journal of Southern History* 58, Nr. 4 (November 1992), S. 667–694.
2 Die Parallelen werden erörtert bei George Fredrickson, *Racism: A Short History* (Princeton: Princeton University Press, 2002), S. 2, 129; Judy Scales-Trent, Racial Purity Laws in the United States and Nazi Germany: The Targeting Process, in: *Human Rights Quarterly* 23 (2001), S. 259–307.
3 Mark Mazower, *Hitlers Imperium. Europa unter der Herrschaft des Nationalsozialismus*, übersetzt von Martin Richter (München: C.H. Beck, 2009), S. 536 (Näheres dazu in Kapitel 1). Siehe auch die klugen Überlegungen bei Bill Ezzell, Laws of Racial Identification and Racial Purity in Nazi Germany and the United States: Did Jim Crow Write the Laws That Spawned the Holocaust?, in: *Southern University Law Review* 30 (2002/03), S. 1–13.
4 Andreas Rethmeier, *«Nürnberger Rassegesetze» und Entrechtung der Juden im Zivilrecht* (Frankfurt am Main 1995), S. 139–140.
5 Ebd., S. 139.
6 Ebd., S. 140.
7 Richard Bernstein, Jim Crow and Nuremberg Laws, *H-Judaica*, 31. März 1999, verfügbar unter http://h-net.msu.edu/cgi-bin/logbrowse.pl?trx=vx&list=H-Judaic&month=9903&week=e&msg=BHhgu7G7S8og2GgfCEpHNg&user=&pw=.
8 Post von Marcus Hanke, zitiert ebd.
9 Jens-Uwe Guettel, *German Expansionism, Imperial Liberalism, and the United States, 1776–1945* (Cambridge: Cambridge University Press, 2012), S. 204–206.
10 Rethmeier, *«Nürnberger Rassegesetze»*, S. 140. Eine ähnliche Einschätzung mitsamt interessanten weiteren Belegen für nationalsozialistische Verweise auf die USA liefert Michael Mayer, *Staaten als Täter. Ministerialbürokratie und «Judenpolitik» in NS-Deutschland und Vichy-Frankreich. Ein Vergleich* (München: Oldenbourg, 2010), S. 101.
11 Karl Felix Wolff, *Rassenlehre. Neue Gedanken zur Anthropologie, Politik, Wirtschaft, Volkspflege und Ethik* (Leipzig: Kapitzsch, 1927), S. 171 und 173 zeigt, wie verbreitet diese Ansicht in Europa war. Wolff glaubte allerdings

trotzdem, dass Amerika aufgrund der Rassenmischung zum Untergang verurteilt sei. Dazu, welche Stellung Amerika in europäischen Wahrnehmungen der internationalen Bühne einnahm, siehe allgemein Adam Tooze, *Sintflut. Die Neuordnung der Welt 1916–1931*, übersetzt von Norbert Juraschitz und Thomas Pfeiffer (München: Siedler, 2015).

12 Beispielsweise Wahrhold Drascher, *Die Vorherrschaft der Weißen Rasse* (Stuttgart: Deutsche Verlags-Anstalt, 1936), S. 340; und die Darstellung in Michael Kater, *Gewagtes Spiel. Jazz im Nationalsozialismus*, übersetzt von Bernd Rullkötter (Köln: Kiepenheuer & Witsch, 1995), S. 65–117. Zum deutschen Interesse am Fordismus und an der Industriegesellschaft der USA siehe Mary Nolan, *Visions of Modernity: American Business and the Mod-ernization of Germany* (New York: Oxford University Press, 1994); Volker Berghahn, *Industriegesellschaft und Kulturtransfer. Die deutsch-amerikanischen Beziehungen im 20. Jahrhundert* (Göttingen: Vandenhoeck & Ruprecht, 2010), etwa S. 28–29.

13 Hitler, *Mein Kampf*, 143–144. Aufl. (München: Eher, 1935), S. 479 (= Hitler, *Mein Kampf. Eine kritische Edition*, hrsg. von Christian Hartmann, Thomas Vordermayer, Othmar Plöckinger und Roman Töppel [München: Institut für Zeitgeschichte, 2016], Bd. 2, S. 1093–1095).

14 Siehe Victoria de Grazia, *Das unwiderstehliche Imperium. Amerikas Siegeszug im Europa des 20. Jahrhunderts*, übersetzt von Karl Heinz Siber (Stuttgart 2010); Egbert Klautke, *Unbegrenzte Möglichkeiten. «Amerikanisierung» in Deutschland und Frankreich (1900–1933)* (Wiesbaden: Steiner, 2003).

15 Diese Zitate stammen aus dem *Völkischen Beobachter*, abgedruckt in Hans-Jürgen Schröder, *Deutschland und die Vereinigten Staaten 1933–1939. Wirtschaft und Politik in der Entwicklung des deutschamerikanischen Gegensatzes* (Wiesbaden: Steiner, 1970), S. 93, und allgemein S. 93–119. Für Detlef Junker bildete die Quarantäne-Rede vom Oktober 1937 den Wendepunkt. Detlef Junker, Hitler's Perception of Franklin D. Roosevelt and the United States of America, in: *FDR and His Contemporaries: Foreign Perceptions of an American President*, hrsg. von Cornelius A. van Minnen und John F. Sears (New York: St. Martin's, 1992), S. 143–156, hier S. 150–151. Siehe auch Klaus P. Fischer, *Hitler and America* (Philadelphia: University of Pennsylvania Press, 2011), 65–69. Siehe auch unten Kapitel 1, Text in Anmerkung 28.

16 Schröder, *Deutschland und die Vereinigten Staaten*, S. 93–119; und zum «faschistischen New Deal» James Q. Whitman, Commercial Law and the American Volk: A Note on Llewellyn's German Sources for the Uniform Commercial Code, in: *Yale Law Journal* 97 (1987), S. 156–175, hier S. 170. Natürlich interessierten sich auch fortschrittlich gesinnte Europäer für den New Deal; siehe dazu Daniel Rodgers, *Atlantiküberquerungen. Die Politik der Sozialreform, 1870–1945*, übersetzt von von Katharina Böhmer und Karl Heinz Siber (Stuttgart 2010), S. 468-470.

17 Detlef Junker, The Continuity of Ambivalence, in: *Transatlantic Images and Perceptions: Germany and America since 1776*, hrsg. von David E. Barclay und

Elisabeth Glaser-Schmidt (New York: Cambridge University Press, 1997), S. 246.

18 Wulf Siewert, Amerika am Wendepunkt, in: *Wille und Macht*, 15. April 1935, S. 22.

19 Während Junker (Hitler's Perception of Franklin D. Roosevelt) auf die Quarantäne-Rede von 1937 verweist, dokumentiert Steven Casey, *Cautious Crusade: Franklin D. Roosevelt, American Public Opinion, and the War against Nazi Germany* (New York: Oxford University Press, 2001), S. 40, FDRs Zögern, Hitlers Namen zu nennen. Siehe auch ebd., S. 9. Philipp Gassert hingegen verweist ein wenig zaghaft auf die Rede zur Lage der Nation im Januar 1936. Philipp Gassert, «Without Concessions to Marxist or Communist Thought»: Fordism in Germany, 1923–1939, in: Barclay und Glaser-Schmidt (Hg.), *Transatlantic Images and Perceptions*, S. 238.

20 Ira Katznelson, *Fear Itself: The New Deal and the Origins of Our Time* (New York: Liveright, 2013).

21 Der Aufruf zur Freundschaft auf der Grundlage eines gemeinsamen Rassismus findet sich bei Waldemar Hartmann, Deutschland und die U. S. A. Wege zu gegenseitigem Verstehen, in: *Nationalsozialistische Monatshefte* 4 (November 1933), S. 493–494.

22 Katznelson, *Fear Itself*, S. 126–127. Diese Bewunderung für den US-Präsidenten gab es im Übrigen auch anderswo in Europa. Siehe David Ellwood, *The Shock of America: Europe and the Challenge of the Century* (New York: Oxford University Press, 2012), S. 186–193.

23 Zu Ähnlichkeiten und Einflüssen siehe John Garraty, The New Deal, National Socialism, and the Great Depression, in: *American Historical Review* 78 (1973), S. 907–944; Wolfgang Schivelbusch, *Entfernte Verwandtschaft. Faschismus, Nationalsozialismus, New Deal 1933–1939* (Frankfurt am Main: Fischer Taschenbuch Verlag, 2008); zu Italien siehe James Q. Whitman, Of Corporatism, Fascism and the First New Deal, in: *American Journal of Comparative Law* 39 (1991), S. 747–778.

24 Grill und Jenkins, Nazis and the American South.

25 Zu diesem Programm, das unter dem Deckmantel des Krieges betrieben wurde, und seinem Hintergrund im deutschen Rechtsdenken siehe Christian Merkel, *«Tod den Idioten» – Eugenik und Euthanasie in juristischer Rezeption vom Kaiserreich zur Hitlerzeit* (Berlin: Logos, 2006), S. 20–21 und passim.

26 Stefan Kühl, *The Nazi Connection: Eugenics, American Racism, and German National Socialism* (New York: Oxford University Press, 1994), S. 37 und passim.

27 Siehe beispielsweise Randall Hansen und Desmond King, Eugenic Ideas, Political Interest and Policy Variance: Immigration and Sterilization Policy in Britain and the U. S., in: *World Politics* 53, Nr. 2 (2001), S. 237–263; Véronique Mottier, Eugenics and the State: Policy-Making in Comparative Perspective,

in: *Oxford Handbook of the History of Eugenics*, hrsg. von Alison Bashford und Philippa Levine (New York: Oxford University Press, 2010), S. 135.

28 Timothy Snyder, *Black Earth. Der Holocaust und warum er sich wiederholen kann*, übersetzt von Ulla Höber, Karl Heinz Siber und Andreas Wirthensohn (München: C.H. Beck, 2015), S. 28.

29 Ebd.

30 Teilweise zitiert und erörtert in Ian Kershaw, *Wendepunkte. Schlüsselentscheidungen im Zweiten Weltkrieg*, übersetzt von Klaus-Dieter Schmidt (München: Deutsche Verlags-Anstalt, 2008), S. 486–487; vgl. Carroll P. Kakel, *The American West and the Nazi East: A Comparative and Interpretive Perspective* (New York: Palgrave Macmillan, 2011), S. 1. Ich zitiere hier nach Adolf Hitler, *Reden, Schriften, Anordnungen* (München: Saur, 1994), Bd. III/1, S. 161.

31 Einen Überblick über die Literatur bietet Kakel, *American West and the Nazi East*, S. 1–2. Siehe auch David Blackbourn, The Conquest of Nature and the Mystique of the Eastern Frontier in Germany, in: *Germans, Poland, and Colonial Expansion in the East*, hrsg. von Robert Nelson (New York: Palgrave Macmillan, 2009), S. 152–153; Alan Steinweis, Eastern Europe and the Notion of the «Frontier» in Germany to 1945, in: *Yearbook of European Studies* 13 (1999), S. 56–70; Philipp Gassert, *Amerika im Dritten Reich. Ideologie, Propaganda und Volksmeinung, 1933–1945* (Stuttgart: Steiner, 1997), S. 95–97.

32 Guettel, *German Expansionism*, S. 193–195 und 209–211, unternimmt wenig überzeugende Versuche, diese Literatur abzutun, indem er im Wesentlichen die Bedeutung der Beispiele leugnet, ganz gleich, wie viele präsentiert werden.

33 Norman Rich, Hitler's Foreign Policy, in: *The Origins of the Second World War Reconsidered: The A. J. P. Taylor Debate after Twenty-Five Years*, hrsg. von Gordon Martel (Boston: Allen & Unwin, 1986), S. 136.

34 Siehe Kapitel 2 zur Preußischen Denkschrift von 1933 sowie zu anderen Texten und Diskussionen.

35 Gustav Klemens Schmelzeisen, *Das Recht im nationalsozialistischen Weltbild. Grundzüge des deutschen Rechts*, 3. Aufl. (Leipzig: Kohlhammer, 1936), S. 84.

36 Siehe Kapitel 2.

37 Zitiert in Bernstein, Jim Crow and Nuremberg Laws.

38 Siehe beispielsweise die Bemerkungen bei David Dyzenhaus, *Legality and Legitimacy: Carl Schmitt, Hans Kelsen and Hermann Heller in Weimar* (Oxford: Oxford University Press, 1997), S. 100.

39 Zu Pound siehe Stephen H. Norwood, *The Third Reich in the Ivory Tower* (Cambridge and New York: Cambridge University Press, 2009), S. 56–57; allgemeiner zum amerikanischen Nazismus Sander A. Diamond, *The Nazi Movement in the United States, 1924–1941* (Ithaca, NY: Cornell University Press, 1974).

40 In diese Richtung zielt Hermann Ploppa, *Hitlers amerikanische Lehrer. Die Eliten der USA als Geburtshelfer der Nazi-Bewegung* (Sterup: Liepsen, 2008).

Kapitel 1
Reichsflaggen und Reichsbürger

1 Hitler, *Mein Kampf*, 143–144. Aufl. (München: Eher, 1935), S. 313–314. Zur früheren Version siehe Hitler, *Mein Kampf. Eine kritische Edition*, hrsg. von Christian Hartmann, Thomas Vordermayer, Othmar Plöckinger und Roman Töppel (München: Institut für Zeitgeschichte, 2016), Bd. 1, S. 743, sowie weiter unten die Diskussion in Anmerkung 35.

2 Reich Adopts Swastika as Nation's Official Flag; Hitler's Reply to «Insult», in: *New York Times*, 16. September 1935, S. A1.

3 So zum Beispiel Wilhelm Stuckart, Nationalsozialismus und Staatsrecht, in: *Grundlagen, Aufbau und Wirtschaftsordnung des nationalsozialistischen Staates*, hrsg. von H.-H. Lammers et al. (Berlin: Spaeth & Linde, 1936), Bd.15, S. 23; *Meyers Lexikon*, 8. Aufl. (Leipzig: Bibliographisches Institut, 1940), Bd. 8, S. 525, Stichwort «Nürnberger Gesetze».

4 Jay Meader, Heat Wave Disturbing Peace, July 1935 Chapter 111, in: *New York Daily News*, 13. Juni 2000, verfügbar unter http://www.nydailynews.com/archives/news/heat-wave-disturbing-peace-july-1935-chapter-111-article-1.874082. Zur allgemeineren Geschichte Klaus P. Fischer, *Hitler and America* (Philadelphia: University of Pennsylvania Press, 2011), S. 50–52; Thomas Kessner, *Fiorello H. La Guardia and the Making of Modern New York* (New York: McGraw-Hill, 1989), S. 401–402.

5 Siehe den Text of Police Department's Report on the Bremen Riot, in: *New York Times*, 2. August 1935. Zur «Bremen» und ihrem Schwesterschiff, der «Europa», siehe Arnold Kludas, *Record Breakers of the North Atlantic: Blue Riband Liners, 1838–1952* (London: Chatham, 2000), S. 109–117.

6 U. S. Department of State. Press Releases (1935), S. 101.

7 Siehe beispielsweise Fischer, *Hitler and America*, S. 49.

8 Louis B. Brodsky, 86, Former Magistrate, in: *New York Times*, 1. Mai 1970, S. 35. Zum korrekten Datum seines Abschlusses: New York University Commencement, in: *New York Times*, 7. Juni 1901, S. 9.

9 Detlef Sahm, *Die Vereinigten Staaten von Amerika und das Problem der nationalen Einheit* (Berlin: Buchholz & Weisswange, 1936), S. 92–96.

10 Zu seiner Ernennung zunächst durch Bürgermeister John F. Hylan und dann durch Bürgermeister Jimmy Walker siehe Louis B. Brodsky, 86, Former Magistrate, in: *New York Times*, 1. Mai 1970, S. 35.

11 New York Inferior Criminal Courts Act, Title V, §§ 70, 70a, Code of Criminal Procedure of the State of New York, 20. Aufl. (1920).

12 Siehe Herbert Mitgang, *The Man Who Rode the Tiger: The Life and Times of*

Judge Samuel Seabury (New York: Lippincott, 1963), S. 190–191. Offenbar hat Brodsky mit Spekulationsgeschäften ein Vermögen verdient.

13 Siehe Terry Golway, *Machine Made: Tammany Hall and the Creation of Modern American Politics* (New York: Liveright, 2014), etwa S. 253–254.

14 Jay Gertzman, *Bookleggers and Smuthounds: The Trade in Erotica, 1920–1940* (Philadelphia: University of Pennsylvania Press, 1999), S. 167.

15 Court Upholds Nudity. No Longer Considered Indecent in Nightclubs, Magistrate Says, in: *New York Times*, 7. April 1935, S. F17.

16 Ebd.

17 Brodsky Releases 5 in Bremen Riot, in: *New York Times*, 7. September 1935, S. 1, 5.

18 U. S. Apology for Reich. Hull Expresses Regrets on Brodsky Remarks, in: *Montreal Gazette*, 16. September 1935. Siehe auch ganz allgemein die Dokumente in *Foreign Relations of the United States* (1935), Bd. 2, S. 485–490.

19 Siehe z. B. Ian Kershaw, *Hitler. 1889–1936*, übersetzt von Jürgen Peter Krause und Jörg W. Rademacher (Stuttgart: Deutsche Verlags-Anstalt, 1998), S. 547–626.

20 Erlaß des Reichspräsidenten über die vorläufige Regelung der Flaggenhissung (vom 12. März 1933), *Reichsgesetzblatt* (1933), Bd. 1, S. 103.

21 Ich folge hier der Analyse von Dirk Blasius, *Carl Schmitt. Preußischer Staatsrat in Hitlers Reich* (Göttingen: Vandenhoeck & Ruprecht, 2001), S. 109.

22 Joseph Goebbels, Eintrag vom 9. September 1935, in: ders., *Tagebücher*, hrsg. von Angela Hermann, Hartmut Mehringer, Anne Munding und Jana Richter (München: Institut für Zeitgeschichte, 2005), Bd. 3/1. Erörtert in Peter Longerich, *Politik der Vernichtung. Eine Gesamtdarstellung der nationalsozialistischen Judenverfolgung* (München: Piper, 1998), S. 622, Anm. 198.

23 Johannes Stoye, *USA. Lernt Um! Sinn und Bedeutung der Roosevelt Revolution* (Leipzig: W. Goldmann, 1935), S. 140.

24 Siehe beispielsweise Arthur Holitscher, *Wiedersehen mit Amerika* (Berlin: Fischer, 1930), S. 45–49.

25 Max Domarus, *Hitler. Reden und Proklamationen, 1932–1945* (Neustadt a. d. Aisch, 1962), Bd. 1, S. 537.

26 Hitler, in: ebd., Bd. 1, S. 536–537.

27 Ebd., Bd. 1, S. 538.

28 Philipp Gassert, «Without Concessions to Marxist or Communist Thought»: Fordism in Germany, 1923–1939, in: *Transatlantic Images and Perceptions: Germany and America since 1776*, hrsg. von David E. Barclay und Elisabeth Glaser-Schmidt (New York: Cambridge University Press, 1997), S. 239. Zum Jahr 1937 als Wendepunkt siehe Junker, Hitler's Perception of Franklin D. Roosevelt, S. 150–51; Fischer, *Hitler and America*, S. 65–69.

29 Albrecht Wirth, *Völkische Weltgeschichte (1879–1933)* (Braunschweig: Westermann, 1934), S. 10. Dieser Abschnitt findet sich bereits in der Ausgabe von 1924, damals mit einer Büste von Hindenburg als Frontispiz. Wirth,

Völkische Weltgeschichte, 5. Aufl. (Braunschweig/Hamburg: Westermann, 1924), S. 10.

30 Thurgood Marshall, Reflections on the Bicentennial of the United States Constitution, in: *Harvard Law Review* 101 (1987), S. 2.

31 Wahrhold Drascher, *Die Vorherrschaft der Weißen Rasse* (Stuttgart: Deutsche Verlags-Anstalt, 1936), S. 159–160. Zu Drascher und seinem «viel beachteten, von der Partei jedoch nicht einhellig gutgeheißenen Buch» siehe Albrecht Hagemann, *Südafrika und das «Dritte Reich»* (Frankfurt am Main/New York: Campus, 1989), S. 117–118.

32 Drascher, *Vorherrschaft der Weißen Rasse*, S. 339.

33 Ebd., S. 217.

34 Alfred Rosenberg, Die rassische Bedingtheit der Außenpolitik, in: *Hochschule und Ausland*, Oktober 1933, S. 8–9.

35 Hitler, *Mein Kampf*, S. 313–314. Bis 1930 hieß es: «bis auch er der Blutschande zum Opfer fällt». Offenkundig war Hitler in der Zwischenzeit bereit, in Erwägung zu ziehen, dass Amerika als Rassenstaat möglicherweise überlebte. Siehe Hitler, *Mein Kampf. Eine kritische Edition*, Bd. 1, S. 743.

36 So war etwa Drascher der Ansicht, die USA hätten zwar ihre Verbundenheit mit der Sache der Weißen bewiesen, würden sich aber womöglich isolationistisch abschotten und damit nicht weiter zum weltweiten Kampf um die weiße Vorherrschaft beitragen. Siehe Drascher, *Vorherrschaft der Weißen Rasse*, S. 294–295 sowie S. 351.

37 Waldemar Hartmann, Deutschland und die U. S. A. Wege zu gegenseitigem Verstehen, in: *Nationalsozialistische Monatshefte* 4 (November 1933), S. 481–494; Hartmann, Politische Probleme der U. S. A., in: *Nationalsozialistische Monatshefte* 4 (November 1933), S. 494–506; Karl Bömer, Das neue Deutschland in der amerikanischen Presse, in: *Nationalsozialistische Monatshefte* 4 (November 1933), S. 506–509.

38 *Reichsgesetzblatt* (1935), Bd. 1, S. 1146; verfügbar unter: https://de.wikisource.org/wiki/Reichsb%C3%BCrgergesetz.

39 Domarus, *Hitler*, Bd. 1, S. 538.

40 Vgl. zum «Zuchthaus» James Q. Whitman, *Harsh Justice: Criminal Punishment and the Widening Divide between America and Europe* (New York: Oxford University Press, 2003), S. 132.

41 *Reichsgesetzblatt* (1935), Bd. 1, S. 1146, verfügbar unter: https://de.wikisource.org/wiki/Gesetz_zum_Schutze_des_deutschen_Blutes_und_der_deutschen_Ehre.

42 Nazis Bar Jews as Citizens; Make Swastika Sole Flag in Reply to Insult, in: *New York Herald Tribune*, 16. September 1935, S. 1

43 Für eine Darstellung, die über die konventionelle Sichtweise der Segregation hinausgeht, siehe Ariela J. Gross, *What Blood Won't Tell: A History of Race on Trial in America* (Cambridge, MA: Harvard University Press, 2008), S. 5–7.

44 347 US 483 (1954).

45 163 US 537 (1896).

46 Siehe dazu die Einleitung.

47 Siehe etwa James E. Falkowski, *Indian Law/Race Law: A Five-Hundred Year History* (New York: Praeger, 1992), S. 47–80.

48 Ian Haney López, *White by Law* (New York: New York University Press, 2006), S. 27–28.

49 Siehe z. B. Christopher Waldrep, Substituting Law for the Lash: Emancipation and Legal Formalism in a Mississippi County Court, in: *Journal of American History* 82 (1996), S. 1425–1451, hier S. 1426; Bruce Ackerman und Jennifer Nou, Canonizing the Civil Rights Revolution: The People and the Poll Tax, in: *Northwestern Law Review* 103 (2009), S. 63–148.

50 Siehe dazu unten den Abschnitt über die «amerikanische Staatsbürgerschaft zweiter Klasse»

51 Peggy Pascoe, *What Comes Naturally: Miscegenation Law and the Making of Race in America* (Oxford: Oxford University Press, 2009).

52 388 US 1 (1967).

53 Haney López, *White by Law*, S. 27–34.

54 Immigration and Nationality Act von 1965 (Pub. L. 89–236, 79 Stat. 911, in Kraft getreten am 30. Juni 1968). Zu den Grenzen der damit verbundenen Liberalisierung siehe Christian Joppke, *Selecting by Origin: Ethnic Migration in the Liberal State* (Cambridge, MA: Harvard University Press, 2005), S. 57–59.

55 Stefan Kühl, *The Nazi Connection: Eugenics, American Racism, and German National Socialism* (New York: Oxford University Press, 1994), S. 21–22, 38–39.

56 An Act to Establish an Uniform Rule of Naturalization, ch. 3, 1 Stat. 103 (1790). Zur historischen Bedeutung dieses Gesetzes siehe David Scott Fitzgerald und David Cook-Martin, *Culling the Masses: The Democratic Origins of Racist Immigration Policy in the Americas* (Cambridge, MA: Harvard University Press, 2014), S. 82; zu seiner Stellung innerhalb des rassisch bestimmten Einwanderungs- und Einbürgerungsrechts siehe Haney López, *White by Law*, S. 31; zu seiner «Unstreitigkeit» zur Zeit seiner Verabschiedung siehe Rogers Smith, *Civic Ideals: Conflicting Visions of Citizenship in U. S. History* (New Haven, CT: Yale University Press, 1997), S. 159–160; Douglas Bradburn, *The Citizenship Revolution: Politics and the Creation of the American Union, 1774–1804* (Charlottesville: University of Virginia Press, 2009), S. 260.

57 Das war Heinrich Krieger, *Das Rassenrecht in den Vereinigten Staaten* (Berlin: Junker & Dünnhaupt, 1936), S. 74. Dazu, dass es in Frankreich ein solches Verbot nicht gab, siehe Peter Sahlins, *Unnaturally French: Foreign Citizens in the Old Regime and After* (Ithaca, NY: Cornell University Press, 2004), S. 183–184. Ein Erlass vom 9. August 1777 untersagte jedoch den Zuzug von «noirs, mulâtres et gens de couleur» (Schwarzen, Mulatten und Farbigen) nach Frankreich; ausgenommen war Dienstpersonal. Joseph-Nicolas Guyot, *Repertoire Universel et Raisonné de Jurisprudence* (Paris: Panckoucke, 1778),

Bd. 23, S. 383–386. Zum ganz anders gearteten Klima während der Französischen Revolution siehe Robert Forster, Who is a Citizen?, in: *French Politics and Society* 7 (1989), S. 50–64, und zum Gegensatz zur allgemeineren atlantischen Welt siehe Alan Taylor, *American Revolutions: A Continental History, 1750–1804* (New York: Norton, 2016), S. 21–23.

58 Otto Koellreutter, *Grundriß der allgemeinen Staatslehre* (Tübingen: Mohr, 1933), S. 51.

59 Siehe Gerald L. Neuman, The Lost Century of American Immigration Law (1776–1875), in: *Columbia Law Review* 93 (1993), S. 1866–1867.

60 Tyler Anbinder, *Nativism and Slavery: The Northern Know Nothings and the Politics of the 1850's* (New York: Oxford University Press, 1992), S. 136.

61 Siehe Philip P. Choy, Marlon K. Hom und Lorraine Dong (Hg.), *The Coming Man: 19th Century American Perceptions of the Chinese* (Seattle: University of Washington Press, 1994), S. 123; M. Margaret McKeown und Emily Ryo, The Lost Sanctuary: Examining Sex Trafficking through the Lens of United States v. Ah Sou, in: *Cornell International Law Journal* 41 (2008), S. 746; Ernesto Hernández-López, Global Migrations and Imagined Citizenship: Examples from Slavery, Chinese Exclusion, and When Questioning Birthright Citizenship, in: *Texas Wesleyan Law Review* 14 (2008), S. 268.

62 Siehe Andrew Gyory, *Closing the Gate: Race, Politics, and the Chinese Exclusion Act* (Chapel Hill: University of North Carolina Press, 1998), S. 1.

63 Siehe die kalifornische Verfassung von 1879, Art. XIX, § 4 (aufgehoben 1952); siehe auch Iris Chang, *The Chinese in America* (New York: Viking, 2003), S. 43–45, 75, 119–120, 176.

64 Chinese Exclusion Act von 1882, ch. 126, 22 Stat. 58, aufgehoben durch den Chinese Exclusion Repeal Act von 1943, ch. 344, § 1, 57 Stat. 600; siehe auch Chae Chan Ping v. United States, 130 US 581 (1889) (The Chinese Exclusion Case) (bestätigte den Chinese Exclusion Act von 1888, ch. 1015, 25 Stat. 476).

65 Sucheng Chan, *Entry Denied: Exclusion and the Chinese Community in America, 1882–1943* (Philadelphia: Temple University Press, 1991), S. vii–viii; Terri Yuh-lin Chen, Hate Violence as Border Patrol: An Asian American Theory of Hate Violence, in: *Asian American Law Journal* 7 (2000), S. 69–101; siehe auch Ronald T. Takaki, *Strangers from a Different Shore: A History of Asian Americans* (Boston: Little, Brown, 1989), S. 203.

66 An Act to Amend the Immigration Laws of the United States, H. R. 7864, 54th Cong. (1896).

67 Grover Cleveland, Botschaft des Präsidenten der Vereinigten Staaten, der das Parlamentsgesetz Nr. 7864 mit dem Titel «An Act to Amend the Immigration Laws of the United States» ohne seine Zustimmung an die Abgeordneten zurückgibt, S. Doc. No. 54–185, at 1–4 (2d sess. 1897).

68 An Act to Regulate the Immigration of Aliens to, and the Residence of Aliens in, the United States («Asiatic Barred Zone Act»), H. R. 10384, Pub. L. 301, 39 Stat. 874., 64th Cong. (1917).

69 An Act to Limit the Immigration of Aliens into the United States («Emergency Quota Act»), H. R. 4075, 77th Cong. ch. 8 (1921).

70 An Act to Limit the Immigration of Aliens into the United States, and for Other Purposes («The 1924 Immigration Act»), H. R. 7995; Pub. L. 68–139; 43 Stat. 153., 68th Cong. (1924).

71 Mae Ngai, The Architecture of Race in American Immigration Law: A Reexamination of the Immigration Act of 1924, in: *Journal of American History* 86 (1999), S. 69. Son Thierry Ly und Patrick Weil verweisen in einem wichtigen Aufsatz darauf, dass das Gesetz von 1921 eigentlich dazu gedacht war, eine rassistische Politik so weit wie möglich einzudämmen. Ly und Weil, The Anti-Racist Origin of the Quota System, in: *Social Research* 77 (2010), S. 45–78. An dieser Stelle entscheidend aber ist, dass das Gesetz von 1921 weiter auf Rassen gründete und dass die Nazis es als rassistische Maßnahme betrachteten.

72 John William Burgess, *Political Science and Comparative Constitutional Law* (London: Ginn & Co., 1890), Bd. 1, S. 42, zitiert und erörtert in Marilyn Lake und Henry Reynolds, *Drawing the Global Colour Line: White Men's Countries and the International Challenge of Racial Equality* (Cambridge: Cambridge University Press, 2008), S. 139. Siehe allgemein ebd., und *Aziz Rana, The Two Faces of American Freedom* (Cambridge, MA: Harvard University Press, 2010), S. 3 und passim.

73 Lake und Reynolds, *Drawing the Global Colour Line*, S. 164, 315–320.

74 Ebd., S. 17–45 (dort ist natürlich von der damaligen Kolonie Victoria die Rede); Charles A. Price, *The Great White Walls Are Built: Restrictive Immigration to North America and Australasia, 1836–1888* (Canberra: Australian National University Press, 1974).

75 Lake und Reynolds, *Drawing the Global Colour Line*, S. 71–72, 119–125.

76 Zitiert in Joppke, *Selecting by Origin*, S. 34, allgemein zu den USA und Australien ebd., S. 31–49.

77 Fitzgerald und Cook-Martin, *Culling the Masses*, S. 7.

78 André Siegfried, *Die Vereinigten Staaten von Amerika. Volk, Wirtschaft, Politik*, 2. Aufl., übersetzt von C. & M. Loosli-Usteri (Leipzig: Orell Füssli, 1928), S. 79–108 und 100 zum Charakter der amerikanischen Einwanderungsgesetze. Das französische Original erschien 1927.

79 Siehe etwa Jean Pluyette, *La Sélection de l'immigration en France et la doctrine des races* (Paris: Bossuet, 1930), S. 58–69; M. Valet, *Les Restrictions à l'Immigration* (Paris: Sirey, 1930), S. 23–24.

80 Lake und Reynolds, *Drawing the Global Colour Line*, S. 29, 35, 49–74 (zum Einfluss von Bryce), 80, 119, 129–131, 138–144, 225, 269.

81 Siehe z. B. Pierre Wurtz, *La Question de l'Immigration aux États-Unis. Son État Actuel* (Paris: Dreux and Schneider, 1925), S. 259–260.

82 Theodor Fritsch, *Handbuch der Judenfrage*, 26. Aufl. (Hamburg: Hanseatische Druck-und Verlagsanstalt, 1907), S. 8–9.

83 Mark Mazower, *Hitlers Imperium. Europa unter der Herrschaft des Natio-*

nalsozialismus, übersetzt von Martin Richter (München: C.H. Beck, 2009), S. 536.

84 Zu den Indianern siehe Burt Estes Howard, *Das Amerikanische Bürgerrecht* (Leipzig: Duncker & Humblot, 1904), S. 35–38; zu den Puerto-Ricanern siehe Paul Darmstädter, *Die Vereinigten Staaten von Amerika. Ihre politische, wirtschaftliche und soziale Entwicklung* (Leipzig: Quelle & Meyer, 1909), S. 208.

85 Dred Scott v. Sandford, 60 US (19 How.) 393 (1857), aufgehoben durch den 14. Zusatzartikel.

86 Stephen Breyer, Making Our Democracy Work: The Yale Lectures, in: *Yale Law Journal* 120 (2011), S. 2012–2013 («Die meisten Historiker dürften heute darin übereinstimmen: Wenn Dred Scott irgendeine Auswirkung auf den Bürgerkrieg hatte, dann hat es ihn eher versursacht als verhindert.»). Siehe dagegen Jack M. Balkin und Sanford Levinson, Thirteen Ways of Looking at Dred Scott, in: *Chicago-Kent Law Review* 82 (2007), S. 67 («Heute sind viele der Ansicht, Dred Scott habe den Ausbruch des Bürgerkriegs beschleunigt, obwohl das (...) alles andere als feststeht – möglicherweise hat es ihn auch um mehrere Jahre hinausgezögert.»)

87 US-Verfassung, Zusatzartikel 14 (1868), und 15 (1870).

88 In den 1850er Jahren ergänzten Connecticut und Massachusetts ihre Verfassungen dahingehend, dass diejenigen, die wählen oder politische Ämter bekleiden wollten, des Lesens und Schreibens kundig sein mussten. Verfassung von Connecticut von 1818, Art. XI (1855); Alexander Keyssar, *The Right to Vote: The Contested History of Democracy in the United States* (New York: Basic Books, 2000), S. 144–145.

89 Lake und Reynolds, *Drawing the Global Colour Line*, S. 63.

90 Erst 1915 hob der Supreme Court diese Klauseln auf, die weiße lese- und schreibunkundige Wähler von den Alphabetisierungsvoraussetzungen ausnahmen, nicht aber schwarze Wähler, die nicht unter die Großvaterregelung fielen. Guinn v. United States, 238 US 347 (1915).

91 Siehe z. B. Daryl Levinson und Benjamin I. Sachs, Political Entrenchment and Public Law, in: *Yale Law Journal* 125 (2015), S. 414.

92 Siehe etwa Breedlove v. Suttles, 302 US 277, 283 (1937), verworfen durch Harper v. Virginia State Bd. of Elections, 383 US 663 (1966); Lassiter v. Northampton Cty. Bd. of Elections, 360 US 45, 53–54 (1959).

93 Max Weber, Die Protestantischen Sekten und der Geist des Kapitalismus, in: ders., *Gesammelte Aufsätze zur Religionssoziologie*, 2. Aufl. (Tübingen: Mohr, 1922), Bd. 1, S. 207–236, hier S. 217.

94 Ebd.

95 Eduard Meyer, *Die Vereinigten Staaten von Amerika. Geschichte, Kultur, Verfassung und Politik* (Frankfurt am Main: Keller, 1920), S. 93; vgl. etwa Otto Hoetzsch, *Die Vereinigten Staaten von Nordamerika* (Bielefeld/Leipzig: Velhagen & Kalsing, 1904), S. 174.

96 Robert Michels, *Wirtschaftliche und politische Betrachtungen zur alten und neuen Welt* (Leipzig: Gloeckner, 1928), S. 10, und allgemein S. 10–12, 29–30.
97 Konrad Haebler et al., *Weltgeschichte* (Leipzig: Bibliographisches Institut, 1922), S. 250.
98 Darmstädter, *Die Vereinigten Staaten von Amerika*, S. 216.
99 *Der Große Brockhaus. Handbuch des Wissens*, 15. Aufl. (Leipzig: Brockhaus, 1932), Bd. 13, S. 253, Stichwort «Negerfrage»; und beispielsweise Rudolf Hensel, *Die Neue Welt. Ein Amerikabuch* (Hellerau: Hegner, 1929), S. 106–107.
100 Für eine Darstellung aus den frühen 1930er Jahren siehe Dudley McGovney, Our Non-citizen Nationals, Who Are They?, in: *California Law Review* 22 (1934), S. 593–635.
101 Siehe jetzt Gerald Neuman und Tomiko Brown-Nagin (Hg.), *Reconsidering the Insular Cases: The Past and Future of the American Empire* (Cambridge, MA: Harvard University Press, 2015).
102 Siehe David Ellwood, *The Shock of America: Europe and the Challenge of the Century* (New York: Oxford University Press, 2012), S. 22–25.
103 Beispielsweise Darmstädter, *Die Vereinigten Staaten von Amerika*, S. 208.
104 Zitiert in Frank Degenhardt, *Zwischen Machtstaat und Völkerbund. Erich Kaufmann (1880–1972)* (Baden-Baden: Nomos, 2008), S. 1; siehe des Weiteren ebd., S. 124–126 zu seiner Biographie, unter anderem zu seinen Beziehungen zum Kreis um Moeller van den Bruck und zum Juniklub. Zu seinem Verhältnis zu Carl Schmitt siehe Stefan Hanke, Carl Schmitt und Erich Kaufmann – Gemeines in Bonn und Berlin, in: *Die Juristen der Universität Bonn im «Dritten Reich»*, hrsg. von Mathias Schmoeckel (Köln: Böhlau, 2004), S. 388–407; eine Bewertung seiner Staatsphilosophie bietet Daniel Kachel, Das Wesen des Staates – Kaufmanns frühe Rechtsphilosophie, in: *Die Juristen der Universität Bonn im «Dritten Reich»*, S. 408–424.
105 Ein anderes faszinierendes Beispiel ist natürlich Ernst Kantorowicz mit seinen mystischen rechten Ansichten über das Reich. Für eine Darstellung seiner Karriere, die ihn «den Nazis gefährlich nahe» brachte, und der Schwierigkeiten, ihn politisch zu verorten, siehe Conrad Leysers «Introduction» zu Ernst Kantorowicz, *The King's Two Bodies: A Study in Medieval Political Theology*, Neuausgabe, hrsg. von William Chester Jordan (Princeton: Princeton University Press, 2016), S. ix–xxiii, xiii, und allgemein xi–xv.
106 Erich Kaufmann, *Auswärtige Gewalt und Koloniale Gewalt in den Vereinigten Staaten von Amerika* (Leipzig: Duncker & Humblot, 1908), S. 139.
107 Ebd., S. 156.
108 Siehe insbes. Gnaeus Flavius [Hermann Kantorowicz], *Der Kampf um die Rechtswissenschaft* (Heidelberg: Winter, 1906), S. 7–8. Hier ist nicht der Ort, um die wechselseitigen Einflüsse zu untersuchen, mit denen die deutsche Freirechtsschule auf der Grundlage einer Idealisierung des Common Law Theorien entwickelte, die dann wiederum amerikanische Rechtstheoretiker beeinflussten.

109 Kaufmann, *Auswärtige Gewalt*, S. 11. Natürlich durfte man Kaufmanns Buch während des Dritten Reiches nicht zitieren, weshalb sich unmöglich sagen lässt, ob es das nationalsozialistische Amerikabild beeinflusst hat.

110 Hugo Münsterberg, *Die Amerikaner* (Berlin: Mittler, 1912), Bd. 1, S. 208–209.

111 Ernst Freund, *Das öffentliche Recht der Vereinigten Staaten von Amerika* (Tübingen: Mohr, 1911), S. 62.

112 Ebd., S. 63–64. Bemerkenswerterweise brachte der IV. Weltkongress der Kommunistischen Internationale 1922 ähnliche Ansichten zum Ausdruck. Siehe *Resolutions and Theses of the Fourth Congress of the Communist International*, Held in Moscow, Nov. 7 to Dec. 3, 1922 (London: Communist International, o. J.), S. 85–86. Wollte man die Stellung des amerikanischen Rechts auf der internationalen Bühne umfassend darstellen, müsste man sich auch mit der kommunistischen Sichtweise beschäftigen. Aus Platzgründen sehe ich davon ab.

113 Wm. Weber, Die auswärtige Politik der Vereinigten Staaten, in: *Preußische Jahrbücher* 145 (1911), S. 345–354, hier S. 346. Weber war ein Pastor aus Pennsylvania.

114 Nationalsozialistisches Parteiprogramm (1920), verfügbar unter http://www.documentarchiv.de/wr/1920/nsdap-programm.html.

115 Jürgen Peter Schmidt, Hitlers Amerikabild, in: *Geschichte in Wissenschaft und Unterricht* 53 (2002), S. 714–726; vgl. Inge Marszolek, Das Amerikabild im Dritten Reich, in: *Amerika und Europa. Mars und Venus? Das Bild Amerikas in Europa*, hrsg. von Rudolf von Thadden und Alexander Escudier (Göttingen: Wallstein, 2004), S. 49–64.

116 Hitler, *Mein Kampf*, S. 488–490 (= Hitler, *Mein Kampf. Eine kritische Edition*, Bd. 2, S. 1115–1117).

117 Kühl beschäftigt sich zu Recht mit dieser Passage, aber amerikanischen Wissenschaftlern scheint sie entgangen zu sein. Kühl, *Nazi Connection*, S. 26.

118 Adolf Hitler, Außenpolitische Standortbestimmung nach der Reichstagswahl, Juni–Juli 1928, in: ders., *Reden, Schriften, Anordnungen* (München: Saur, 1994), Bd. II A, S. 92.

119 Gerhard Weinberg, *Hitlers Zweites Buch. Ein Dokument aus dem Jahr 1928* (Stuttgart: Deutsche Verlags-Anstalt, 1961), S. 130 und 132.

120 Alexander Graf Brockdorff, *Amerikanische Weltherrschaft?*, 2. Aufl. (Berlin: Albrecht, 1930), S. 29; vgl. etwa auch Karl Felix Wolff, *Rassenlehre. Neue Gedanken zur Anthropologie, Politik, Wirtschaft, Volkspflege und Ethik* (Leipzig: Kapitzsch, 1927), S. 173.

121 Seine Ansichten sollten sich bis zum Beginn des Zweiten Weltkriegs auch nicht verdüstern. Siehe Fischer, *Hitler and America*, S. 10.

122 Weinberg, *Hitlers Zweites Buch*, S. 132. Ähnliche Aussagen finden sich ebd., S. 121, 125.

123 Ebd., S. 132.

124 Teilweise zitiert und erörtert in Ian Kershaw, *Wendepunkte. Schlüsselentscheidungen im Zweiten Weltkrieg*, übersetzt von Klaus-Dieter Schmidt

(München: Deutsche Verlags-Anstalt, 2008), S. 486–487; zum Original siehe Hitler, *Reden, Schriften, Anordnungen*, Bd. III/1, S. 161.

125 Detlef Junker, Die Kontinuität der Ambivalenz: Deutsche Bilder von Amerika, 1933–1945, in: *Gesellschaft und Diplomatie im transatlantischen Kontext*, hrsg. von Michael Wala (Stuttgart: Steiner, 1999), S. 171–172, das Zitat S. 171.

126 Philipp Gassert, *Amerika im Dritten Reich. Ideologie, Propaganda und Volksmeinung, 1933–1945* (Stuttgart: Steiner, 1997), S. 95–97, das Zitat auf S. 96.

127 Ebd.

128 Beispielsweise Hans Reimer, *Rechtsschutz der Rasse im neuen Staat* (Greifswald: Adler, 1934), S. 47.

129 Junker behauptet, die Nazis hätten die Vereinigten Staaten in den frühen 1930er Jahren im Allgemeinen mit Wohlwollen betrachtet. Junker, Kontinuität, S. 166–167. Aus rechtshistorischer Sicht ist allerdings festzuhalten, dass das nationalsozialistische Amerikabild vermutlich komplexer war, als Junker glaubt.

130 Hartmann, Deutschland und die U. S. A., S. 493–494. Hartmann rief zum kulturellen Austausch auf, allerdings im allgemeineren Kontext der Hoffnung auf Verständigung.

131 Juliane Wetzel, Auswanderung aus Deutschland, in: *Die Juden in Deutschland 1933–1945*, hrsg. von Wolfgang Benz (München: Beck, 1988), S. 414; Philippe Burrin, *Hitler und die Juden. Die Entscheidung für den Völkermord*, übersetzt von Ilse Strasmann (Frankfurt am Main: S. Fischer , 1993), S. 38–68.

132 Wetzel, Auswanderung, S. 426.

133 Hans Christian Jasch, *Staatssekretär Wilhelm Stuckart und die Judenpolitik* (München: Oldenbourg, 2012), S. 316–340 (Wannsee), 392–424 (Kriegsverbrecherprozess).

134 Stuckart, *Nationalsozialismus und Staatsrecht*, Bd. 15, S. 23. In der Einleitung zu Wilhelm Stuckart und Hans Globke, *Kommentare zur deutschen Rassengesetzgebung* (Berlin: Beck, 1936), Bd. 1, S. 15, war diese Passage zurückhaltender formuliert. Eine detailliertere Darstellung, wie es zu Stuckarts Wechsel von einer Politik der Vertreibung zu einer Politik der Vernichtung kam, bietet Jasch, *Staatssekretär Wilhelm Stuckart*, S. 290–372.

135 *Reichsgesetzblatt* (1933), Bd. 1, S. 529.

136 Uwe Dietrich Adam, *Judenpolitik im Dritten Reich* (Düsseldorf: Droste, 1972), S. 80–81.

137 Ebd., S. 81.

138 Jörg Schmidt, *Otto Koellreutter, 1883–1972* (Frankfurt am Main: Lang, 1995); Michael Stolleis, Koellreutter, Otto, in: *Neue Deutsche Biographie*, Bd. 12 (1979), S. 324–325, https://www.deutsche-biographie.de/gnd119235935.html#ndbcontent. Zu Koellreutters Rolle in München und im Dritten Reich siehe auch Michael Stolleis, *Geschichte des öffentlichen Rechts in Deutschland*, Bd. 3: *Staats- und Verwaltungsrechtswissenschaft in Republik und Diktatur 1914–1945* (München: C.H. Beck, 1999), S. 328–329 und 347–348. Viel später ging Koellreutter auf Distanz zum Regime.

139 Rolf Peter, Bevölkerungspolitik, Erb- und Rassenpflege in der Gesetzgebung des Dritten Reiches, in: *Deutsches Recht* 7 (1937), S. 238, Anm. 1; zu anderen Gesetzen im Britischen Empire siehe oben die Anmerkungen 73 bis 78.

140 Koellreutter, *Grundriß der allgemeinen Staatslehre*, S. 51–52.

141 Siehe etwa Berthold Schenk Graf von Stauffenberg, Die Entstehung der Staatsangehörigkeit und das Völkerrecht, in: *Zeitschrift für Ausländisches öffentliches Recht und Völkerrecht* 4 (1934), S. 261–276, hier S. 261, 270. Stauffenberg gehörte zehn Jahre später zu den Verschwörern des 20. Juli.

142 Vgl. neben vielen anderen Beispielen Gerhard Röhrborn, *Der autoritäre Staat* (Diss., Jena, 1935), S. 53; Adalbert Karl Steichele, *Das deutsche Staatsangehörigkeitsrecht auf Grund der Verordnung über die deutsche Staatsangehörigkeit vom 5. Februar 1934* (München: Schweitzer, 1934), S. 16; Theodor Maunz, *Neue Grundlagen des Verwaltungsrechts* (Hamburg: Hanseatische Verlags-Anstalt, 1934), S. 10, Anm. 3.

143 Robert Deisz, Rasse und Recht, in: *Nationalsozialistisches Handbuch für Recht und Gesetzgebung*, 2. Aufl., hrsg. von Hans Frank (München: Zentralverlag der NSDAP, 1935), S. 47. Dieser Artikel war in der ersten Auflage noch nicht enthalten.

144 Siehe Valdis O. Lumans, *Himmler's Auxiliaries: The Volksdeutsche Mittelstelle and the German National Minorities of Europe, 1933–1945* (Chapel Hill: University of North Carolina Press, 1993), S. 89. Sofern Kier ein typischer Funktionär der Volksdeutschen Mittelstelle war, gehörte er zu einer relativ gut situierten Intellektuellengruppe, die kaum Verbindung zu den Gräueltaten der Waffen-SS hatte. Siehe ebd., S. 55–56, 58. Eine Darstellung von Kiers Laufbahn und eine vehemente Zurückweisung der Vermutung, er sei Mitglied der SS gewesen, findet sich bei Herfrid Kier, Herbert Kier (1900–1973). Ein deutschösterreichischer Völkerrechtler, in: *Jahrbuch der Juristischen Zeitgeschichte* 16 (2015), S. 269–326, insbes. S. 294

145 Herbert Kier, Volk, Rasse und Staat, in: *Nationalsozialistisches Handbuch für Recht und Gesetzgebung*, 1. Aufl., hrsg. von Hans Frank (München: Zentralverlag der NSDAP, 1935), S. 28.

146 Edgar Saebisch, *Der Begriff der Staatsangehörigkeit* (Borna-Leipzig: Noske, 1935), S. 42. Eingereicht wurde diese Dissertation 1934.

147 Martin Staemmler, *Rassenpflege im völkischen Staat* (München: Lehmann 1935), S. 49.

148 Sahm, *Die Vereinigten Staaten von Amerika*, S. 134. Zum nationalsozialistischen Interesse an «Erziehungsmaßnahmen» siehe Kapitel 2.

149 Otto Harlander, Französisch und Englisch im Dienste der rassenpolitischen Erziehung, in: *Die Neueren Sprachen* 44 (1936), S. 61–62. Ein weiteres zeitgenössisches Beispiel ohne nationalsozialistische Neigung ist Josef Stulz, *Die Vereinigten Staaten von Amerika* (Freiburg im Breisgau: Herder, 1934), S. 314; weitere Beispiele für den gängigen Verweis auf das amerikanische Einwanderungsrecht in der einschlägigen Literatur der frühen 1930er Jahre sind Dra-

scher, *Vorherrschaft der Weißen Rasse*, S. 370; Steichele, *Das deutsche Staatsangehörigkeitsrecht*, S. 14; Gottfried Neesse, *Die Nationalsozialistische Deutsche Arbeiterpartei. Versuch einer Rechtsdeutung* (Stuttgart: W. Kohlhammer, 1935), S. 169, Anm. 19.

150 Krieger, *Rassenrecht*, S. 74–109.

151 Cornelia Essner, *Die «Nürnberger Gesetze» oder die Verwaltung des Rassenwahns, 1933–1945* (Paderborn: Schöningh, 2003), S. 82–83.

152 Kurt Daniel Stahl, Erlösung durch Vernichtung. Von Hitler zu Nasser. Das bizarre Schicksal des deutschen Edelmannes und Professors Johann von Leers, in: *Die Zeit*, 30., Mai 2010, verfügbar unter http://www.zeit.de/2010/22/GES-Johann-von-Leers.

153 Johann von Leers, *Blut und Rasse in der Gesetzgebung. Ein Gang durch die Völkergeschichte* (München: Lehmann, 1936), S. 80–103.

154 Saebisch, *Begriff der Staatsangehörigkeit*, S. 45–46.

155 Ebd., S. 43.

156 The Cable Act von 1922 (ch. 411, 42 Stat. 1021, «Married Women's Independent Nationality Act»), Sec. 3. In Deutschland bekannt durch die Erörterung in Karl Zepf, *Die Staatsangehörigkeit der verheirateten Frau* (Diss., Tübingen, 1929), S. 17–18. Amerika war beileibe nicht das einzige Land, das die Ehefrauen von Ausländern ausbürgerte, wie die deutsche Literatur durchaus wusste. Zahlreiche weitere Beispiele finden sich in Hans Georg Otto Denzer, *Die Statutenkollision beim Staatsangehörigkeitserwerb* (Diss., Erlangen 1934), S. 34; Alfons Wachter, *Die Staatlosen* (Diss., Erlangen, 1933), S. 24–25. Das Besondere an der Bestimmung des Cable Act war natürlich, dass sie rassisch begründet war.

157 Saebisch, *Begriff der Staatsangehörigkeit*, S. 44–45.

158 Leers, *Blut und Rasse*, S. 127.

159 Bernhard Lösener, Staatsangehörigkeit und Reichsbürgerrecht, in: Lammers et al., *Grundlagen, Aufbau und Wirtschaftsordnung*, Bd. 13, S. 32.

160 Stuckart und Globke, *Kommentare*, S. 76.

161 Friedrich Luckwaldt, *Das Verfassungsleben in den Vereinigten Staaten von Amerika* (Berlin: Stilke, 1936), S. 47.

162 *Der SA-Führer* 1939, Sonderheft 10/11, S. 16.

163 Wie Rassenfragen entstehen. Weiß und Schwarz in Amerika, in: *Neues Volk. Blätter des Rassenpolitischen Amtes der NSDAP* 4, Nr. 3 (1936), S. 14.

164 Leers, *Blut und Rasse*, S. 115.

165 Zum Hintergrund siehe Robert Gellately, *Hingeschaut und weggesehen. Hitler und sein Volk*, übersetzt von Holger Fliessbach (Stuttgart: Deutsche Verlags-Anstalt, 2002), S. 174–176. Gellately gibt auch einen Überblick über die unterschiedlichen wissenschaftlichen Auffassungen zum Zustand der damaligen öffentlichen Meinung in Deutschland.

166 Christian Albert, *Die Staatlosen* (Niedermarsberg: Boxberger, 1933) (Diss., Göttingen, 1933), S. 8–9.

167 Heinrich Krieger, Das Rassenrecht in den Vereinigten Staaten, in: *Verwaltungsarchiv* 39 (1934), S. 327.

168 Dr. L., Das Rassenrechtsproblem in den Vereinigten Staaten, in: *Deutsche Justiz* 96 (21. September 1934), S. 1198. Dieser Artikel fasste Heinrich Kriegers Aufsatz von 1934 zum gleichen Thema für eine breitere NS-Leserschaft zusammen.

169 Dietrich Zwicker, *Der amerikanische Staatsmann John C. Calhoun, ein Kämpfer gegen die «Ideen von 1789»* (Berlin: Ebering, 1935), S. 66, 68.

170 Ebd., S. 68. Zwicker glaubte allerdings, dass weder die Deportation der Schwarzen noch der Zionismus das Problem lösen würden.

171 Beispielsweise *Deutsche Justiz* 98 (1936), S. 130.

172 Siehe etwa die Ausführungen von Grau in Kapitel 2; und Adam, *Judenpolitik im Dritten Reich*, S. 46–64.

173 Siehe insbes. William Archibald Dunning, *Reconstruction, Political and Economic, 1865–1877* (New York: Harper, 1907), S. xiv: «der Kampf, durch den die Weißen im Süden, unterjocht von Widersachern der eigenen Rasse, das Vorhaben vereitelten, das sie dauerhaft einer anderen Rasse zu unterwerfen drohte.» Zum langdauernden Einfluss der Dunning-Schule siehe Hugh Tulloch, *The Debate on the American Civil War Era* (Manchester: Manchester University Press, 1999); und zum Fortwirken der Dunning-Schule bis in die 1920er und frühen 1930er Jahre siehe Eric Foner, *Reconstruction: America's Unfinished Revolution, 1863–1877* (New York: Harper & Row, 1989), S. xx–xxi.

174 Krieger, Das Rassenrecht in den Vereinigten Staaten, S. 329.

175 Ebd., S. 326–328.

176 Ebd., S. 330–331.

177 Sahm, Die *Vereinigten Staaten von Amerika*, S. 80 und allgemein S. 78–80.

178 Ebd., S. 95 und allgemein S. 92–96.

179 Leers, *Blut und Rasse*, 87–88.

180 Hitler, *Mein Kampf*, S. 490 (= Hitler, *Mein Kampf. Eine kritische Edition*, Bd. 2, S. 1117.)

181 Sahm, *Die Vereinigten Staaten von Amerika*, S. 97, sowie weiteres Material S. 97–99. Sahm wies nicht ausdrücklich auf die Parallelen zu den Nürnberger Gesetzen hin, doch in den historischen Umständen des Jahres 1936 sind sie unvermeidlich präsent. Sein Verweis auf die Puerto-Ricaner spiegelt die Tatsache wider, dass sich ihr Status als Staatsbürger 1917 geändert hatte. Siehe Christina Duffy Burnett und Burke Marshall, Between the Foreign and the Domestic: The Doctrine of Territorial Incorporation, Invented and Reinvented, in: *Foreign in a Domestic Sense: Puerto Rico, American Expansion and the Constitution*, hrsg. von Christina Duffy Burnett und Burke Marshall (Durham, NC: Duke University Press, 2001), S. 17.

182 Sahm, *Die Vereinigten Staaten von Amerika*, S. 98–100, erneut ohne spezifischen Hinweis auf die Nürnberger Gesetze, die jedoch offenbar bei jeder

juristischen Abhandlung zum Thema unausgesprochen im Hintergrund standen.

183 Ebd., S. 98–99.

184 Ebd., S. 98–100, erneut ohne spezifischen Hinweis auf die Nürnberger Gesetze.

185 Drascher, *Vorherrschaft der Weißen Rasse*, S. 213.

186 Krieger, *Rassenrecht*, S. 307.

187 Charles Vibbert, La génération présente aux États-Unis, in: *Revue des Deux Mondes* 58 (1930), S. 329–345, hier S. 332.

188 Bertram Schrieke, *Alien Americans: A Study of Race Relations* (New York: Viking, 1936), S. 125.

189 Gunnar Myrdal, *An American Dilemma: The Negro Problem and Modern Democracy* (New York: Harper, 1944), Bd. 1, S. 458.

190 Krieger, *Rassenrecht*, S. 305.

191 Saebisch, *Begriff der Staatsangehörigkeit*, S. 45–46.

192 Ebd., S. 46. Die amerikanische Einwanderungsgesetzgebung hatte nach Ansicht des Autors damit begonnen, zahlreiche Lücken der US-Rassengesetzgebung zu schließen.

193 Fitzgerald und Cook-Martin, *Culling the Masses*, S. 7.

Kapitel 2
Zum Schutze deutschen Blutes und deutscher Ehre

1 Beispielsweise Claus Eichen, *Rassenwahn. Briefe über die Rassenfrage* (Paris: Éditions du Carrefour, 1936).

2 Gerhard Werle, *Justiz-Strafrecht und polizeiliche Verbrechensbekämpfung im Dritten Reich* (Berlin: De Gruyter, 1989), S. 179.

3 Entscheidungen des Reichsgerichts in Strafsachen 72, 91, 96 (Entscheidung vom 23.2.1938); auch in *Deutsche Justiz* 100 (1938), S. 422–424.

4 Gustav Klemens Schmelzeisen, *Das Recht im nationalsozialistischen Weltbild. Grundzüge des deutschen Rechts*, 3. Aufl. (Leipzig: Kohlhammer, 1936), S. 84.

5 Wilhelm Stuckart und Hans Globke, *Kommentare zur deutschen Rassengesetzgebung* (Berlin: Beck, 1936), Bd. 1, S. 15.

6 Matthias Schmoeckel, Helmut Nicolai, in: *Neue Deutsche Nationalbiographie* 19 (Berlin: Duncker & Humblot, 1999), S. 205; siehe auch Klaus Marxen, *Der Kampf gegen das liberale Strafrecht. Eine Studie zum Antiliberalismus in der Strafrechtswissenschaft der zwanziger und dreißiger Jahre* (Berlin: Dunker & Humblot, 1975), S. 90–91.

7 Zu Gercke siehe Cornelia Essner, *Die «Nürnberger Gesetze» oder die Verwaltung des Rassenwahns, 1933–1945* (Paderborn: Schöningh, 2003), S. 76–82; Alexandra Przyrembel, *«Rassenschande». Reinheitsmythos und Vernich-*

tungslegitimation im Nationalsozialismus (Göttingen: Vandenhoeck & Ruprecht, 2003), S. 103 und 103, Anm. 112.

8 Siehe Bernd-Ulrich Hergemöller, *Mann für Mann. Biographisches Lexikon zur Geschichte von Freundesliebe und Mann-Männlicher Sexualität im deutschen Sprachraum* (Hamburg: Männerschwarmskript, 1998), S. 275, 536–537; zu Nicolais Haft im Schwarzwald, seinem Geständnis und der anschließenden Heirat siehe Martyn Housden, *Helmut Nicolai and Nazi Ideology* (Houndmills: Macmillan, 1992), S. 111.

9 Przyrembel, *«Rassenschande»*; Cornelia Essner, Die Alchemie des Rassenbegriffs, in: *Jahrbuch des Zentrums für Antisemitismusforschung* 4 (1995), S. 201–225.

10 Zu «Erziehung und Aufklärung» als Zielen der NS-Politik siehe unten die Anmerkungen 75 und 86.

11 Przyrembel, *«Rassenschande»*, S. 104.

12 Helmut Nicolai, *Die rassengesetzliche Rechtslehre. Grundzüge einer nationalsozialistischen Rechtsphilosophie* (München: Eher, 1932), S. 27.

13 Ebd., S. 45–46. Zu Alfred Rosenberg, der 1930 die Fragen der Staatsbürgerschaft und der Mischehe miteinander verknüpfte, siehe Essner, *«Nürnberger Gesetze»*, S. 56; und zu Hitler, ebd., S. 58.

14 Arno Arlt, *Die Ehehindernisse des BGB in ihrer geschichtlichen Entwicklung und im Hinblick auf künftige Gestaltung* (Diss., Jena, 1935) (eingereicht am 15. Dezember 1934), S. 87.

15 Heinrich Krieger, *Das Rassenrecht in den Vereinigten Staaten* (Berlin: Junker & Dünnhaupt, 1936), S. 311: «die von Negern oft verübte Notzucht an weißen Frauen». Gerichte in den Südstaaten der USA bestätigten diese Ansicht noch zwei Jahrzehnte später. Siehe McQuirter v. State, 36 Ala. App. 707, 63 So. 3d 388 (1953).

16 Pace & Cox v. State, 69 Alabama Rep. 231, 232 (1882), übersetzt, zitiert und erörtert in Detlef Sahm, *Die Vereinigten Staaten von Amerika und das Problem der nationalen Einheit* (Berlin: Buchholz & Weisswange, 1936), S. 68.

17 Zitiert und erörtert in David Bernstein, *Rehabilitating Lochner: Defending Individual Rights against Progressive Reform* (Chicago: University of Chicago Press, 2011), S. 80–81.

18 Bilbo zitiert und erörtert in Ira Katznelson, *Fear Itself: The New Deal and the Origins of Our Time* (New York: Liveright, 2013), S. 86.

19 Zum Beispiel Philippa Levine, Anthropology, Colonialism and Eugenics, in: *Oxford Handbook of the History of Eugenics*, hrsg. von Alison Bashford und Philippa Levine (New York: Oxford University Press, 2010), S. 52–54.

20 Erstfassung des Protokolls der 37. Sitzung der Strafrechtskommission vom 5. Juni 1934, in: Jürgen Regge und Werner Schubert (Hg.), *Quellen zur Reform des Straf- und Strafprozeßrechts* (Berlin: De Gruyter, 1989), Bd. 2.2, Tl. 2, S. 281.

21 Richard Espenschied, *Rassenhygienische Eheverbote und Ehebeschränkun-*

gen aus allen Völkern und Zeiten (Stuttgart: Olnhausen & Warth, 1937), S. 52–54, für einen Überblick über das Recht in den USA, und S. 57 der Hinweis, dass Verbote anderswo Sache der Kirche seien.

22 Im Reichsstrafgesetzbuch von 1871 findet sich das Verbot der Bigamie in § 171. Es gab sicher frühere Fälle der Kriminalisierung von anderen Formen der Ehe als der Bigamie, doch die Nazis machten davon, soweit ich sehe, keinen Gebrauch. So enthielt der Codex Theodosianus eine Kriminalisierung religiös gemischter Ehen, die sich gegen die Juden richtete. Siehe Amnon Linder, *The Jews in Roman Imperial Legislation* (Detroit: Wayne State University Press, 1987), S. 178–182, zu den Gesetzestexten und ihrer Kommentierung; mittelalterliche Beispiele, etwa von der iberischen Halbinsel, finden sich bei David Nirenberg, *Communities of Violence: Persecution of Minorities in the Middle Ages* (Princeton: Princeton University Press, 1996), S. 129–138. Andere Formen der Mehrfachehe wurden in Westeuropa prinzipiell natürlich strafrechtlich verfolgt, aber sie waren zu selten, als dass sie in den Diskussionen im Vorfeld der Nürnberger Gesetze eine besondere Rolle gespielt hätten.

23 The Northern Territory Aboriginal Act 1910 (SA) (Austl.), s. 22.

24 Zum allgemeineren legislativen Umfeld und zu der Schlussfolgerung, die australische Gesetzgebung erscheine im Vergleich zur amerikanischen «mild», siehe Katherine Ellinghaus, *Taking Assimilation to Heart: Marriages of White Women and Indigenous Men in the United States and Australia, 1887–1937* (Lincoln: University of Nebraska Press, 2006), S. 202–203; und zu den begrenzten Folgen der Agitation in Neuseeland siehe Angela Wanhalla, *Matters of the Heart: A History of Interracial Marriage in New Zealand* (Auckland: Auckland University Press, 2013), S. 134–138. Zu der Beobachtung, dass insbesondere Südafrika kein gesetzliches Verbot der Mischehe kannte, siehe Johann von Leers, *Blut und Rasse in der Gesetzgebung. Ein Gang durch die Völkergeschichte* (München: Lehmann, 1936), S. 113.

25 Md. Code Ann., Crimes and Punishments, art. 27, §§ 393, 398 (1957).

26 Zum Beispiel Espenschied, *Rassenhygienische Eheverbote*, S. 61, der auf die zivilrechtliche Ungültigkeit in einigen Fällen verweist; Leers, *Blut und Rasse*, S. 115. Zu den verstreuten ausländischen Beispielen für die Ungültigkeit von Ehen, welche die Nazis finden konnten, siehe Andreas Rethmeier, *«Nürnberger Rassegesetze» und Entrechtung der Juden im Zivilrecht* (Frankfurt am Main: Lang, 1995), S. 140–141, Anm. 171.

27 Siehe Essner, *«Nürnberger Gesetze»*, S. 136.

28 Eduard Meyer, *Die Vereinigten Staaten von Amerika. Geschichte, Kultur, Verfassung und Politik* (Frankfurt am Main: Keller, 1920), S. 93–94.

29 Lothar Gruchmann, *Justiz im Dritten Reich, 1933–1940. Anpassung und Unterwerfung in der Ära Gürtner*, 3. Aufl. (München: Oldenbourg, 2001), S. 865; vgl. Gürtner in Regge und Schubert, *Quellen*, S. 303 (Ostasien); Lösener in ebd., S. 306 (Südamerika und Ostasien); Gürtner in ebd., S. 308 (Südasien).

30 Peter Longerich, *Holocaust: The Nazi Persecution and Murder of the Jews*

(Oxford: Oxford University Press, 2010), S. 36, 54–57, sowie die umfassendere Darstellung in Longerich, *Politik der Vernichtung. Eine Gesamtdarstellung der nationalsozialistischen Judenverfolgung* (München: Piper, 1998), S. 65–115.

31 Otto Dov Kulka, Die Nürnberger Rassengesetze und die deutsche Bevölkerung im Lichte geheimer NS-Lage- und Stimmungsberichte, in: *Vierteljahrshefte für Zeitgeschichte* 32 (1984), S. 608; Lothar Gruchmann, «Blutschutzgesetz» und Justiz, in: *Vierteljahrshefte für Zeitgeschichte* 31, Nr. 3 (1983), S. 418–442, hier S. 426; Essner, *«Nürnberger Gesetze»*, S. 110.

32 Krieger, Das Rassenrecht in den Vereinigten Staaten, S. 311 («Lynchjustiz (…) auch bei uns in ihren typischen Einzelheiten bekannt geworden ist»). Zwar erwähnt Krieger gewalttätige Pogrome gegen Juden nicht explizit, aber die Wendung «auch bei uns (…) bekannt geworden» konnte sich kaum auf irgendetwas anderes beziehen.

33 Siehe etwa Longerich, *Politik der Vernichtung*, S. 97–98; Gruchmann, «Blutschutzgesetz» und Justiz, S. 428–430.

34 Gunnar Myrdal, *An American Dilemma: The Negro Problem and Modern Democracy* (New York: Harper, 1944), Bd. 1, S. 458.

35 Longerich, *Holocaust*, S. 58–59; Essner, *«Nürnberger Gesetze»*, S. 109–112; Uwe Dietrich Adam, *Judenpolitik im Dritten Reich* (Düsseldorf: Droste, 1972), S. 115, 120–124.

36 Adam, *Judenpolitik*, S. 115, 120–124.

37 Gruchmann, *Justiz im Dritten Reich*, S. 864.

38 Essner, *«Nürnberger Gesetze»*, S. 96; zum politischen Kontext siehe Longerich, *Politik der Vernichtung*, S. 84–95.

39 Zur Bedeutung und zur Radikalität dieser Denkschrift siehe Gruchmann, *Justiz im Dritten Reich*, S. 764–771. Es handelte sich freilich nicht um ein offizielles Parteidokument, sondern um das Werk von Radikalen, deren programmatische Vorschläge zunächst nicht umgesetzt wurden. Siehe Marxen, *Der Kampf gegen das liberale Strafrecht*, S. 120.

40 Helmut Ortner, *Der Hinrichter. Roland Freisler, Mörder im Dienste Hitlers* (Darmstadt: Wissenschaftliche Buchgesellschaft, 1993).

41 Siehe Gruchmann, *Justiz im Dritten Reich*, S. 760.

42 Ebd., S. 764–765.

43 Eine Fülle von Details zu den einschlägigen juristischen Diskussionen findet sich in Rethmeier, *«Nürnberger Rassegesetze»*, S. 55–69. Die Auflösung bestehender Ehen war schwierig, weil es keine offensichtlichen rechtlichen Gründe dafür gab. NS-Theoretiker versuchten dieses Problem dadurch zu lösen, dass sie behaupteten, die Verabschiedung von NS-Gesetzen haben die Bedeutung der Rassenzugehörigkeit deutlich gemacht, sodass arische Ehepartner ihre Ehen mit der Begründung anfechten konnten, sie seien mit Blick auf die Persönlichkeiten des Partners im Irrtum gewesen. Siehe ebd., S. 56–57.

44 Hanns Kerrl (Hg.), *Nationalsozialistisches Strafrecht. Denkschrift des Preu-*

ßischen Justizministers (Berlin: Decker, 1933), S. 47–49 (im Folgenden abgekürzt als *Preußische Denkschrift*).

45 Grau, in: Regge und Schubert, *Quellen*, S. 279.

46 *Preußische Denkschrift*, S. 49.

47 Siehe Gruchmann, *Justiz im Dritten Reich*, S. 770–771, zu Freislers Freude, als er den Triumph des Denkschrift-Programms erlebte.

48 Beispielsweise Karl Dietrich Bracher, *Die deutsche Diktatur. Entstehung, Struktur, Folgen des Nationalsozialismus* (Berlin: Ullstein, 1997), S. 261–263; Norbert Frei, *Der Führerstaat. Nationalsozialistische Herrschaft 1933 bis 1945* (München: C.H. Beck, 2013), S. 29–36; Ian Kershaw, *Hitler. 1889–1936*, übersetzt von Jürgen Peter Krause und Jörg W. Rademacher (Stuttgart: Deutsche Verlags-Anstalt, 1998), S. 644–650. Natürlich betrachteten manche Deutsche die «Nacht der langen Messer» als Triumph der Ordnung (siehe z. B. ebd., S. 704–705). Das ändert nichts an ihrer Bedeutung für den Zusammenbruch traditioneller Legalitätsvorstellungen.

49 Gruchmann, *Justiz im Dritten Reich*, S. 868, der die Einschätzung seines früheren Aufsatzes wiederholt, meint, Gürtners Einwände beruhten auf «Überlegungen rechtlicher und – wie bei Männern wie Gürtner angenommen werden kann – ethischer Art».

50 Nach sorgfältiger Analyse der Quellen kommt Gruchmann zu dem Schluss, dass Gürtner vermutlich nicht unlauter agierte, als er Hitler nach dem Putschversuch nachsichtig behandelte. Siehe Gruchmann, *Justiz im Dritten Reich*, S. 34–48.

51 Ebd., S. 79. Zu Gürtners dauerhaftem (wenn auch nicht bedingungslosem) Eintreten für den Rechtsstaat siehe ebd., 68–78; zu seinem Nicht-Antisemitismus siehe ebd., S. 71. Zur Einschätzung Gürtners als «im Kern ein Konservativer», der darum bemüht war, «für die Erhaltung der letzten Spuren einer rechtsstaatlichen Ordnung zu kämpfen», siehe Elisabeth Sifton und Fritz Stern, *Keine gewöhnlichen Männer. Dietrich Bonhoeffer und Hans von Dohnanyi im Widerstand gegen Hitler*, übersetzt von Ruth Keen und Erhard Stölting (München: C.H. Beck, 2013), S. 64.

52 Claudia Koonz, *The Nazi Conscience* (Cambridge, MA: Harvard University Press, 2003), S. 171–177.

53 Vgl. Freislers Zugeständnisse in Regge und Schubert, *Quellen*, S. 285, 286; und etwa Arlt, Ehehindernisse des BGB.

54 Siehe Rethmeier, *«Nürnberger Rassegesetze»*, S. 54–69.

55 Zum allgemeinen Hintergrund siehe Rethmeier, *«Nürnberger Rassegesetze»*, S. 70–82.

56 Vgl. Lawrence Friedman, Crimes of Mobility, in: *Stanford Law Review* 43 (1991), S. 637–658, hier S. 638: «Der Bigamist und der Schwindler begingen beide das, was man als Identitätsverbrechen bezeichnen könnte. Ihr Vergehen beruhte auf der Vorspiegelung falscher Tatsachen oder einer Persönlichkeitsverstellung, auf Lügen über die eigene Vergangenheit.» Es sei darauf

hingewiesen, dass frühere Formen von Bigamie eine stärkere Absprache zwischen beiden Seiten beinhalteten. Siehe Sara A. McDougall, *Bigamy and Christian Identity in Late Medieval Champagne* (Philadelphia: University of Pennsylvania Press, 2012).

57 Gesetz zur Bekämpfung der Geschlechtskrankheiten, 18. Februar 1927, *Reichsgesetzblatt* (1927), Bd. 1, S. 61, § 6; vgl. Klee in Regge und Schubert, *Quellen*, S. 290; Freisler in Regge und Schubert, *Quellen*, S. 338; *Preußische Denkschrift*, S. 50.

58 So Dohnanyi, in: Regge und Schubert, *Quellen*, S. 325–326. Sein schlagendes Argument lautete, wenn man nur die «arglistige Täuschung» unter Strafe stelle, sei das gedanklich inkohärent, denn eine solche Kriminalisierung schütze ein individuelles Rechtsgut, nicht aber, wie die Denkschrift es forderte, das der Rasse.

59 Essner, *«Nürnberger Gesetze»*, S. 83.

60 Siehe dazu unten das Kapitel «Die Definition von ‹Mischlingen›: Die Ein-Tropfen-Regel und die Grenzen amerikanischen Einflusses».

61 Zu dieser Einschätzung kommt Essner, obwohl sie Lösener insgesamt nicht sehr wohl gesonnen ist. Essner, *«Nürnberger Gesetze»*, S. 173.

62 Zu einer aktuelleren Biographie siehe Hans Christian Jasch, *Staatssekretär Wilhelm Stuckart und die Judenpolitik* (München: Oldenbourg, 2012), S. 481, und zu weiteren Einzelheiten über Löseners Tun unmittelbar nach Kriegsende ebd., S. 396–397. Löseners Biographie wird sehr skeptisch behandelt in Essner, *«Nürnberger Gesetze»*, S. 113–134. Der autobiographische Text Löseners wurde bereits 1950 verfasst, erschien jedoch erst 1961. Siehe Bernhard Lösener: Das Reichsministerium des Inneren und die Judengesetzgebung. Die Aufzeichnungen von Dr. Bernhard Lösener: Als Rassereferent im Reichsministerium des Inneren. In: *Vierteljahrshefte für Zeitgeschichte* 9 (1961), S. 263–313.

63 Adam, *Judenpolitik*, S. 135–137; Essner, *«Nürnberger Gesetze»*, S. 160–161.

64 Siehe unten Anmerkung 166.

65 Besonderes Merkmal des Gesetzes von 1691 in Virginia war, anders als bei seinem Vorläufer in Maryland, dass es allgemein Beziehungen zu Nicht-Weißen, «ob Leibeigener oder Freier», untersagte und damit nicht mehr auf Beziehungen zwischen Herren und Sklaven beschränkt war. Siehe Peggy Pascoe, *What Comes Naturally: Miscegenation Law and the Making of Race in America* (Oxford: Oxford University Press, 2009), S. 19–20. Den Hintergrund bildet eine Frage von beträchtlicher Bedeutung, die ich hier nicht weiter ausführen kann: der Übergang von einer Hierarchievorstellung, die auf dem gesellschaftlichen Status beruht, hin zu einer Rassenhierarchie. Siehe Benedict Anderson, *Die Erfindung der Nation. Zur Karriere eines folgenreichen Konzepts*, übersetzt von Benedikt Burkhardt (Frankfurt am Main/New York: Campus, 1988), S. 150–151. Besonders auffallend ist der Gegensatz zwischen dem Gesetz in Virginia und dem zeitgenössischen französischen Recht. Die

einschlägige Bestimmung in Artikel 9 des Code Noir von 1685 sollte Mischehen nicht verbieten, sondern zu Eheschließungen «dans les forms observées par l'Église» ermuntern. Robert Chesnais (Hg.), *Le Code Noir* (Paris: L'Esprit Frappeur, 1998), S. 21. Erst die Fassung von 1724 führte in Artikel 6 ein Verbot ein. Ebd., S. 43–44. Zu den Unterschieden zwischen den Fassungen von 1685 und 1724 siehe Peter Sahlins, *Unnaturally French: Foreign Citizens in the Old Regime and After* (Ithaca, NY: Cornell University Press, 2004), S. 182–183. Hinweise auf einige französische Gesetze und Entscheidungen sowie die Beobachtung, dass Regelungen zur Mischehe in der Praxis keine Anwendung fanden, bei Louis Charles Antoine Allemand, *Traité du Mariage et de ses Effets* (Paris: Durand, 1853), Bd. 1, S. 129–130. Frühe Mischehenverbote im Westen konzentrierten sich auf religiöse Mischehen, nicht auf Rassenmischehen. Siehe Anmerkung 22 und beispielsweise Dagmar Freist, Between Conscience and Coercion: Mixed Marriages, Church, Secular Authority, and Family, in: *Mixed Matches: Transgressive Unions in Germany from the Reformation to the Enlightenment*, hrsg. von David M. Luebke und Mary Lindemann (New York: Berghahn, 2014), S. 104–109.

66 Vom Interesse an den amerikanischen Gesetzen zur Mischehe zeugt auch Geza von Hoffmans einflussreiche Schrift *Rassenhygiene in den Vereinigten Staaten* von 1913. Siehe Stefan Kühl, *The Nazi connection: Eugenics, American Racism, and German National Socialism* (New York: Oxford University Press, 1994), S. 16.

67 Montana: Mont. Code Ann., ch. 49 §§ 1–4 (1909); South Dakota: S. D. Civil Code, ch. 196 § 1 (1909); North Dakota: N. D. Cent. Code., ch. 164, § 1 (1909); Wyoming: Wyo. Stat. Ann., ch. 57, § 1 (1913).

68 Jens-Uwe Guettel, *German Expansionism, Imperial Liberalism, and the United States, 1776–1945* (Cambridge: Cambridge University Press, 2012), 127–160. Diese Begeisterung für Amerika führte die Deutschen zumindest einmal in die Irre. Franz-Josef Schulte-Althoff, Rassenmischung im kolonialen System. Zur deutschen Rassenpolitik im letzten Jahrzehnt vor dem Ersten Weltkrieg, in: *Historisches Jahrbuch* 105 (1985), S. 64, schildert die deutsche Bewunderung für die Ansichten des «amerikanischen» Bischofs Montgomery gegen die Mischehe. Montgomery war allerdings Brite. Die Bemerkungen, welche die Deutschen so begeisterten, finden sich in *The Pan-Anglican Congress, 1908: Special Report of Proceedings &c., Reprinted from The Times* (London: Wright, 1908), S. 122. Zum allgemeinen politischen und historischen Hintergrund siehe Dieter Gosewinkel, *Einbürgern und Ausschließen. Die Nationalisierung der Staatsangehörigkeit vom Deutschen Bund bis zur Bundesrepublik Deutschland* (Göttingen: Vandenhoeck & Ruprecht, 2001), S. 303–309.

69 Wahrhold Drascher, *Die Vorherrschaft der Weißen Rasse* (Stuttgart: Deutsche Verlags-Anstalt, 1936), S. 217.

70 Siehe Birthe Kundrus, Von Windhoek nach Nürnberg? Koloniale «Mischehenverbote» und die nationalsozialistische Rassengesetzgebung, in: *Phan-*

tasiereiche. Zur Kulturgeschichte des deutschen Kolonialismus, hrsg. von Birthe Kundrus (Frankfurt am Main/New York: Campus, 2003), S. 110–131.

71 Zur zentralen Bedeutung dieses Treffens und für eine sorgfältige Darstellung der dortigen Diskussionen siehe Gruchmann, *Justiz im Dritten Reich*, S. 864–868; Przyrembel, *«Rassenschande»*, S. 137–143; und Essner, *«Nürnberger Gesetze»*, S. 99–106. Siehe auch Koonz, *Nazi Conscience*, S. 171–177.

72 Es gibt eine vollständige Erstfassung des Protokolls und eine gekürzte, bearbeitete Fassung, die in Absprache mit den Beteiligten erstellt wurde. Regge und Schubert, *Quellen*, S. 223, Anm. 1. In diesem Buch zitiere ich aus der längeren Fassung.

73 Das waren Fritz Grau, Karl Klee und Ernst Schäfer. Siehe *Preußische Denkschrift*, S. 10–11.

74 Siehe insbesondere die akribische Darstellung bei Gruchmann, *Justiz im Dritten Reich*, S. 865–868.

75 Regge und Schubert, *Quellen*, S. 278; zu anderen Formen der Täuschung S. 298 und 316.

76 Siehe die Einschätzung von Przyrembel, *«Rassenschande»*, S. 138; und den Überblick über die Diskussionen, wie weit ein auf «arglistiger Täuschung» beruhender Ansatz reichen würde, bei Essner, *«Nürnberger Gesetze»*, S. 103–104; siehe auch ebd., S. 151–152, zur anschließenden Arbeit an den verschiedenen Gesetzentwürfen.

77 Regge und Schubert, *Quellen*, S. 280–283. Zu Kohlrausch als einem Verteidiger der Rechtsstaatlichkeit siehe Eberhard Schmidt, *Einführung in die Geschichte der deutschen Strafrechtspflege*, 3. Aufl. (Göttingen: Vandenhoeck & Ruprecht, 1965), S. 450–451.

78 Siehe unten den Text zu Anmerkung 106.

79 Dahm in Regge und Schubert, *Quellen*, S. 293; Freisler in Regge und Schubert, *Quellen*, S. 286; Klee in Regge und Schubert, *Quellen*, S. 290–291.

80 Siehe die Zitate von Grau unten, Anmerkungen 84–87.

81 Regge und Schubert, *Quellen*, S. 288, 300.

82 Vgl. Dahm zu den «aktivistischen, führenden Kreisen der Studentenschaft». In Regge und Schubert, *Quellen*, S. 292. Auch Gleispach betonte, wie richtig diese studentischen Forderungen seien. Ebd., S. 295–296.

83 Zum Beispiel Regge und Schubert, *Quellen*, S. 283–288, hier S. 286. Freisler betonte: «Sollte die politische Entscheidung dahin gefällt werden, daß dieser Grundsatz des Nationalsozialismus jetzt durchgeführt werden soll, dann würde natürlich der Weg der über die Änderung der Ehegesetzgebung sein» – nämlich Mischehen grundsätzlich für ungültig zu erklären.

84 Zu Grau siehe Ernst Klee, *Das Personenlexikon zum Dritten Reich. Wer War Was vor und nach 1945?* (Frankfurt am Main: S. Fischer, 2003), S. 197. Der nachfolgend zitierte Text findet sich auch in einer Sammlung wichtiger Dokumente zur nationalsozialistischen Judenverfolgung: Götz Aly et al. (Hg.), *Die Verfolgung und Ermordung der europäischen Juden durch das*

nationalsozialistische Deutschland (München: Oldenbourg, 2008), Bd. 1, S. 346–349.

85 Regge und Schubert, *Quellen*, S. 280. Freisler meinte, die geplante Kriminalisierung der «Verletzung der Rassenehre» ließe sich vielleicht retten, wenn man den ausdrücklichen Hinweis auf «farbige Rassen» fallen lasse. Ebd., S. 287, 308–309. An anderer Stelle verteidigte er die Verwendung des Begriffs «farbig». Siehe unten Anmerkung 117.

86 Regge und Schubert, *Quellen*, S. 278–279. Der Einschub in Klammern stammt aus der bearbeiteten Fassung des Protokolls, ebd., S. 244.

87 Ebd., S. 279. Der Einschub in Klammern stammt aus der bearbeiteten Fassung des Protokolls, ebd., S. 244.

88 Klee, unten, Text zu Anmerkung 104.

89 Regge und Schubert, *Quellen*, S. 280–281.

90 Ebd., S. 281.

91 Ebd., S. 281–282.

92 Sifton und Stern, *Keine gewöhnlichen Männer*, S. 65–66

93 Ebd., S. 138.

94 Regge und Schubert, *Quellen*, S. 282.

95 Ebd.

96 Ebd.

97 Wobei er damit möglicherweise gar nicht so falsch lag: Zu einer strafrechtlichen Verfolgung kam es nur «sporadisch». Siehe Pascoe, *What Comes Naturally*, S. 135–136.

98 Regge und Schubert, *Quellen*, S. 282.

99 So etwa Gürtner in Regge und Schubert, *Quellen*, S. 307, wo er detailliert amerikanische Gesetze erörtert.

100 Zu Klee siehe Christian Kasseckert, *Straftheorie im dritten Reich* (Berlin: Logos, 2009), S. 179.

101 Regge und Schubert, *Quellen*, S. 315.

102 Siehe Brown v. Board of Education, 347 US 483, 494 (1954).

103 Siehe Avraham Barkai, *Vom Boykott zur «Entjudung». Der wirtschaftliche Existenzkampf der Juden im Dritten Reich* (Frankfurt am Main: S. Fischer, 1987), S. 26–28.

104 Regge und Schubert, *Quellen*, S. 315.

105 Zur Bedeutung dieses Prinzips im deutschen Recht und zu seiner Verletzung durch die Nationalsozialisten siehe Hans-Ludwig Schreiber, *Gesetz und Richter. Zur geschichtlichen Entwicklung des Satzes nullum crimen, nulla poena sine lege* (Frankfurt am Main: Metzner, 1976).

106 Regge und Schubert, *Quellen*, S. 283; hier ist von unehelich geborenen Kindern die Rede.

107 Ebd., S. 306.

108 Ebd., S. 307.

109 Ebd., S. 318. Lösener machte damit begrenzte Zugeständnisse gegenüber

Freisler, betonte jedoch die Bedeutung der Erziehung und das Prinzip *in dubio pro reo*.

110 Siehe Ernst Schäfer in Regge und Schubert, *Quellen*, S. 314 und 319; Freisler in Regge und Schubert, *Quellen*, S. 310, 312 ((**hier steht nichts von Freisler**)), 320.

111 Ernst Schäfer war ebenfalls an der Abfassung der *Preußischen Denkschrift* beteiligt gewesen.

112 Regge und Schubert, *Quellen*, S. 319. Freisler erklärte, er habe diese Schwierigkeit vor dem Treffen nicht bedacht. Ebd., S. 313.

113 Ebd., S. 319–320.

114 Ebd., S. 320.

115 Ich verwende diesen Begriff in Anlehnung an die «gesellschaftliche Konstruktion von Rasse». Siehe etwa Ian F. Haney López, The Social Construction of Race: Some Observations on Illusion, Fabrication and Choice, in: *Harvard Civil Rights–Civil Liberties Law Review* 29 (1994), S. 1–62.

116 Regge und Schubert, *Quellen*, S. 320. Zu den «fremden Rassen» siehe das Zitat von Grau, oben Text zu Anmerkung 86.

117 Regge und Schubert, *Quellen*, S. 320. Freisler dachte hier vor allem an das Erbhofgesetz. Regge und Schubert, *Quellen*, S. 309, 317 und insbes. 320. Auch Grau verwies auf das Erbhofgesetz; ebd., S. 278. Derweil verteidigte Schäfer «rohe» Ansätze gegen «wissenschaftliche»; ebd., S. 314.

118 Robert Rachlin, Roland Freisler and the Volksgerichtshof: The Court as an Instrument of Terror, in: *The Law in Nazi Germany: Ideology, Opportunism, and the Perversion of Justice*, hrsg. von Alan E. Steinweis und Robert D. Rachlin (New York: Berghahn, 2013), S. 63. Vgl. etwa Uwe Wesel, Drei Todesurteile pro Tag, in: *Die Zeit*, 3. Februar 2005, http://www.zeit.de/2005/06/A-Freisler.

119 Regge und Schubert, *Quellen*, S. 310, 312, 320.

120 Ebd., S. 321; vgl. ebd., S. 323.

121 Siehe Essner, *«Nürnberger Gesetze»*, S. 102, wo er (ich vermute, fälschlicherweise) «Kurt» heißt.

122 Regge und Schubert, *Quellen*, S. 334.

123 Beispielsweise Gürtner in ebd., S. 316, mit detaillierter Erörterung des Gesetzes in Montana.

124 Siehe unten den Text zu den Anmerkungen 145–148.

125 Regge und Schubert, *Quellen*, S. 227, Anm. 3.

126 Heinrich Krieger, Principles of the Indian Law and the Act of June 18, 1934, in: *George Washington Law Review* 3 (1935), S. 279–308, hier S. 279.

127 Ebd.

128 Zu seinem Dank an Otto Koellreutter und andere siehe Krieger, *Das Rassenrecht in den Vereinigten Staaten*, S. 11; zu seinem Stipendium von Seiten der Notgemeinschaft der deutschen Wissenschaft in Düsseldorf siehe Krieger, Principles of the Indian Law, S. 279.

129 Siehe Heinrich Krieger, «Eingeborenenrecht?» Teleologische Begriffsbildung als Ausgangspunkt für die Kritik bisherigen und den Aufbau zukünftigen

Rechts, in: *Rasse und Recht* 2 (1938), S. 116–130; als Ort, an dem der Text verfasst wurde, ist Windhoek angegeben, und Krieger firmiert als «Mitarbeiter des Rassenpolitischen Amtes der NSDAP».

130 Heinrich Krieger, *Das Rassenrecht in Südafrika* (Berlin: Junker & Dünnhaupt, 1944), S. 12. Zu seinen frühen afrikanischen Schriften siehe Krieger, «Eingeborenenrecht?»; Heinrich Krieger, *Das Rassenrecht in Südwestafrika* (Berlin: Junker & Dünnhaupt, 1940); und zum Auftrag des Rassenpolitischen Amtes, sich eingehender mit Südafrika zu befassen, siehe sein Vorwort zu Krieger, *Das Rassenrecht in Südafrika*, S. 11.

131 Krieger, *Das Rassenrecht in Südafrika*, S. 11, datiert «Im Felde».

132 Sofern es sich um den richtigen Heinrich Krieger handelt, wurde er Studienrat und dann Oberstudienrat am Gymnasium Philippinum zu Weilburg. Er zeichnete sich nicht nur durch seine noch immer vorhandene internationale Perspektive aus, sondern verfasste auch weiterhin sozialwissenschaftliche Texte über die britische Welt, über die er schon früher geschrieben hatte. Siehe Heinrich Krieger, Fakten und Erkenntnisse aus der englischen Volkszählung, in: *Die Neueren Sprachen (Neue Folge)* 1 (1952), S. 87–91. Zu seiner Arbeit als Verfechter der Versöhnung mit Frankreich und der europäischen Einigung: Europa-Union Oberlahn feiert 60-Jähriges Jubiläum, http://www.oberlahn.de/29-Nachrichten/nId,178202,Von-der-Gr%C3%BCndung-1954-1955-bis-2014.html; und als Organisator von Entwicklungshilfe und Schüleraustausch in Afrika und Asien: Rund um den Pakistanberg. Völkerfreundschaft an der Lahn, in: *Die Zeit*, 4. September 1964, http://www.zeit.de/1964/36/rund-um-den-pakistanberg; Wolfgang Henss, Entwicklungshilfe aus Pakistan. Volksverständigung. Vor 50 Jahren veränderten asiatische Studenten Kubach, in: *Weilburger Tagesblatt*, 8. August 2014, http://www.mittelhessen.de/lokales/region-limburg-weilburg_artikel,-Entwicklungshilfe-aus-Pakistan-_arid,326225.html; zu seinem Einsatz für Austauschprogramme mit Frankreich und England nach dem Krieg siehe Heinrich Krieger, Grundsätzliche Erfahrungen aus einem internationalen Schüleraustausch, in: *Neuphilologische Zeitschrift* 3 (1951), S. 354–360; zu seiner Tätigkeit als Mitbegründer des Europäischen Erzieherbunds: Wolfgang Mickel, *Europa durch Europas Schulen. 40 Jahre EBB/AEDE* (Frankfurt am Main: o. V., 1999), S. 2.

133 Krieger, Principles of the Indian Law, S. 304, 308.

134 Zitiert in Guettel, *German Expansionism*, S. 209 – wenngleich Guettel durchaus bereit ist, die Gräuel kleinzureden.

135 Heinrich Krieger, Das Rassenrecht in den Vereinigten Staaten, in: *Verwaltungsarchiv* 39 (1934), S. 316 (auch hier englisch zitiert). Das Originalzitat findet sich in Thomas Jefferson, *Works*, hrsg. von Paul Leicester Ford (New York: Putnam, 1904), Bd. 1, S. 77.

136 Krieger, *Das Rassenrecht in den Vereinigten Staaten*, S. 49–53.

137 Ebd., S. 55–61.

138 Ebd., S. 327–349; und S. 57 zum «lebensfremden Positivismus» der Gleich-

heitsideologie. Kriegers Argumentation verdiente eine ausführlichere Behandlung, als ich sie hier leisten kann. Siehe beispielsweise sein Bemühen in *Das Rassenrecht in den Vereinigten Staaten*, S. 337–339, die gesellschaftlichen Grundlagen der Gleichheitsideologie auf den Arbeitsmärkten deutlich zu machen und die Gegentendenz eines «Durchbrechens» der rassistischen Empfindung zu schildern.

139 Zu den Lehren von Burgess, Dunning und ihren Anhängern siehe Hugh Tulloch, *The Debate on the American Civil War Era* (Manchester: Manchester University Press, 1999), S. 212–220, und zum anhaltenden Einfluss der Dunning-Schule bis in die 1920er und frühen 1930er Jahre Eric Foner, *Reconstruction: America's Unfinished Revolution, 1863–1877* (New York: Harper & Row, 1989), S. xx–xxi.

140 Siehe neben anderen in diesem Buch genannten Texten insbesondere Roland Freisler, Schutz von Rasse und Erbgut im werdenden deutschen Strafrecht, in: *Zeitschrift der Akademie für deutsches Recht* 3 (1936), S. 142–146; hier findet sich eine Auflistung amerikanischer Bundesstaaten mit gesetzlichen Mischehenverboten sowie eine Darstellung der Rassentrennung unter den Jim Crow-Gesetzen.

141 Krieger, Das Rassenrecht in den Vereinigten Staaten, S. 320.

142 Krieger, *Das Rassenrecht in den Vereinigten Staaten*, S. 16.

143 Das ist ein Verweis auf Monroe v. Collins, 17 Ohio St. 665 (1867).

144 Krieger, Das Rassenrecht in den Vereinigten Staaten, S. 319–320.

145 Herbert Kier, Volk, Rasse und Staat, in: *Nationalsozialistisches Handbuch für Recht und Gesetzgebung*, 1. Aufl., hrsg. von Hans Frank (München: Zentralverlag der NSDAP, 1935), S. 17–28.

146 Ebd., S. 26–27.

147 Arthur Gütt, Herbert Linden und Franz Maßfeller, *Blutschutz- und Ehegesundheitsgesetz*, 2. Aufl. (München: Lehmann, 1937), S. 17–19. Das wiederum war ein Abdruck aus einer anderen Wiederveröffentlichung der *Rassenpolitischen Auslands-Korrespondenz*. Ebd., S. 17.

148 Kier, Volk, Rasse und Staat, S. 27–28. Unverändert wieder abgedruckt in Gütt, Linden und Maßfeller, *Blutschutz- und Ehegesundheitsgesetz*, S. 19.

149 Kier, Volk, Rasse und Staat, S. 28.

150 Ebd.

151 In der nicht-deutschen Literatur finde ich kaum Hinweise auf dieses Handbuch. Von den in Amerika vorhandenen Exemplaren, die ich in Augenschein nahm, wurden die in Princeton und an der Columbia University erst nach dem Krieg erworben, als die Bibliotheksbestände aus dem Dritten Reich offenbar an amerikanische Universitäten verteilt wurden. Das Exemplar der Yale University wurde hingegen schon 1935 erworben.

152 Helmut Nicolai, Rasse und Recht, in: *Deutscher Juristentag* (Berlin: Deutscher Rechts-Verlag, 1933), Bd. 1, S. 176.

153 *Preußische Denkschrift*, S. 47 (Hervorhebung von mir).

154 Konrad Zweigert und Hein Kötz, *Einführung in die Rechtsvergleichung auf dem Gebiete des Privatrechts*, 3. Aufl. (Tübingen: Mohr, 1996), S. 14–15.
155 Philipp Depdolla, *Erblehre, Rasse, Bevölkerungspolitik; vornehmlich für den Unterricht in höheren Schulen bestimmt* (Berlin: Metzner, 1934), S. 90.
156 Otto Harlander, Französisch und Englisch im Dienste der rassenpolitischen Erziehung, in: *Die Neueren Sprachen* 44 (1936), S. 62.
157 Essner, *«Nürnberger Gesetze»*, S. 77–78, 81.
158 Bill Ezzell, Laws of Racial Identification and Racial Purity in Nazi Germany and the United States: Did Jim Crow Write the Laws That Spawned the Holocaust?, in: *Southern University Law Review* 30 (2002/3), S. 1–13; Judy Scales-Trent, Racial Purity Laws in the United States and Nazi Germany: The Targeting Process, in: *Human Rights Quarterly* 23 (2001), S. 259–307.
159 [Anon.], Volkstümer und Sprachwechsel, in: *Nation und Staat. Deutsche Zeitschrift für das europäische Minoritätenproblem* 9 (1935), S. 348. Diese Zeitschrift erschien in Wien, doch der in Rede stehende Artikel wurde ohne Quellenangabe aus einer anderen, vermutlich deutschen Publikation übernommen.
160 Ebd.
161 Ebd.
162 Leers, *Blut und Rasse*, S. 89–90.
163 Gemeint ist Bell v. State, 33 Tex. Cr. R. 163 (1894). Kriegers Quelle war vermutlich Gilbert Thomas Stephenson, *Race Distinctions in American Law* (New York: Appleton, 1910), S. 17: «Einige Staaten erlauben, dass andere Tatsachen als körperliche Merkmale Rückschlüsse auf die Rasse zulassen. So wurde in North Carolina verfügt, wenn jemand 1865 Sklave war, sei davon auszugehen, dass er Neger ist. Die Tatsache, die man üblicherweise mit Negern in Verbindung bringt, gilt im gleichen Staat als angemessener Beweis für die Geschworenen, dass es sich um einen Neger handelt. War der erste Mann einer Frau ein Weißer, so ist diese Tatsache in Texas ein zulässiger Beleg, der tendenziell dafür spricht, dass sie eine weiße Frau ist.»
164 Entwurf zu einem Gesetz zur Regelung der Stellung der Juden, in: Otto Dov Kulka (Hg.) *Deutsches Judentum unter dem Nationalsozialismus* (Tübingen: Mohr Siebeck, 1997), Bd. 1, S. 38; auch in Aly et al. (Hg.), *Verfolgung und Ermordung der europäischen Juden*, Bd. 1, S. 123–124. Zur Verbindung dieses Vorschlags zum Lager der Gemäßigten siehe Essner, *«Nürnberger Gesetze»*, S. 84.
165 Zur Entstehungsgeschichte dieser Verordnungen siehe Essner, *«Nürnberger Gesetze»*, S. 155–173; und die ältere Darstellung von Jeremy Noakes, «Wohin gehören die ‹Judenmischlinge›?» Die Entstehung der ersten Durchführungsverordnung zu den Nürnberger Gesetzen, in: *Das Unrechtsregime. Internationale Forschung über den Nationalsozialismus* hrsg. von Ursula Büttner (Hamburg: Christians, 1986), Bd. 2, S. 69–89.
166 Text verfügbar unter http://www.verfassungen.de/de/de33-45/reichsbuerger35-v1.htm.

167 Bernhard Lösener, Staatsangehörigkeit und Reichsbürgerrecht, in: *Grundlagen, Aufbau und Wirtschaftsordnung des nationalsozialistischen Staates*, hrsg. von H.-H. Lammers et al. (Berlin: Spaeth & Linde, 1936), Bd. 13, S. 32. Die Hardliner Stuckart und Globke behaupteten, es sei eine Sache des Blutes, nicht der Neigung: «Durch seine Verheiratung mit einem Juden beweist ein Mischling ersten Grades, daß sein jüdischer Blutanteil stärker als sein deutscher Blutanteil wirkt.» Stuckart und Globke, *Kommentare*, S. 76.

168 Siehe Kapitel 1. Es ist sicherlich so, dass der Verlust der Staatsbürgerschaft einer Frau aufgrund der Eheschließung eine vertraute und viel diskutierte Möglichkeit darstellte, welche das NS-Denken mitunter eindeutig beeinflusste. Siehe Adalbert Karl Steichele, *Das deutsche Staatsangehörigkeitsrecht auf Grund der Verordnung über die deutsche Staatsangehörigkeit vom 5. Februar 1934* (München: Schweitzer, 1934), S. 69. Das Besondere an der Regelung des Cable Act war jedoch, dass sie dezidiert auf dem Prinzip der Rasse basierte.

Schluss:
Amerika in den Augen der Nazis

1 Zitiert in Roland Peter, Es ging nur noch darum, wie man stirbt, in: *Die Zeit*, http://www.zeit.de/1990/45/es-ging-nur-noch-darum-wie-man-stirbt/komplettansicht.

2 Zu Fischer, «Spitzenfunktionär» in Warschau, siehe Josef Wulf, *Das Dritte Reich und seine Vollstrecker. Die Liquidation von 500 000 Juden im Ghetto Warschau* (Berlin: Arani, 1961), S. 311–312; und beispielsweise Reuben Ainsztein, *The Warsaw Ghetto Revolt* (New York: Holocaust Library, 1979), S. 3, 105. Fischer ist heute weitgehend vergessen, aber ein Aufsatz von ihm von Mitte der 1930er Jahre hat Aufnahme in eine aktuelle Zusammenstellung nationalsozialistischer Rechtstexte gefunden. Siehe Ludwig Fischer, Rasseschande als strafbare Handlung (1935), in: *Rechtfertigungen des Unrechts. Das Rechtsdenken im Nationalsozialismus in Originaltexten*, hrsg. von Herlinde Pauer-Studer und Julian Fink (Berlin: Suhrkamp, 2014), S. 411–415.

3 Im Januar 1933 kostete ein US-Dollar 4,2 Reichsmark; im Januar 1934 war sein Wert auf 2,61 Reichsmark und im Januar 1935 auf 2,48 Reichsmark gefallen. Siehe die Tabellen unter http://www.history.ucsb.edu/faculty/marcuse/projects/currency.htm.

4 Herbst-Studienfahrt des BNSDJ nach Nordamerika, in: *Deutsches Recht* 5 (1935), S. 379.

5 Studienfahrt des BNSDJ nach den Vereinigten Staaten von Nordamerika, in: *Wirtschaftstreuhänder* 14/15 (1935), S. 344.

6 Studienfahrt des BNSDJ nach Nordamerika, in: *Deutsche Justiz* 97 (1935), S. 1424, Sp. 2.

7 Brodsky Releases 5 in Bremen Riot, in: *New York Times*, 7. September 1935, S. 1, 5.
8 Hotel Is Picketed as Nazis Depart, in: *New York Times*, 28. September 1935, S. L13.
9 Ebd.
10 Ebd.
11 Siehe http://www.dailymail.co.uk/news/article-2296911/Amon-Goeth-Did-executed-Nazi-murderer-Schindlers-List-escape-justice.html. Die New York City Bar Association hat leider keinerlei Dokumente über diesen Besuch aufbewahrt.
12 Johnpeter Horst Grill und Robert L. Jenkins, The Nazis and the American South in the 1930s: A Mirror Image?, in: *Journal of Southern History* 58, Nr. 4 (November 1992), S. 667–694; George Fredrickson, *Racism: A Short History* (Princeton: Princeton University Press, 2002), S. 2, 129.
13 Siehe Ariela J. Gross, *What Blood Won't Tell: A History of Race on Trial in America* (Cambridge, MA: Harvard University Press, 2008), S. 5–7.
14 Siehe etwa Bertram Schrieke, *Alien Americans: A Study of Race Relations* (New York: Viking, 1936).
15 Edgar Saebisch, *Der Begriff der Staatsangehörigkeit* (Borna-Leipzig: Noske, 1935), S. 42.
16 David Scott Fitzgerald und David Cook-Martin, *Culling the Masses: The Democratic Origins of Racist Immigration Policy in the Americas* (Cambridge, MA: Harvard University Press, 2014), S. 7.
17 Fitzgerald und Cook-Martin, *Culling the Masses*, S. 260, wo Vargas' Übernahme des amerikanischen Herkunftsmodells in Brasilien geschildert wird.
18 Marilyn Lake und Henry Reynolds, *Drawing the Global Colour Line: White Men's Countries and the International Challenge of Racial Equality* (Cambridge: Cambridge University Press, 2008), S. 29, 35, 49–74 (Einfluss von Bryce), 80, 119, 129–131, 138–144, 225, 269. Lake und Reynolds verweisen auch auf die amerikanische Bewunderung für Australien (etwa S. 313); es gab zweifellos das allgemeinere Gefühl einer gemeinsamen weißen Mission. Trotzdem zeigt auch ihre Studie, dass das amerikanische Beispiel (für das Bryce und andere Personen stehen) eine herausgehobene Rolle spielte.
19 Jens-Uwe Guettel, *German Expansionism, Imperial Liberalism, and the United States, 1776–1945* (Cambridge: Cambridge University Press, 2012), S. 127–160.
20 Hauptbeispiel war, wie Andreas Rethmeier, *«Nürnberger Rassegesetze» und Entrechtung der Juden im Zivilrecht* (Frankfurt am Main: Lang, 1995), S. 140, zeigt, die südafrikanische Kriminalisierung des außerehelichen Geschlechtsverkehrs zwischen den Rassen. Siehe beispielsweise Rolf Peter, Bevölkerungspolitik, Erb-und Rassenpflege in der Gesetzgebung des Dritten Reiches, in: *Deutsches Recht* 7 (1937), S. 238, Anm. 1. Auf die Frage des außer-

ehelichen Geschlechtsverkehrs kann ich an dieser Stelle leider nicht ausführlicher eingehen.

21 Hanns Kerrl (Hg.), *Nationalsozialistisches Strafrecht. Denkschrift des Preußischen Justizministers* (Berlin: Decker, 1933), S. 47.

22 In dieser Frage herrscht lebhafter Streit, angefangen damit, wie man die *limpieza de sangre* im Spanien des 16. Jahrhunderts bewerten soll. Für gegensätzliche Ansichten siehe Henry Kamen, *The Spanish Inquisition: A Historical Revision* (London: Weidenfeld and Nicholson, 1997), S. 239–241; und María Elena Martinez, *Genealogical Fictions: Limpieza de Sangre, Religion, and Gender in Colonial Mexico* (Stanford: Stanford University Press, 2008), S. 45. Tatsache ist, dass die Suche nach den Quellen des amerikanischen Rassismus in der iberischen Tradition eine lange Geschichte hat. Siehe James H. Sweet, The Iberian Roots of American Racist Thought, in: *William and Mary Quarterly* 54 (1997), S. 143–166.

23 Siehe Fitzgerald und Cook-Martin, *Culling the Masses*, S. 261.

24 Johann von Leers, *Blut und Rasse in der Gesetzgebung. Ein Gang durch die Völkergeschichte* (München: Lehmann, 1936).

25 Lake und Reynolds, *Drawing the Global Colour Line*.

26 Siehe Kapitel 1.

27 Siehe James Q. Whitman, From Fascist «Honour» to European «Dignity», in: *Darker Legacies of Law in Europe: The Shadow of National Socialism and Fascism over Europe and its Legal Traditions*, hrsg. von C. Joerges und N. Ghaleigh (Oxford: Hart, 2003), S. 243–266; Whitman, «Human Dignity» in Europe and the United States: The Social Foundations, in: *Human Rights Law Journal* 25 (2004), S. 17–23.

28 Daniel Howe, *What Hath God Wrought: The Transformation of America, 1815–1848* (Oxford: Oxford University Press, 2007), S. 37. Vgl. etwa Anthony Marx, *Faith in Nation: Exclusionary Origins of Nationalism* (New York: Oxford University Press, 2003), S. ix–x.

29 Hitler, *Mein Kampf*, 143–144. Aufl. (München: Eher, 1935), S. 479 (= Hitler, *Mein Kampf. Eine kritische Edition*, hrsg. von Christian Hartmann, Thomas Vordermayer, Othmar Plöckinger und Roman Töppel [München: Institut für Zeitgeschichte, 2016], Bd. 2, S. 1093–1095).

30 Vgl. Jochen Thies, *Architekt der Weltherrschaft. Die «Endziele» Hitlers* (Düsseldorf: Droste, 1976), S. 41–45.

31 Theodore Roosevelt, National Life and Character, in: ders., *American Ideals and Other Essays Social and Political* (New York: Putnam, 1897), S. 289. Zitiert und diskutiert in Lake und Reynolds, *Drawing the Global Colour Line*, 102.

32 Zu einer berühmten Diskussion der NS-Zeit siehe Carl Schmitt, *Völkerrechtliche Großraumordnung*, 3. Aufl. (Berlin: Deutscher Rechtsverlag, 1941), S. 19–20.

33 Siehe Kapitel 1.

34 Die viel diskutierte Ausnahme ist Buchanan v. Warley, 245 US 60 (1917).

35 Desmond King und Rogers Smith, Racial Orders in American Political Development, in: *American Political Science Review* 99 (2005), S. 75–92.

36 Gunnar Myrdal, *An American Dilemma: The Negro Problem and Modern Democracy* (New York: Harper, 1944), Bd. 1, S. 458.

37 Ira Katznelson, *Fear Itself: The New Deal and the Origins of Our Time* (New York: Liveright, 2013).

38 Siehe ebd., S. 166, sowie das Zahlenmaterial unter http://law2.umkc.edu/faculty/projects/ftrials/shipp/lynchingyear.html.

39 Albrecht Wirth, *Völkische Weltgeschichte (1879–1933)* (Braunschweig: Westermann, 1934), S. 10.

40 Waldemar Hartmann, Deutschland und die U. S. A. Wege zu gegenseitigem Verstehen, in: *Nationalsozialistische Monatshefte* 4 (November 1933), S. 493–494.

41 Ralf Michaels, Comparative Law by the Numbers, in: *American Journal of Comparative Law* 57 (2009), S, 765–795, hier S. 769.

42 Hermann Mangoldt, Besprechung von Karl Llewellyn, Präjudizienrecht und Rechtsprechung in Amerika, in: *Archiv für Rechts-und Sozialphilosophie* 27 (1933), S. 304. Mangoldt, der nach dem Krieg einer der wichtigsten Kommentatoren des bundesrepublikanischen Grundgesetzes wurde, begann seine Laufbahn ebenfalls in der NS-Zeit als Experte für amerikanisches Recht. Siehe seine Schrift *Rechtsstaatsgedanke und Regierungsform in den Vereinigten Staaten von Amerika* (o. O. [Essen]: Essener Verlagsanstalt, 1938).

43 Paul Mahoney, The Common Law and Economic Growth: Hayek Might Be Right, in: *Journal of Legal Studies* 30 (2001), S. 504–505. Damit will ich nicht behaupten, dass sich professionelle Rechtshistoriker oder Rechtsphilosophen mit den Ansichten Hayeks beschäftigen sollten. Ich möchte nur eine allgemeine Einstellung gegenüber dem Common Law deutlich machen.

44 Siehe insbesondere die wegweisende Darstellung in Edward Glaeser und Andrei Shleifer, Legal Origins, in: *Quarterly Journal of Economics* 107 (2002), S. 1193–1229.

45 H. L. A. Hart, Positivism and the Separation of Law and Morals, in: *Harvard Law Review* 71 (1958), S. 617.

46 Lon Fuller, Positivism and Fidelity to Law – A Reply to Professor Hart, in: *Harvard Law Review* 71 (1958), S. 633. Die Debatte zwischen Hart und Fuller hat viel dazu beigetragen, das angloamerikanische Rechtsverständnis zu verzerren.

47 Siehe insbesondere die grundlegende Arbeit von Bernd Rüthers, *Die unbegrenzte Auslegung. Zum Wandel der Privatrechtsordnung im Nationalsozialismus*, 7. Aufl. (Tübingen: Mohr Siebeck, 2012).

48 Der Eid auf Adolf Hitler, in: Rudolf Hess, *Reden* (München: Zentralverlag der NSDAP, 1938), S. 12.

49 Ian Kershaw, Working towards the Führer, in: *Contemporary European His-*

tory 2 (1993): S. 103–118, hier S. 116–117; siehe auch Ian Kershaw, *Hitler. 1889–1936*, übersetzt von Jürgen Peter Krause und Jörg W. Rademacher (Stuttgart: Deutsche Verlags-Anstalt, 1998), S. 663–744. Hier ist nicht der Ort, um detaillierter auf die umfassendere Debatte um Funktionalismus oder Intentionalismus auf dem Weg zum Holocaust oder darüber, welche Rolle Hitler genau spielte, einzugehen. Ich will die einschlägigen Befunde nicht bewerten, sondern zitiere sie lediglich, wenn sie für die Beurteilung der rechtshistorischen Fragen, um die es mir hier geht, relevant sind.

50 Siehe die klassische Darstellung bei C. C. Langdell, Harvard Celebration Speeches, in: *Law Quarterly Review* 3 (1887), S. 124.

51 Laurence Tribe, *American Constitutional Law* (New York: Foundation, 2000), Bd. 1, S. 14.

52 Vgl. Stefan Kühl, *The Nazi Connection: Eugenics, American Racism, and German National Socialism* (New York: Oxford University Press, 1994), S. 15: «Die europäischen Eugeniker bewunderten, wie erfolgreich ihre amerikanischen Kollegen die Eugenikgesetzgebung beeinflussten.»

53 Zur zentralen Rolle des nationalsozialistischen Prinzips der Gesetzlosigkeit siehe jetzt Anselm Doering-Manteuffel, Gesetzesbruch als Prinzip. Entwicklungslinien des Weltanschaulichen Radikalismus in der Führerdiktatur, in: *Zeitschrift der Savigny-Stiftung für Rechtsgeschichte (Germanistische Abteilung)* 132 (2015), S. 420–440.

54 Siehe die Erörterung von Freislers Ansichten in Cornelius Broichmann, *Der außerordentliche Einspruch im Dritten Reich* (Berlin: Erich Schmidt Verlag, 2014), S. 163; und die feinfühlige Einschätzung von Ralph Angermund, Die geprellten «Richterkönige». Zum Niedergang der Justiz im NS-Staat, in: *Herrschaftsalltag im Dritten Reich*, hrsg. von Hans Mommsen und Susanne Willems (Düsseldorf: Schwann, 1988), S. 304–373, hier S. 320–321.

55 Broichmann, *Der außerordentliche Einspruch*, S. 168–171; vgl. *Preußische Denkschrift*, S. 115–116.

56 Eine klassische Darstellung, die das Recht der damaligen Zeit in den allgemeineren geistesgeschichtlichen Kontext stellt, ist die von Holmes in Morton White, *Social Thought in America: The Revolt against Formalism* (New York: Viking, 1949), S. 59–75.

57 Siehe Marcus Curtis, Realism Revisited: Reaffirming the Centrality of the New Deal in Realist Jurisprudence, in: *Yale Journal of Law and Humanities* 27 (2015), S. 157–200.

58 Brian Leiter, American Legal Realism, in: *Guide to the Philosophy of Law and Legal Theory*, hrsg. von Martin Golding und William Edmundson (Oxford: Blackwell, 2005), S. 50.

59 Ansprache an der Oglethorpe University, 22. Mai 1932, http://newdeal.feri.org/speeches/1932d.htm.

60 Jack M. Balkin, Wrong the Day It Was Decided, in: *Boston University Law Review* 85 (2005), S. 677–725, hier S. 686.

61 Friedrich Luckwaldt, *Das Verfassungsleben in den Vereinigten Staaten von Amerika* (Berlin: Stilke, 1936), S. 51.

62 Hier ist nicht der Ort, um näher auf die betreffenden Personen einzugehen. Erwähnt sei nur kurz das bemerkenswerteste Beispiel, nämlich Theodor Maunz, der nach dem Zweiten Weltkrieg zu den wichtigsten Kommentatoren des Grundgesetzes gehörte. Nach seinem Tod wurde bekannt, dass er während seiner ganzen Karriere anonym Artikel für die rechtsextreme *National-Zeitung* verfasst hatte. Siehe http://www.zeit.de/1994/07/maunz-raus. Es hat den Anschein, als habe Maunz, der wie kaum ein Zweiter das liberale Verfassungsverständnis der Bundesrepublik verkörperte, seine Sympathien für den Nationalsozialismus nie aufgegeben.

63 Morton Horwitz, *The Transformation of American Law, 1879–1960: The Crisis of Legal Orthodoxy* (New York: Oxford University Press, 1992), S. 188.

64 Joachim Rückert, Der Rechtsbegriff der deutschen Rechtsgeschichte in der NS-Zeit: der Sieg des «Lebens» und des konkreten Ordnungsdenkens, seine Vorgeschichte und seine Nachwirkungen, in: *Die deutsche Rechtsgeschichte in der NS-Zeit*, hrsg. von Joachim Rückert (Tübingen: Mohr Siebeck, 1995), S. 177; vgl. etwa Gerhard Werle, *Justiz-Strafrecht und polizeiliche Verbrechensbekämpfung im Dritten Reich* (Berlin: De Gruyter, 1989), S. 144–145. Ein deutscher Rechtsdenker, der die Kontinuitäten zum Weimarer Rechtsverständnis ebenso betonte wie die Notwendigkeit, den Richtern mehr Macht zu verleihen, war Philipp Heck, *Rechtserneuerung und juristische Methodenlehre* (Tübingen: Mohr Siebeck, 1936), S. 5–6.

65 Wolfgang Greeske, *Der Gedanke der Verfassung in der neueren Staatslehre* (Saalfeld: Günther, o. J.), S. 109. Zur früheren Geschichte dieser Thematik siehe jetzt Katharina Schmidt, Law, Modernity, Crisis: German Free Lawyers, American Legal Realists, and the Transatlantic Turn to «Life», 1903–1933, in: *German Studies Review* 39, Nr. 1 (2016), S. 121–140.

66 G. Edward White, From Sociological Jurisprudence to Realism: Jurisprudence and Social Change in Early Twentieth-Century America, in: ders., *Patterns of American Legal Thought* (Indianapolis: Bobbs-Merrill, 1978), S. 140.

67 Dieser Brief wurde zitiert und erörtert in James Q. Whitman, Commercial Law and the American Volk: A Note on Llewellyn's German Sources for the Uniform Commercial Code, in: *Yale Law Journal* 97 (1987), S. 156–175, hier S. 170; sowie in N. E. H. Hull, *Roscoe Pound and Karl Llewellyn: Searching for an American Jurisprudence* (Chicago: University of Chicago Press, 1997), S. 237. Die University of Chicago lässt mich wissen, dass er sich in Llewellyns Nachlass nicht mehr findet. Daher meine dringende Bitte an denjenigen, der ihn daraus entfernt hat, ihn zurückzugeben. Meine eigenen Aufzeichnungen habe ich längst entsorgt, und so kann ich nicht genau sagen, welcher NS-Kommentar zu Llewellyn gemeint war, aber ich vermute, es war Mangoldts Besprechung, zitiert in Anmerkung 42.

68 William Scheuerman, *Morgenthau* (Cambridge: Polity, 2009), S. 25.

69 Ebenso wenig ist damit gemeint, dass der New Deal nur für Faschisten von Interesse gewesen wäre. Auch viele fortschrittliche Europäer bewunderten ihn bzw. bestimmte Aspekte davon. Siehe Daniel Rodgers, *Atlantiküberquerungen. Die Politik der Sozialreform, 1870–1945*, übersetzt von Katharina Böhmer und Karl Heinz Siber (Stuttgart 2010), S. 468–470 und allgemein S. 467–556 zu den transatlantischen Verbindungen.

70 Siehe James Q. Whitman, The Case for Penal Modernism, in: *Critical Analysis of Law* 1 (2014), S. 143–198.

71 Siehe etwa Kevin McMahon, *Reconsidering Roosevelt on Race: How the Presidency Paved the Road to Brown* (Chicago: University of Chicago Press, 2004), S. 12 und passim.

72 Ich nenne hier nur die fürchterliche Entscheidung zum «Blutschutzgesetz», Entscheidungen des Reichsgerichts in Strafsachen 72, 91, 96 (Entscheidung vom 23. Februar 1938). Eine solch unverfrorene, fast schon hämische Gesetzlosigkeit findet sich in den USA meiner Ansicht nach nicht. Andere mögen das anders sehen.

73 Siehe Jamal Greene, The Anticanon, in: *Harvard Law Review* 125 (2011), S. 438–439.

74 Siehe die umstrittenen Thesen von David Bernstein, *Rehabilitating Lochner: Defending Individual Rights against Progressive Reform* (Chicago: University of Chicago Press, 2011), S. 73–89; vgl. Note, Legal Realism and the Race Question: Some Realism about Realism on Race Relations, in: *Harvard Law Review* 108 (1995), S. 1607. Der Großteil dieser «Note» beschäftigt sich mit dem unzweifelhaften Widerstand führender Realisten gegen die Rassengesetze, unter ihnen Llewellyn, Hale und Felix Cohen, doch der Verfasser verweist auch darauf, dass «die Mehrheit der kanonischen Realisten der Rassenfrage aus dem Weg ging». Ebd., S. 1619. Zum allgemeineren geistesgeschichtlichen Kontext siehe Thomas C. Leonard, *Illiberal Reformers: Race, Eugenics and American Economics in the Progressive Era* (Princeton: Princeton University Press, 2016), 109–28.

75 Heinrich Krieger, *Das Rassenrecht in den Vereinigten Staaten* (Berlin: Junker & Dünnhaupt, 1936), S. 327–349; und S. 57 zum «lebensfremden Positivismus» der Gleichheitsideologie. Guettel, *German Expansionism*, S. 200–201, interpretiert Kriegers Buch in dieser Hinsicht falsch, wenn er ihn weitaus stärker als Kritiker der USA sieht, als das tatsächlich der Fall war, und er wurde im Übrigen auch im Dritten Reich nicht als solcher wahrgenommen. Siehe etwa Schmidt-Klevenow, Besprechung von Krieger, Das Rassenrecht in den Vereinigten Staaten, in: *Juristische Wochenschrift* 111 (1936), S. 2524, der Kriegers Darstellung eines «uns Deutschen innerlich nahestehenden Landes» lobt.

76 Karl J. Arndt, Besprechung von Krieger, Das Rassenrecht in den Vereinigten Staaten, in: *Books Abroad* 12 (1938), S. 337–338.

77 Zu Parallelen zwischen der Strafjustiz im Dritten Reich und der im heutigen

Amerika siehe James Q. Whitman, *Harsh Justice: Criminal Punishment and the Widening Divide between America and Europe* (New York: Oxford University Press, 2003), S. 202–203. Lange Haftstrafen für Gewohnheitstäter waren eine der antiliberalen Maßnahmen, welche die *Preußische Denkschrift* (S. 138) forderte – auch wenn sie gleichzeitig eine systematischere Behandlung von Alkoholikern, Geisteskranken und anderen vorsah. Hier ist nicht der Ort, um die komplexen Bestrafungspraktiken der Nationalsozialisten eingehender zu erörtern.

78 Siehe insbes. William J. Stuntz, The Pathological Politics of Criminal Law, in: *Michigan Law Review* 100 (2001/02), S. 505–600.

79 Vgl. dazu ausführlicher Whitman, *Harsh Justice*, S. 199–203.

Weiterführende Literatur

So etwas wie einen unstrittigen Kanon mit Lektüreempfehlungen zum Dritten Reich gibt es nicht. Ein guter Ausgangspunkt für all diejenigen, die sich eingehender mit dem Thema beschäftigen wollen, ist aber sicher noch immer Ian Kershaws zweibändige voluminöse Hitler-Biographie. Für den hier in Rede stehenden Zeitraum ist der erste Band, *Hitler. 1889–1936*, übersetzt von Jürgen Peter Krause und Jörg W. Rademacher (Stuttgart: Deutsche Verlags-Anstalt, 1998), nach wie vor ein Musterbeispiel an gut lesbarer Gelehrtheit, die auf sorgfältigen Einschätzungen und gründlicher Kenntnis der Quellen, Ereignisse und Debatten beruht. Eine eingehende Darstellung der Geschehnisse im Umfeld der Nürnberger Gesetze bietet Peter Longerich, *Politik der Vernichtung. Eine Gesamtdarstellung der nationalsozialistischen Judenverfolgung* (München: Piper, 1998).

Das nationalsozialistische Interesse am amerikanischen Recht muss man vor dem allgemeineren Hintergrund der europäischen Faszination – und mitunter Abscheu – gegenüber der amerikanischen Kultur sehen. Victoria de Grazia, *Das unwiderstehliche Imperium. Amerikas Siegeszug im Europa des 20. Jahrhunderts,* übersetzt von Karl Heinz Siber (Stuttgart 2010) bietet dazu eine meisterhafte Darstellung. David Ellwoods *The Shock of America: Europe and the Challenge of the Century* (New York: Oxford University Press, 2012) befasst sich ausführlich vor allem mit den europäischen Reaktionen auf Amerikas Kultur und Wirtschaft im Gefolge des amerikanischen Aufstiegs zur bestimmenden Weltmacht. Adam Toozes *Sintflut. Die Neuordnung der Welt 1916–1931*, übersetzt von Norbert Juraschitz und Thomas Pfeiffer (München: Siedler, 2015) untersucht akribisch die internationalen Beziehungen. Die intellektuellen Austauschbeziehungen der ersten Jahrzehnte des 20. Jahrhunderts sind Gegenstand von Daniel Rodgers' unverzichtbarer und erhellender Studie *Atlantiküberquerungen. Die Politik der Sozialreform, 1870–1945*, übersetzt von Katharina Böhmer und Karl Heinz Siber (Stuttgart 2010).

Wenn es um amerikanischen Einfluss im Ausland geht, beschäftigte sich die Forschungsliteratur bislang in erster Linie mit der Populärkultur und dem Konsumismus Amerikas sowie mit den industriellen Neuerungen von Henry Ford und Frederick Winslow Taylor. Erst seit einigen Jahren interessieren sich Historiker zunehmend dafür, welche Rolle die amerikanische Rassenpolitik und die Eugenik auf der Weltbühne spielten. Marilyn Lake und Henry Reynolds, *Drawing the Global Colour Line: White Men's Countries and the International Challenge of*

Racial Equality (Cambridge: Cambridge University Press, 2008) ist eine ausgezeichnete Studie, die sich allerdings auf die englischsprachige Welt konzentriert. Insbesondere mit der Einwanderungsgesetzgebung auf Rassenbasis beschäftigen sich David Scott Fitzgerald und David Cook-Martin, *Culling the Masses: The Democratic Origins of Racist Immigration Policy in the Americas* (Cambridge, MA: Harvard University Press, 2014). Diese Bücher machen deutlich: Amerika war im späten 19. und frühen 20. Jahrhundert nicht nur kulturell und ökonomisch eine Ikone, sondern verfügte auch in Sachen rassisch bestimmter Politik über internationale Strahlkraft.

Was den US-Einfluss insbesondere auf Deutschland angeht, so ist Stefan Kühls Studie *The Nazi Connection: Eugenics, American Racism, and German National Socialism* (New York: Oxford University Press, 1994) noch immer grundlegend für die nationalsozialistische Beschäftigung mit der amerikanischen Eugenik. Die deutsche Faszination für die amerikanische Eroberung des Westens wurde von einer ganzen Reihe deutscher Historiker umfassend erkundet. Eine eindringliche Darstellung und Hinweise auf weiterführende Literatur bietet Carroll P. Kakel, *The American West and the Nazi East: a Comparative and Interpretive Perspective* (New York: Palgrave Macmillan, 2011). Andere Aspekte der deutschen Haltung gegenüber Amerika finden sich in den erhellenden Aufsätzen von Philipp Gassert und Detlef Junker in dem Sammelband *Transatlantic Images and Perceptions: Germany and America since 1776*, herausgegeben von David E. Barclay und Elisabeth Glaser-Schmidt (New York: Cambridge University Press, 1997), sowie in Mary Nolan, *Visions of Modernity: American Business and the Modernization of Germany* (New York: Oxford University Press, 1994). Jens-Uwe Guettel, *German Expansionism, Imperial Liberalism, and the United States, 1776–1945* (Cambridge: Cambridge University Press, 2012) liefert wichtige Erkenntnisse für die Zeit vor dem Nationalsozialismus, ist für die NS-Zeit selbst jedoch in meinen Augen wenig verlässlich.

Die Parallelen zwischen der nationalsozialistischen Rassenpolitik und dem Amerika der Jim Crow-Gesetze werden in zwei wichtigen Untersuchungen herausgearbeitet: Johnpeter Horst Grill und Robert L. Jenkins, The Nazis and the American South in the 1930s: A Mirror Image?, in: *Journal of Southern History 58* (November 1992), S. 667–694 sowie George Fredrickson, *Racism: A Short History* (Princeton: Princeton University Press, 2002). Grill und Jenkins sind vor allem auch darum bemüht herauszufinden, wie viel Unterstützung Hitler in den amerikanischen Südstaaten fand. Stephen H. Norwood, *The Third Reich in the Ivory Tower* (Cambridge und New York: Cambridge University Press, 2009) fragt danach, inwieweit führende Intellektuelle Amerikas die Nationalsozialisten unterstützten.

Einige der heikelsten Fragen, die in diesem Buch aufgeworfen werden, betreffen die Interpretation des New Deal und amerikanischer Bewegungen wie dem Progressivismus und dem «Rechtsrealismus». Wie sollten wir die Vereinigten Staaten der 1920er und frühen 1930er Jahre im Vergleich zu den üblen Regimen sehen, die zu dieser Zeit in Mittel- und Südeuropa entstanden? John P. Diggins, *Mussolini and Fascism: The View from America* (Princeton: Princeton University Press, 1972) leistete bei diesem unerfreulichen Thema Pionierarbeit: In der Anfangszeit des New Deal interessierten sich die Amerikaner sehr für die Modelle, die das faschistische Italien zu bieten hatte. Ich selbst habe mich mit diesem Thema beschäftigt in James Q. Whitman, Of Corporatism, Fascism and the First New Deal, in: *American Journal of Comparative Law* 39 (1991), S. 747–778. Die Parallelen zwischen New Deal und Nationalsozialismus im Hinblick auf Regierungsstil und Umgang mit der Weltwirtschaftskrise werden untersucht in John Garraty, The New Deal, National Socialism, and the Great Depression, in: *American Historical Review* 78 (1973), S. 907–944 sowie in Wolfgang Schivelbusch, *Entfernte Verwandtschaft. Faschismus, Nationalsozialismus, New Deal 1933–1939* (Frankfurt am Main: Fischer Taschenbuch Verlag, 2008). Keine dieser Studien will den New Deal in Misskredit bringen. Kein seriöser Wissenschaftler würde die USA der frühen 1930er Jahre als faschistisch bezeichnen. Trotzdem bleibt festzuhalten, dass die Forschung Parallelen zwischen den Vereinigten Staaten und Europa herausgearbeitet hat, die Fragen aufwerfen, auf die sich nicht so leicht eine befriedigende Antwort geben lässt.

Weiteren heiklen Fragen geht Ira Katznelson in zwei umstrittenen Büchern nach, die sich mit der politischen Allianz zwischen Reformern des New Deal und Rassisten der Demokratischen Partei in den Südstaaten befassen: *Fear Itself: The New Deal and the Origins of Our Time* (New York: Liveright, 2013), und *When Affirmative Action Was White: An Untold History of Racial Inequality in Twentieth-Century America* (New York: Norton, 2005). Inzwischen hat eine ganze Reihe von Historikern gezeigt, wie wichtig der «wissenschaftliche Rassismus» und die Eugenik in der Progressive Era und in der Frühzeit des New Deal waren. Ausgangspunkt für die Frage, was die Eugenik für führende amerikanische Rechtstheoretiker so attraktiv machte, ist die Meinung von Richter Holmes im Verfahren Buck v. Bell, 274 US 200 (1927) mit der berüchtigten Aussage, drei Generationen von «Schwachköpfen» seien genug. Dazu findet sich umfassendes Material in der lebendigen und aufschlussreichen Studie von Victoria Nourse, *In Reckless Hands: Skinner v. Oklahoma and the Near Triumph of American Eugenics* (New York: Norton, 2008). David Bernsteins kontrovers diskutiertes Buch *Rehabilitating Lochner: Defending Individual Rights against Progressive Reform* (Chicago: University of Chicago Press, 2011) erhellt die dunkle Seite des Progressivismus in Sachen Recht, während Thomas C. Leonard, *Illiberal Reformers: Race, Eugenics and American Economics in the Progressive Era* (Princeton: Princeton University Press, 2016) sich mit der Wirtschaftswissenschaft beschäftigt.

All diese Arbeiten zeichnen ein düstereres Bild des intellektuellen und politischen Lebens im Amerika des frühen 20. Jahrhunderts, als uns vermutlich lieb ist. Nicht anders verhält es sich mit dem vorliegenden Buch.

Personenregister

Aus dem Verlagsprogramm

Rechtsgeschichte bei C.H.Beck

Manfred Görtemaker, Christoph Safferling
Die Akte Rosenburg

Das Bundesministerium der Justiz und die NS-Zeit
2. Auflage. 2016. 588 Seiten mit 19 Abbildungen. Leinen

«Keine Trickserei, keine Schönfärberei!
Die Bereitschaft zur uneingeschränkten Erforschung der Wahrheit wird Vertrauen zurückgewinnen.»
Rolf Lamprecht, Neue Juristische Wochenschrift

Michael Stolleis
Bd. 1: Reichspublizistik und Policeywissenschaft 1600–1800
2., ergänzte Auflage. 2012. 435 Seiten. Leinen

Bd. 2: Staatsrechtslehre und Verwaltungswissenschaft 1800–1914
1992. 486 Seiten. Leinen

Bd. 3: Staats- und Verwaltungsrechtswissenschaft in Republik und Diktatur 1914–945
1999. 439 Seiten. Leinen

Bd. 4: Staats- und Verwaltungsrechtswissenschaft in West und Ost 1945–1990
2012. 720 Seiten. Leinen

«Ein kaum zu überbietendes Kompendium und Nachschlagewerk.»
Matthias Schmoeckel, Vierteljahresschrift für Sozial- und Wirtschaftsgeschichte